FIRE

外資分析師，暢銷書作家
FIRE代表人物 楊應超 Kirk Yang —— 審定推薦

財務自由

提早過你真正想過的生活

Financial Freedom
A Proven Path to All the Money You Will Ever Need

葛蘭・薩巴帝爾
Grant Sabatier
著

目次
Contents

目次
Contents

推薦序

你活著不是為了工作——財務獨立後，人生始得自由

楊應超・外資分析師，暢銷書作家，FIRE 代表人物

很高興有這個機會幫我芝加哥大學學弟葛蘭・薩巴帝爾（Grant Sabatier）的這本書寫序。也很巧，葛蘭去年還來美國鳳凰城，跟我們當地的 FIRE 會員見面談這本新書。FIRE（財務自由，提早退休 Financial Independence, Retire Early）這個運動在美國已經行之多年，所以包括我和葛蘭不但研究了幾年，也不約而同的出書來討論及宣傳這個觀念。

財務獨立，你才真正自由

去年我自己的 FIRE 專書《財務自由的人生》出版後，就聽說葛蘭的這本書，所以在遠流出版社接觸我之前，我已經拜讀完畢了。葛蘭這本書的重要概念其實跟我及其他 FIRE

專書當中的概念都有一個共通之處，那就是要先瞭解**上班賺錢只是個過程，而不是你的目的，因為你最寶貴的資源是時間，不是金錢。如果能儘早達到財務獨立，你的人生才能真正的自由**，去做自己想做的事情，來為自己而活。

到達財務獨立這個目標雖然一樣，但是每個人對於財務獨立的定義都不一樣，到達的方法也不一樣，所以不同的FIRE書籍可以帶給讀者們不同的角度思考，因為也只有你才可以為自己決定。打比方來講，通常大家都會參考百分之四法則，也就是說要存到年花費的二十五倍，就可以財務自由。

可是每個人過的生活不一樣，有人每年可能要花五十萬，但是郭台銘可能每年要花一億，所以每人財務自由要存到的二十五倍金錢數額都不一樣，而不是像很多媒體隨便丟出一個數字讓大家來用。有人退休後住鄉下清心寡欲，不需要花很多錢；有人退休後希望環遊世界，住大房開好車，所需的花費當然也高。還是一句話：你的自由只有你自己才可以為自己定義，你高興就好，不要管別人如何過生活，也不要被別人影響到。

現在的職場人生有意義嗎？

如果有原因，做起事來就會有動力，事半功倍。如果你現在在看這本書，想追求財務自由，就應該問一下自己：為什麼要財務自由？有錢人像郭台銘也不是萬能，但是郭台銘跟你不一樣的地方是，他的錢夠多，很多煩惱是可以用錢解決的，想做什麼（像選舉）就做什麼。但是你可以嗎？

試想，如果你錢不夠，不是「吃不到美食」的那種不夠，而是「根本每天吃不飽」的不夠，你感覺如何？你自己就算了，如果讓家人餓肚子，小孩營養不良，你又做何感想？沒錢吃新鮮健康有機的食物，天天吃垃圾食物或便當，沒空去做運動，這樣對健康好嗎？

萬一珍愛的家人生病了（當然台灣現在有健保），但是如果沒錢看最好的醫生，不能使用健保沒給付的自費藥品或療程，又或是萬一哪天健保倒了，該怎麼辦？或是，如果孩子課業表現優秀，卻沒錢讓他們上最好的大學、受最好的教育，不是很可惜嗎？孩子如果被迫一邊打工賺學費，一邊上學，沒時間念書，功課又會好嗎？

再回頭想想自己：如果存款不夠，每月當月光族，必須每天塞車或擠捷運去上班，在辦公室裡看盡老闆臉色，為了五斗米折腰，又不能也不敢辭職換工作；受著老闆、同事、客戶的氣，玩著辦公室的政治，過著幾乎像是「後宮甄環傳」那樣的算計人生，而且整天擔心被炒魷魚交不出房貸就要露宿街頭，擔心沒錢繳房租被趕出去，就算有繳房租也可能隨時被房東收回房子（尤其是年紀太大之後）。如果現在不早點計劃、採取行動，老了成為窮苦老人，租不到房子也沒有能力再賺錢了，這樣不是很痛苦嗎？一輩子只是為了糊口，被迫上班到人生的盡頭，這樣的人生有意義嗎？

開始追求你的理想人生

當然，每個人的想法都不一樣，人各有志，還是那一句話，只有你自己可以決定什麼樣的生活是對的。但是如果你已經讀到了這裡，就應該和我跟本書作者葛蘭一樣，可能是想要找方法存到足夠的錢，提早退休，不只是過基本的生活，而是想要追求心中理想的目標，不讓這輩子白活一場。那麼，就請早一點積極的細讀這本書，開始行動，到達財務自由吧！

前言

你用什麼方法賺錢？

為了生活，你用什麼方法賺錢？

工業革命之前，大部分人靠的是腳底下的大地，飼養禽畜或採集食物。農人為了活下去，各種技術都會一點，他們聚居在部落裡，彼此互相依存。

工業革命後，「你是做什麼的」就成了我們的職業。「我是礦工、秘書、老師、工廠人員或執行長。」我們的職業變成了我們的身份，而我們的工場則成了我們的部落。企業追求最大利潤，工會組織是一股平衡的力量，我們有了工作才能退休，才有醫療保健。聽起來很無聊，但很穩定。

不過，過去十年間，中產階級（原本應是社會的中間）面臨空前壓力，「一代比一代的生活要更好」這個願景不見了。

為了生活，你用什麼方法賺錢？

今天我們無法用單一的職業或角色回答這個問題。想要成功，你需要本書提到的每個工具，幫你創造兼顧賺錢、享受生活的平衡職業生涯。

本書作者葛蘭・薩巴帝爾（Grant Sabatier）曾經破產，黯然回老家與父母同住，日子載浮載沉。他知道，再不改變，就要被淹沒了。

冰冷堅硬的現實總會給人啟發。簡單說，葛蘭清醒了。

他開始研究要怎麼利用各種管道賺錢（合法且合乎道德的）。隨著每一步，他也發現更多賺錢的方法，直到他一步一步從破產到致富，只用了五年多一點的時間，就達成財務自由。

這本實用又清楚的書裡描述了創業家心態與策略，也完美呈現了作者的聰明智慧。你可能會覺得世上還有別的、更吸引人的方法，能讓你更快速賺到更多錢。但我希望你這樣想：跟著作者的方法，重點不在於一年、兩年後你賺到多少錢，而是在於擁有一輩子的賺錢能力，不管外在的經濟、金融或投資大環境如何變化。我們不知道未來機器人是否能幫你打掃家裡，不知道語音助理 Alexa 除了能幫你買日用品，未來能不能陪你玩撲克牌，能不能撫慰你一天的辛勞。但我們知道的是，每個人都必須緊緊抓住機會，爭取自己要的東西。我們都應該對賺錢保持這種敏感度。

職場的本質就是不可預測、工作零散、需要即時服務。不管你喜不喜歡，回到現實你還是要去適應。

然而，作者更想強調：重點不是賺很多錢，賺到時間才是重點。有時間去愛、學習、關心、玩樂與回饋世界——為什麼要學習有效且快速賺錢，用意就是要替自己買到做這些事情的時間。你可以像作者一樣，二十幾歲時專心賺錢，盡可能投資能賺錢的資產，舉凡股市到不動產，然後利用接下來的人生追求更大的夢想。他做出了很有力的示範：你越早開始投資，透過複利的魔法，錢會自己增長，讓你一年比一年更有錢。

當然，你不一定要完全追隨本書作者的模式。你可以利用書中工具更快速地賺錢，為你的人生爭取更多不用賺錢的時間，以實現你的目標，或者是經營家庭，或者是獨自去高山上旅行。

在我與喬・杜明桂（Joe Dominguez）合著的個人理財經典《跟錢好好相處》（Your Money or Your Life）一書當中，我們建議你在追求財務獨立的時候，應該在不犧牲尊嚴與健康的前提下，讓你的收入最大化。我們的重點不是「如何」讓你的收入最大化。該書第六章「用省錢的方法圓夢」裡記載了數百種存錢的方法——有些很直觀，有些很激進——但在第七章探討工作與收入時，我們肩負一項任務：破除「工作等於賺錢」的想法。我們工作是因為愛、好奇、奉獻、學習、服務、自我發展、快樂、建立家庭、維繫感情，以及為了共同利益而承擔責任。世界上大多數的工作都與金錢無關。我們想讓大家知道：我們可以脫離薪資的奴役（因為需要用錢被迫工作），成為金錢的主人，讓錢來服務我們。就這點而言，你手上的這本書正好補足了我在《跟錢好好相處》當中沒有意識到與遺漏的部分。我很感謝這本書的作者！

本書作者與我都有相同堅定的立場。我們都相信人生的意義不只是賺錢，而是掌握自己與賺錢、消費、儲蓄與投資的關係，讓我們擁有自由運用的時間，做真正喜愛的事，成為更好的人，讓世界變成更好的地方。我們懷著相同的熱忱，相信每個人都能夠建立堅實的財務基礎，以便追求人生的夢想。出書就是我們嘗試將這份自由的禮物帶給其他人的方法之一。而我們也想要挑戰一個集體的盲點，這個盲點使我們看不清如何達成財務自由。每一代的人都想達成一個夢想，就是在一個公正、合理的社會裡，每個人都有機會發展與發揮所長。這個夢想還沒實現，但這不代表我們應該停止做夢。

空服員告訴我們，緊急時先替自己戴上氧氣罩，然後再去幫助身邊其他人。同理，這本書就是你的氧氣罩。將它戴上。找對方法快速賺錢，幫自己買到更多自由。然後加入我們，協助每個人都能自由呼吸。

薇琪・羅賓（Vicki Robin）

紐約時報暢銷書《跟錢好好相處》作者

第一章

有錢就是自由

「葛蘭，起床了！」母親在樓下大喊。早上十一點，我又睡過頭了。意外嗎？我在從小長大的房間裡醒來，感覺彷彿回到中學時代。其實我二十四歲了，失業，住回老家。對於像我一樣的千禧世代，這場景很熟悉吧。

當時是二〇一〇年八月。我被報社開除，失去了研究員的職業，爸媽說我可以暫時住家裡，但三個月內要搬走，他們也不會資助我一毛錢。每天晚餐時分他們都在問我工作找的如何，我不敢看他們，他們的眼裡充滿懷疑。

事實是，我沒有在找工作了。上個月我寄出超過兩百份履歷，沒有任何一家公司回覆。一個人的意志被擊垮之前，大概也只能把履歷丟入大海裡這麼多次。

那個八月早晨，我賴在床上不敢去想自己的財務情況。只是，我有一個更基本的需求等待滿足：我超想吃墨西哥捲餅。我知道自己沒錢，不情願地打電話確認帳戶餘額。我在失業後標記為「不准動用」的存款帳戶裡，還有零點零一美元。支票帳戶也一樣慘：二點二六美元，半顆酪梨都買不起，更不要說買捲餅。我將帳戶餘額的畫面截圖起來，想要記住這種感覺，也作為未來的動力。最後，我把它掛在衣櫥上每日自我提醒。到今天，我每天早上還是會看。

充滿挫折但還是很餓的我，做了一個火雞肉三明治後走出家門。那天難得涼爽，空氣中充滿著除草機與鄰居小孩享受暑假最後一週的聲音。

我躺在草地上，就像小時候那樣，抬頭看著晴朗的藍天，只見偶爾出現的航班。我怎麼會在這裡？我一直做著「該做」的事：上了名校，認真讀書，獲得好成績，畢業前就得到工作機會。畢業後我在一間做分析的公司上班，我以為自己已經走上發財之路

圖 1

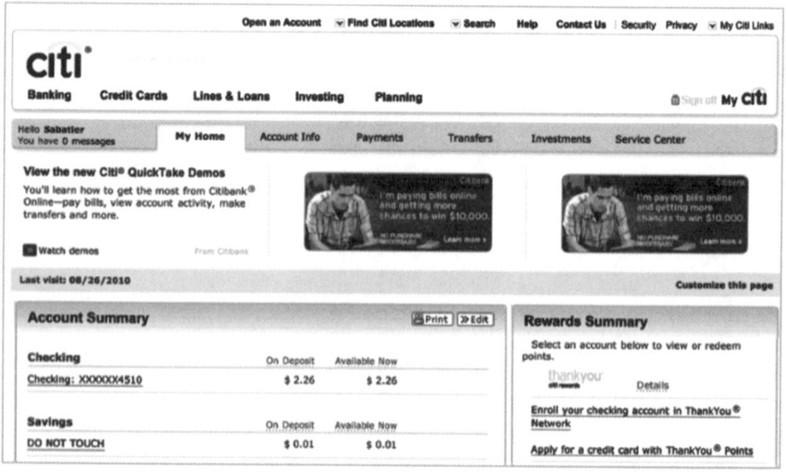

本書作者賬戶一度只剩 2.26 美元。

了，即將成為成功人士。結果，我做的只是一種代價龐大的交換。

你要如何工作，如何生活？

我的第一份工作位於一個離家兩小時、沉悶的工業園區裡。大樓窗戶不能打開，老闆也不想更換空氣過濾器，室內空氣永遠很差。我坐在寬度只有一百二十公分的小隔間裡，頭上的日光燈亮到刺眼。我上班的時候一直在擔心自己有沒有把工作做好、老闆喜不喜歡我，到了下班我已經累到沒力氣去享受生活了。我坐在電視機前就打瞌睡，又因為空虛而暴飲暴食，胖了九公斤；雖然一直覺得累，又擔心公事而睡不著。凌晨四點五十分，鬧鐘響了，我爬下床重複另一個例行的一天。時間一分一秒過去，我看著自己的生命隨著螢幕裡的時鐘緩緩消逝。

「你會習慣的，」我打電話回家抱怨，我父親以鼓勵的語氣告訴我：「現實世界就是這樣啊。」

我想告訴自己，這一切都是值得的，我在辦公桌前花的每一分鐘，我賺的每一塊錢，都會讓我離某個遙遠、夢幻的未來更近一點點，到時候我就能過著自己想要的生活。但事實上，我的時間換回的薪資，只夠我交帳單而已。我每個月領兩次薪水，入不敷出。每個月第一次的薪水直接繳房租，第二次的薪水要處理不斷升高的信用卡費。我在月底答應自己：一定要存錢，可是花的永遠比賺的多。我週間努力工作，週末就出門把錢花光。認真工作，盡情玩樂，不是嗎？我向自己保證下個月就開始存錢。等我賺更多錢就開始存錢。等我年紀再大一點就開始存錢。

然後，上班六個月之後，我被開除了，因為我沒有幫公司賺到夠多的錢。我後來計算才發現，在那六個月裡，我用人生一千四百個小時，換到一萬五千五百美元（稅後）。我不僅什麼都沒剩下，還欠了一萬兩千美元的信用卡債。

接下來兩年，我在失業與各種工作之間來來回回，還是沒有辦法存到錢。錢的問題大到讓我得了焦慮症，強烈到心臟好像要停止，我也真的認為自己快死了。我人生中最美好年歲中最美好的時間，都浪費在每兩週一次的薪資上。

這種感覺超差，但我也不是唯一被困住的人。根據蓋洛普公司二〇一七年美國勞動力年度調查，百分之七十的上班族對自己的工作沒有熱忱。同時，百分之六十九的人存款低於一千美元，只要一場意外就會面臨貧窮、破產或負擔龐大的債務。

金融風暴來臨，我又失業了。回到父母家門口的當時，出社會工作三年的我，已經用了人生四千七百小時的時間，換取八萬七千美元的稅後收入。而帳戶裡的二點二六美元，就是我擁有的全部。我擁有最有價值的東西就是一輛福斯車，但六個月前為了收支平衡，也把它賣了。

人生的精華時間，要在辦公室裡度過嗎？

我躺在後院草皮上，思緒從過去轉向未來。我思考自己的選擇，看見未來四十年——我人生中最精華的時光——在我眼前如跑馬燈出現。我想像自己困在另一間幽暗的辦公室，另一個沉悶的辦公園區，另一個讓人窒息的小隔間裡。假如我奇蹟似的在繳清各種帳單後能存到足夠的錢，我「也許」能在六十幾歲退休。

可是，就我這個世代的趨勢而言，這樣黯淡的前景也很難達成。全美國千禧世代人數達八千三百萬，年收入平均是三萬五千五百九十二美元，經過通膨調整後，還不到我們父母輩在同年紀時的一半收入。加上每個人平均三萬六千美元的學貸，我們光是清償債務就要花好幾年，更別說真正開始存錢。

仔細看這些數字，也就不難理解為什麼即使再三十到四十年，我們還是存不到夠多的錢退休。理財書常建議你存下收入的百分之十到十五（我後來發現這絕對不夠），但二十五歲以下的千禧世代卻只能存下百分之三點九作為退休基金。而二十五到三十四歲，年齡稍大的千禧世代，也只存下百分之五點三五。換句話說，我們大多數人永遠不能退休。根本不可能！

還沒被嚇到嗎？誰知道政府政策與經濟變遷會怎麼影響我們的未來？四十年後退休基金或保險還存在嗎？我們有能力支付越來越貴、但不能沒有的醫療健保嗎？短期內通貨膨脹不會減緩，我們微薄儲蓄的價值會越來越小。該怎麼辦？庸庸碌碌，辛勞一輩子嗎？

我們只能靠自己。

我發現，做好每件「應該」做的事並不能保證什麼，甚至無法讓我退休。這是什麼樣的生活？我不想為了餬口而做討厭的工作。我想感受自己對工作的熱忱，我想熱愛生活。

我不想為了付房租而整天煩惱錢的事，不想倚靠一個隨時可能開除我的老闆。我想要掌握自己的收入和時間。我不想延後出國旅遊，只因為沒錢或沒假期。我想擁有夠多時間真正探索這個世界。我不想在辦公室裡錯過我未來的小孩最珍貴的成長時光。我想陪伴他們，看著他們長大，幫他們弄清楚怎麼實現自己的夢想。

我不想在六十五歲時醒來，發現自己花了七萬個小時的時間在一份全職工作上，換得了……什麼？

我想要更多錢。我想要更多人生。

存到錢，退休，享受人生……

我發現，如果我想要過著和現在不同的生活，我必須做出改變。所以那天我躺在草坪上，我設定了兩個看似不太實際的目標：存到一百萬美元，盡快「退休」。

我不知道自己要怎麼做，或甚至能不能做到，但我用接下來五年盡力嘗試，想要達成目標。我翻閱每一本找得到的理財書與投資指南，又找了一份全職工作累積福利與人脈，接著創立兩家公司，也開始發展不同副業賺取額外收入。我先是存下收入的百分之二十五，接著百分之四十，到百分之八十，持續了好幾個月，再將這些錢投入股市成長。我發現自己可以打造最好的生活模式，把收入和儲蓄最大化，並在過程中獲得很多樂趣。

快轉到五年後。二〇一五年，我擁有超過一百萬美元的淨資產。我沒有中樂透或獲得遺產。我沒有因為開發出熱門應用程式再以天價賣給谷歌而發大財。我沒有搶銀行。我只是：盡可能學習、仔細檢視那些廣受歡迎的理財方法、創造自己時間最大的價值（具體做法是謹慎理財、努力創業、好好投資）。以上這三件事絕對是任何人——即使是像我這樣一個銀行帳戶裡只剩二塊多美元又缺乏銷售技能的人——都能學著做到的。

要做到這些並不簡單，事實上這是我這輩子做過最難的事。我採用的策略需要一些努力和自律，但一點也不複雜，整個過程中我覺得最難的地方是踏出舒適圈，承擔風險，做身邊沒人在做的事（至少我認識的人沒有）。很多人覺得我瘋了，連我女友也不想來我那破舊的廉價公寓。我確實做了很多人不曾考慮的決定。我過著冒險的生活，但我有一個使命作為動機。我也學到數不清的方法，能讓幾乎任何人存錢、賺錢。

一路上我學到最深刻的體悟是：一般人關於錢、工作和退休的「智慧」，大多是錯的、不完整的，或太老舊的觀念。我們接受這些觀念，以為它就是「真實世界」，因為過去的人代代都這麼做。但是，現在這種方法已經行不通了，除非你想要再熬個三十到四十年才退休。時代不同了，縱使現在很多人對自己的財務前景感到悲觀，但今天若想要賺更多錢、管理更多錢、擺脫朝九晚五的工作，其實非常簡單。你的挑戰在於：你要開放心胸擁抱機會，不要輕信別人的建議或成功故事，而且要學著用不同的方法做事，即使別人覺得你根本瘋了。

這本書裡的大部分內容，在十年前根本不可能發生。裡面沒有任何知識是學校教過的，而我會知道，是因為我把賺錢當成自己的任務，花了數千小時的時間學習、親身嘗試、從錯誤中獲取經驗。我擁有了這麼多賺錢知識，我就知道必須把這些知識分享出去。

二〇一五年，我達成一百萬美元存款的目標，接著設立了 MillennialMoney.com 網站，開始建立社群，分享自己快速累積財富的策略、習慣與方法。過去四年來，有超過一千萬人瀏覽或聽過我的播客 Podcast，也有數以千計的人直接來找我問問題，或與我分享他們成功的經驗。我最近聽到網友維克獲得六萬美元的加薪；米亞賣出自己價值兩萬美元的第一個創業；艾瑞克在兩個月內從「只能存下百分之三的薪水」增加到百分之四十；梅莉莎運用了網站上得到的資訊，現在住在免費的千萬豪宅裡。

還有更多人，他們創造出利潤頗豐的副業、開始投資、取得在家工作的機會從此改變人生、辭掉正職追求自己的志業……他們很快就達成財務自由，且計畫在十年後或更短的時間內退休——若不使用這些方法，恐怕還得好幾十年才能退休。我的網站提供很棒的資源，但還是常有人問「到底你是怎麼做到的呢？」這個問題的回答太長，無法用一篇部落格文章說完。所以我決定寫這本書。

如何使用本書為你賺錢

這本書提到的策略能幫你在最短的時間內賺到最多錢。接下來我會告訴你具體的架構，以及我自己如何在五年內讓存款從二點二六美元變成一百萬，達成財務自由。我會告訴你為什麼你不用做預算，為什麼你可以繼續買小包裝精品咖啡豆，為什麼你可以繼續與朋友聚會，以及為什麼你可以毫不猶豫前往度假勝地遊玩。

我還會告訴你如何不用付房租，或是更棒的，如何買房子賺月租。我會解釋，為什麼每天只要花五分鐘管理你的財務，長期下來你能賺到比理專能幫你賺的更多。我會解釋，為什麼只要多存下收入的百分之一，就能讓你提早兩年達成財務自由。我也會告訴你如何提高儲蓄率，讓你在短短的五年後「退休」。最重要的是，我會告訴你如何賺大錢，讓你從此不必為薪水工作。當然，你想要工作也可以。

這一切太美嗎？只有理財高手才能做到嗎？不必這樣想。我這輩子還沒上過任何一堂商務或理財課。很不幸的是，對於錢這東西，最糟糕、最常見的迷思就是「它好複雜喔」。這個迷思基本上是金融產業和資金管理人創造出來的，他們用華麗的詞彙、複雜的公式和看不懂的專有名詞，讓理財看起來很難，這樣你才會花錢請他們幫你管理你的錢。你也別想退休這件事了，理專只有在「你有錢投資」的時候才能從你身上賺錢。我從沒看過、也正在找，有什麼銀行或管理人，會建議你把收入的四分之一存起來，以便提早退休。

本書大多數的概念都很簡單，只需要用到小學程度的數學能力。我當然盡量多介紹一點，但我的目標不是給你一張待辦清單而已，而是給你策略、藍圖、想法；我也想讓你瞭解金錢背後運作的機制，讓你弄懂這個策略為什麼、如何有用，以及如何快速收效。

書中的概念你用的越多，就越快能創造財富，改變生活，達成財務自由。假如你想學我，在五年內脫離上班，最正確的方法就是一步步跟隨我的腳步。假如你沒那麼瘋狂，你可以選擇對自己最有益處的概念，還是可以收到很好的成效。因為我的策略運用了各種不同技巧，可以為你量身打造、步步為營，而且一直有效。

這個計畫分為以下七個步驟，我會逐一仔細說明，教你如何使用。每個步驟相輔相成，綜合使用比各自獨立更有效。假如你跟著這個計畫堅持下去，我保證你會存到超乎想像的財富。

第一步：弄清楚你需要多少錢。我要的數字，是讓我財務獨立、不必工作的金額。但你對財務自由的想法可能與我不同。你的數字，就是你為了達成財務自由，所需要的金額，這個數額可能是你目前欠債的金額，可能是你未來六個月的開銷，或是用兩年環遊世界所需的金額，也可能是從此再也不用工作所需的錢。不管你怎麼定義財務自由，第一步就是弄清楚你需要多少錢，才能達到目標。我會一步步教你精確的步驟，以及如何更快達成目標。

第二步：計算出你距離目標多遠。弄清楚自己需要多少錢之後，接下來我會教你如何分析自己目前的處境，告訴你為什麼「資產淨值」是個人財務最重要的數字。我也會告訴你一個簡單的策略，好讓你能夠認清、處理手上的債務。

第三步：徹底改變你對金錢的認知。如果一直用舊思維看待金錢，你就沒辦法真正賺到錢。你以前接受到的金錢教育，會變成你現在的阻礙。所以我會分享十一種看待金錢的方式，教你如何運用這些方式來開源節流。

第四步：別再做預算了。重點在：哪件事情對你的儲蓄影響最大？追蹤錢花到哪裡去固然重要，但切忌把大量心思花在這裡。「做預算」只會增強「不足」的心態，害得大多數人沒辦法賺錢或存錢。假如你想快速達到財務自由，我有一個更簡單的方法，能讓你花最少的時間編出最好的預算。

第五步：利用你的正職。你也許不喜歡自己現在的正職工作，但你還是應該善用這份工作，為今天賺進更多錢，當成未來賺更多錢的跳板。我會告訴你如何談加薪，如何最大化你的利益，如何增強你的技能，找到更高薪的工作，並將正職工作的效益完全發揮到最大。

第六步：創設一項有利潤的副業並拓展你的收入來源。利用副業賺取額外收入從來都不難，問題是大多數人方法不對。他們花時間替別人做副業，而非為自己，意思就是他們賺錢的效率太差，要不然就是把時間投在一項注定失敗的副業。我會教你怎麼挑選、怎麼開創、怎麼拓展一項能賺錢的副業，讓你用更少的時間賺更多錢，並達到賺錢的最終目標——利用被動收入賺取遠超出日常開銷所需要的錢。

第七步：盡可能投資。若你有投資，錢會生錢，你也不需要犧牲太多自己的時間。雖然投資方式千百種，本書的投資原則是專注的投資，以及採用「最大獲益、最小風險」的投資策略，以便使你在最短的時間內達到財務自由。

本書介紹的方法和步驟都可隨時調整、檢討，以便配合你生活型態及生活目標的轉變，隨時修正你需要的數額。剛開始或許你會感覺陌生、興奮，又有點怕怕的，但只要你堅持下去，你和金錢的關係就會改變。你會對自己和生活有了新的認識，也會開始看見到處都是賺錢的機會。

但這本書不只是要教你如何達到某個數字的存款，或在某個年齡退休，**最重要的是要擁有自由**。你的錢夠，你才能享有更多空間，更多時間，可以去探索世界、建立連結、思考人生、成長改變，以及感覺到自己真正活著。你能自由創造想要的人生，一個有更多時間，可以用在使你快樂的人事物之上的人生。一個更沒有壓力、更有選擇的人生。

一個你熱愛的人生。

你想要的錢，就是你想要的生活

當然，「財務自由」對不同的人有不同的意義，每個人對於「需要多少錢才能自由」的感覺都不一樣。我最近遇到一對住在紐約市、有兩個小孩的年輕夫妻，他們認為要有五百萬美元才算自由。但我在亞利桑納的小城碰到的流浪漢，他覺得每年只要有五千美元就是財務自由了。財務自由對你而言，可能是沒有負債，可能是有更多時間陪家人，可能是不再受雇於人，或有每個月五千美元的被動收入，或夠有錢可以在世界任何角落用一台筆電工作，或從此再也不用工作。有些僧侶沒有錢也覺得自由，過著自給自足的人生。

說到底，你需要的財務自由數字就是你想要的生活、你想去的地方、你的價值觀和能帶給你幸福的事物。幸福是一種莫大的滿足與愉悅，源自於一個超乎理想、讓人滿意或樂趣十足的「美好人生」。

聽起來不太真實。你怎麼知道自己要多少錢才能過喜歡的生活，或怎麼利用每一分錢創造最大的快樂？但這本書的所有步驟都可以幫你達成目標。你融會貫通後，就會知道要達到財務自由，需要的錢比想像中少很多，達成時間也比想像中快很多。

雖然你可以決定你對財務自由的定義，以此設立你的目標，不過我還是會把財務自由分成七個階段，每達成一個階段，對大多數人生活都會帶來深遠的影響。

財務自由的七個階段

1. 認清現實：你知道目前處境和未來目標。
2. 養活自己：賺的錢能支應自己生活開銷。
3. 喘息空間：不再每個月領完薪水就立刻花光。
4. 穩定成長：存下超過半年的生活費，沒有欠債（如卡債）。
5. 擁有彈性：你的投資能支應至少兩年的生活費。
6. 財務獨立：你能靠投資收入過活，工作變成一種選項。
7. 坐擁財富：你擁有一輩子不愁吃穿的財富。

在此感謝我傑出的作家兼好友，《慢慢變有錢》（Get Rich Slowly）作者羅斯（J. D. Roth），我的靈感來自於他做的分類。

每達成一個階段，你就會感覺更有力量、更能主控，金錢壓力也變的更小。你會擁有更多選擇和機會。你可以冒更多險，賺更多錢，活得更精彩。

錢不再是抽象複雜的渴望，而是你擁有且知道如何獲得的東西。一旦你瞭解並精通金錢的運作，你就可以放開手，成為它的主人，不再擔憂，金錢反而是你的機會，由你控制錢，不再受錢控制。有錢就是自由！

你花越多心思讀懂書裡的策略，就能越快達成財務自由。每當我達成一個賺錢金額的目標，我下個目標永遠是多賺一倍。所以當我有一千美元時，我下個目標就是兩千美元；我有兩千美元時，下個目標就是四千美元。假如我一開始就把目標訂在一百萬美元，我應該達不到。過程中設定各種小目標，然後盡快去完成。每達到一個里程碑，就做個簡單的慶祝。不管時間多長，堅持就對了。相信我，時間久了會越來越簡單，你也會建立動能，因為習慣和策略早在上一個目標就已經養成，開始在使用了。你的第一個一千美元、一萬美元和十萬美元，永遠是最難存下來的。

你可以利用副業在幾年內達到第五階段（亦即你的投資能支應至少兩年的生活費），但從第五階段跳到第六階段（你能靠投資收入過活，工作變成一種選項）是最難的。這時候你就必須拼命賺錢，拼命存錢，盡可能投資。你一定要堅持下去。你現在投入的時間和精力，在未來會變成自由。

假如你夠堅持且願意做取捨，你真的可以在十年或更短時間內達成財務自由。假如你夠積極也很幸運，你可能可以在五年或更短時間內做到。我承認自己很幸運，能在股市大好之前已經展開投資。但更早的時候若我沒有努力賺錢，則我也沒有機會在股市大好的時候讓獲利翻倍。當然，你不能靠運氣，但你可以靠這本書裡已經證明有效的方法來幫你，不必依靠運氣。無論如何，在十、十五或二十年內達成財務自由，還是比四十年或永遠達不到快很多。你會多出很多時間做自己喜歡的事。

對我來說，財務自由代表在三十歲達到財務獨立，不用坐在小隔間上班一輩子。以前沒錢的時候，我花了好多時間擔心錢的問題，感覺就像被困住似的，我一切的決定都取決於有沒有錢。不只是「買得起或買不起」這件事囚禁了我，連我的時間也被賺錢這件事綁住。我每天固定時間睡覺、起床、抵達辦公室，免得老闆生氣，因為他隨時可以開除我。我熱愛旅行，但我沒錢，而且每年只有十天假，沒辦法去太多地方。缺錢，成了我唯一的思慮。

等我達成財務自由，也存下夠多錢可以永遠不工作（雖然我沒這樣做），我再也不用擔心錢的問題了，我的焦慮消失了。我變得更活在當下、更冷靜、更快樂。我感覺更有支配力，更能與世界、親人朋友建立連結。我有更多時間做自己喜歡的事如旅行、寫作、彈吉他和開班授課。也因為我不再需要工作，我可以自由選擇有成就感、有意義的工作，不必向薪資妥協。

財務自由、財務獨立、提早退休……不論你怎麼稱呼它，它都讓你感覺無限的寬闊、開廣，無限的可能。就像那年夏天，一個小孩躺在草地上，感覺整個世界開闊無比，什麼都有可能。

財務自由對你而言是什麼？假如不用再為錢工作，你明天想做什麼？這些問題只有你能回答。

我在這裡只是要教你如何達成這個目標。

快來找我吧！

財務自由，對你來說是什麼？用標籤「#financial freedombook」標記，在推特搜尋帳號 @sabatier 和 @millennialmoney，在 IG 搜尋帳號 @millennialmoneycom，跟我分享。我的信箱是 grant@millennialmoney.com。也可到 financialfreedombook.com 網站留言。期待聽到你的想法。

第二章
時間比金錢珍貴

假如某個九十歲的有錢老人，想用一百萬美元跟你交換身體，你願意嗎？當然不願意。為什麼？因為時間比金錢更珍貴。

每個成年人平均有兩萬五千天的生命。假如你正在讀這本書，你應該是需要用時間換取金錢過日子的人。但假如你不需要工作就有錢，那你就能自由支配自己的時間。沒有人會比你更重視你的時間。別人都想要占用你的時間，用開會、電話、更多開會去填滿它。但這是你的時間，你僅有的時間。這本書會幫你創造最大效益，用錢幫你賺取時間。

為什麼現在的退休制度不適合你

這本書的目標是幫助你盡快退休。我所謂退休，不是指你停止工作，而是你已有足夠的錢，所以再也不需要工作。完全的財務自由，就是有能力掌握時間，做自己想做的事。

我追求的也不是傳統意義上的退休。我現在已經「退休」了，因為我有夠多的錢和自由，做自己想做的事，再也不用為了賺錢而工作。不過我還是很享受賺錢，這和我很多興趣相關。我喜歡工作，喜歡挑戰自己，也希望一直如此，所以安逸的生活不是我的風格。

如果你想要早點「退休」，就必須重新思考退休是什麼，重新思考你接受過的金錢教育。我們社會大眾普遍接受的退休是：找一份工作，將依固定比例收入存入勞保或其他年金帳戶，四十多年後你存的錢夠多了，終於可以不用再工作了。用這個方法，你到六、七十歲才能退休。這也就是為什麼幾乎所有退休廣告裡，出現的都是白髮蒼蒼的爺爺和奶奶，在上高爾夫球課或在沙灘上散步。

這個方法有三個主要問題：

1. **對大多數人都沒有用。**
2. **你必須將人生最精華的歲月，用在「為錢工作」上。**
3. **它不能幫你早點「退休」。**

1. 現有制度對大多數人沒有用：可怕的通膨

崔佛斯的故事恰好印證了第一點：現有退休方法沒用。他是我父母的老朋友，我從小就認識他。回到二〇一二年，我即將在三十歲達成百萬美元資產的前夕，我在家族朋友的假日聚會上遇到崔佛斯。我們一面閒聊，吃著維吉尼亞蜂蜜火腿。他（從我父母那）得知我在考慮創業。崔佛斯和我通常一年只有在假日聚會見面，所以他不知道我去年架設網站、刊登廣告、買賣網域名稱、銷售輕型機車等等，已經賺了三十萬美元。

「你想當企業家喔？」崔佛斯說：「很酷，老弟，可是創業一開頭太難了，那都是企業家在做的事。你應該做的是好好存錢。我出社會後固定把薪水的百分之五存起來當退休金，我想在十年內退休。」

崔佛斯此時四十五歲，已經工作二十年。我問他二十幾歲時是如何做出「存下百分之五的收入作為退休金」這個決定。

「噢，剛上班的時候，」他說，「同事告訴我應該這樣存錢，我就跟著做。」

我瞬間無言。我讀過上百本關於投資和個人理財的書，而且我知道，儘管崔佛斯很有自信，他卻可能永遠無法退休，更別提在未來十年內。

我沒見過崔佛斯的個人資產負債表，也許他有一些我不知道的存款、收入或資產，但我們假設他就只有薪資收入，以及從工作開始存下的退休金。崔佛斯是一家能源顧問公司的產品經理。我不知道他的實際收入，但根據薪資調查網站像「薪資表」（PayScale）和「玻璃門」（Glassdoor）顯示，他的年收入大概是六萬美元。

雖然我不知道他賺多少，我卻很清楚他怎麼花錢，因為他和我父母是舊識。過去三年裡他買了新房子（至少五十萬美元），改裝廚房，又裝潢新家（至少五十萬美元），還買了不只一輛，而是兩輛車。表面上崔佛斯過著國王般的生活，但根據他可能的薪資，他維持這樣的生活可能要背負沉重的貸款，即使再加上他太太的收入。他太太也從事類似工作，收入和崔佛斯應該差不多。兩夫妻家庭背景都普通，所以也不太可能會出現一大筆遺產去支應這些花費。

讓我們快速檢視一下這些數字：假如崔佛斯一直存下年收入六萬美元的百分之五，代表他一年能存三千美元。即使他的年收入一直都是六萬美元，從二十幾歲就開始（這不太可能，因為收入通常隨時間提高），他現在也只存了六萬美元（三千美元乘以二十年等於六萬美元）。假如他將這些錢拿來投資公司的 401(k) 退休儲蓄計畫，該公司在期間內也對標準百分之三的提撥率給予配比，他可以多存三萬六千美元，加起來總共是九萬六千美元（六萬美元的百分之三等於一千八百美元，再乘以二十年等於三萬六千美元）。

經過複利的魔法（參見 35 頁），他提撥的所有金額，只要投資就能成長。我們沒辦法確定他的 401(k) 退休儲蓄計畫是怎麼配置的，畢竟他選擇了什麼投資方式（股票或債券）無法得知，但我們能確定，這比他原本的投資更有價值。

複利會加速金錢成長，且讓你更富裕

據說愛因斯坦說複利是「世界第八大奇蹟」，這是有原因的，因為它實在令人讚嘆。複利會讓錢的價值隨時間呈指數成長，即使你不增加投資額度，因為利息會生利息（也就是你的錢會繼續生出更多錢）。

快速達成財務自由的關鍵在於加速複利作用，方法是盡可能越早、越頻繁累積且投資越多的錢。

複利是這樣運作的。假如一支股票價格上漲，投資在這支股票的每一塊錢都會以某個百分比增值。增值就稱為利息。假如一支股票價格繼續上漲，你投入的資本和過去的利息也跟著成長。隨著時間，你投資越多，利息也越多，複利作用也會越強。這好比一條曲線，如表2-1及2-2所示。

當然，每年（或每個月）從股票市場賺的（或賠的）錢波動很大，但長期而言，許多經濟學家發現，美國股市的實際報酬率（也就是經過通貨膨脹調整後的報酬和股息），平均落在每年百分之七到九。不過我們還是保守一點比較好，所以我用百分之七作為本書裡的股市預期報酬率。

為了簡單說明複利的影響，我們假設某年股市的成長率為百分之十。假如你投資一百美元，然後成長百分之十，你在年底就會擁有一百一十美元（一百美元的百分之十等於十美元；一百美元加十美元等於一百一十美元）。假如市場隔年又成長百分之十，這時你賺的百分之十，除了原本投資的一百美元，還會加上前一年的報酬十美元。這代表在第二年年底，你會多賺十一美元（一百一十美元的百分之十等於十一美元），總計擁有一百二十一美元。

這是關於錢和複利最瘋狂的地方之一：一美元或百分之一感覺可能不多，但隨著時間，複利對你賺多少錢就有很

表 2-1

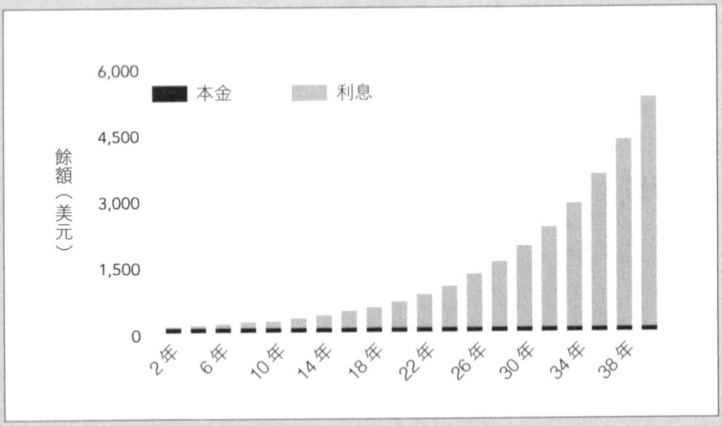

大的影響。為了方便說明，我們看一下這一百美元會發生什麼事，假設放著繼續投資，每年成長百分之十共四十年，不增加本金。

對，沒錯。原來一百美元的投資（又稱作本金），四十年後會增值為五千三百七十美元，這是百分之五千兩百七十的成長！假如你持續增加本金（通常都會這麼做，作為退休金的投資，至少每月都會投入更多），這個金額會更高。即使你每個月只增加一美元，本金一百美元下，四十年後總共存四百八十美元，但卻有一萬一千六百九十四美元的價值！是不是很棒！

表 2-2

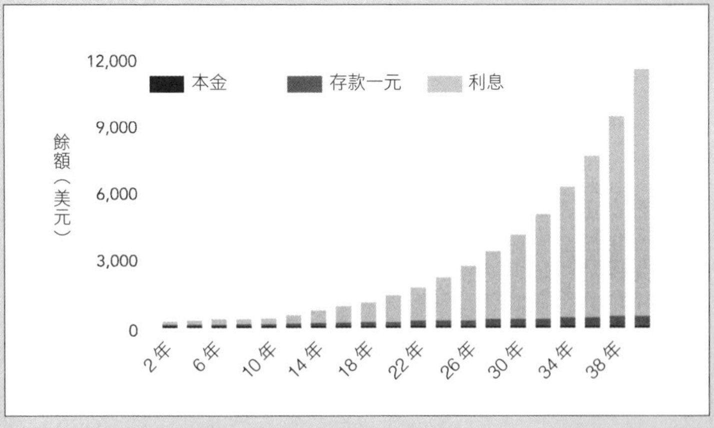

假如崔佛斯每年存三千美元，這些錢以平均年報酬率百分之七（見35至37頁）成長，二十年後他將擁有十四萬兩千三百四十八美元。這是一大筆錢，但還不夠退休。假如他計畫五十歲退休，活到七、八十歲；再假設他夠聰明，投資一支全股票市場指數型基金，幫他追蹤整體股市的情況，所以隨著時間可能可以獲得平均百分之七的報酬。假如沒有，則他存的就比較少。

我不是在挑剔崔佛斯。事實上，大多數美國人對退休的規畫都是這樣。二〇一六年，美國家庭收入中位數是五萬七千六百一十七美元，平均每個美國人每年只存下百分之三點六的收入。這代表平均每個美國家庭每年存下兩千零七十四美元——比我們假設崔佛斯存下的還少。

上一章提過，每個千禧世代平均能存下百分之三到五的收入，而千禧世代的平均收入三萬五千五百九十二美元，大約等於每年存一千

表 2-3

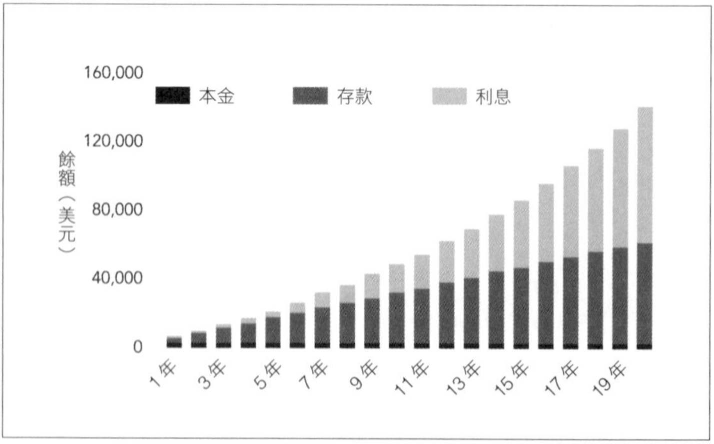

零六十七到一千七百七十六美元。為了簡化，我們取一年兩千美元為整數。一年存兩千美元，加上百分之七的年成長率，四十年後等於四十七萬零九百六十七美元。雖然四十七萬零九百六十七美元是不小的數目，但別忘了因為通貨膨脹（通常無法預測），四十七萬零九百六十七美元在四十年後的購買力，無法和今天相比。

通貨膨脹會增加或減少你的購買力

感謝通貨膨脹，錢越來越不值錢。今天只要花一美元就能買到的東西，未來會需要超過一美元才買得到。這就是為什麼在一九二〇年的時候一杯咖啡只要一毛五美元，現在卻要兩美元。通貨膨脹原因包括供給、需求、生產成本和國家的稅收政策。通膨也因國家而異，可能會因為該國貨幣的強弱與購買力有很大的差別。因此，假如你現在住在美國，你到某些國家生活會相對寬裕，因為美元比這些國家的貨幣更強勢。你能用美元在世界很多地方生活，花費也會比在美國低。舉例來說，現在住在印尼峇里島或南美洲國家，生活會便宜很多。

通貨膨脹每年平均使物價增加百分之二到四，意味著今天存的錢，在未來只能買到更少的東西。不過，這只是平均，有時候（例如一九八〇年代），通貨膨脹率高達百分之十。當然，不是所有東西都會變貴，事實上有些東西會隨時間變便宜，但整體來說，生活必需品像食、衣、住、行和能源，在十年後都會變得比今天貴。不過還是有一些方法可以幫你對抗通膨（稍後章節會解說）。未來東西變貴不代表你的財富不能跟著變高；你只要夠有創意、減少購買、更自給自足。

克莉絲蒂和布萊斯為自己打造了一個「抗通膨屏蔽」，將通膨對他們儲蓄的影響降到最低，具體做法則是搬到一個通膨比祖國加拿大還要低的國家，所以他們在三十幾歲就退休了。根據你現居國家的貨幣強度，以及你原生國家的貨幣強度，同樣一筆錢，你可能在外國能夠做更多事，或享受比原生國家更便宜的醫療保健服務——很多國家的健保比美國便宜太多了。

而且如果你投資股市，還會得到比原來多的錢，因為股票市場每年百分之七的平均報酬率，是已經納入通膨因素和股息而計算出來的，所以百分之七是「真的」一年平均報酬率。

即使如此，你還是要多留意各種能將通膨影響降到最低的方法，你才會有更多錢不斷投資。

過去十年，通貨膨脹率降到歷史新低，股市的報酬也有效幫助投資人對抗通膨，但可以合理預期的是，通膨率會在未來幾十年呈現上升趨勢，而且即使年平均百分之二到三的微小增長，也會大大減少你未來的購買力。

例如，經過百分之二到三的通膨調整後，平均一個美國人在百分之五的儲蓄率下，儲蓄四十年存下的四十七萬零九百六十七美元，大約只有現在十四萬四千三百七十八美元價值的購買力。美國人平均壽命大約是七十九歲（且仍在上升），假如在六十五歲退休，你要靠這十四萬四千三百七十八美元生活十四年。先不考慮你能得到的社會安全福利（因為我們不知道未來四十年政策會有什麼變化），你每年只有相當於在二〇一九年一萬零三百一十二美元的購買力！不管你怎麼分配，都遠遠不夠。

許多人都想要提早「退休」。假如你每年存下超過百分之十的薪水，恭喜你，你已經領先百分之九十九的美國人了！但別高興得太早，這些錢還是不夠退休。假設你年收入五萬美元，從二十五歲開始每年存入百分之十四的薪水（每年七千美元），並有百分之七的年報酬率，到了六十五歲時你的存款約有一百一十一萬七千五百八十九美元。聽起來不錯，但同樣期間假設每年通貨膨脹只要多增加百分之二點五，那這筆錢只等於二〇一九年四十一萬六千兩百二十四美元的購買力。

這還是不錯，但投資401(k)計畫的美國人還得考慮稅的問題，四十一萬六千兩百二十四美元稅後會減少百分之十五到三十五（取決於你的課稅級距與什麼時候開始提領）。

好了啦，壞消息也說夠多了。重點是：傳統退休規劃最大的問題在於，即使你完全乖乖照著做（況且大部分人都沒有乖乖照著做），六十歲以後你還是可能沒錢生活。我在寫這個段落時，一面算一面完全被嚇到了——顯然一般建議存下百分之五到十的薪水，這樣真的不夠。本書稍後我會教你如何計算自己的儲蓄目標，但你還是應該提早開始拚命存錢。

假如你想在六十五歲退休，你必須從三十歲開始持續存入百分之二十的收入。假如你這三十五年平均收入五萬美元，每年投資百分之二十（大約一萬美元），退休時你的投資本金累積已經有三十四萬九千八百六十美元。考量每年百分之七的成長（已經調整通膨因素了），這個投資會價值一百六十一萬五千三百四十美元。而且這是假設你的薪資從未增加，可是你的薪水會

表 2-4

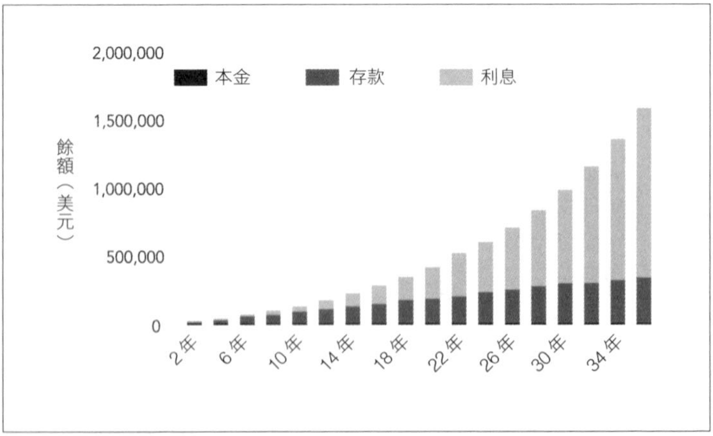

隨著時間成長，所以你會有更多錢。

2. 人生精華歲月還是得工作

存下你百分之二十的收入，可大大增加在四十年後退休的機會。但這也帶出傳統退休方法的第二個問題：你在二十到六十幾歲之間的人生精華，還是得全職工作。

這點在本質上沒有錯，人還是可以活的很快樂，工作四十年，然後老一點的時候享受勞動的果實。但這也需要一個很大的犧牲——人生會有四十年的時間圍繞在賺錢上，而且不能保證成果。

除非你非常努力，花很多時間研究，否則你唯一所知關於儲蓄的資訊，就是把固定比例的年收入拿去投資退休年金帳戶（美國人就是401(k)或IRA個人退休帳戶）。因為我們只接受過這樣的金錢教育，而且沒有足夠知識去質疑它。我們都以為，其他人好像都這麼做，而且看起來過的還不錯，所以我應該也OK。

從小到大，我身邊都是辛苦工作、希望有天能退休的人。我的父母都不特別有錢，我長大也漸漸發現家裡並不富裕。我們當然不是窮人，可是我們住在華府附近，周圍都是一些全美最富裕的郊區。我父母生活勤儉，只買中古車，我們家每年去海邊度假一次，逢年過節就得單趟開車十二小時，回到印第安納州老家團圓。

我們住在美國東岸，我父母卻保有中西部的價值觀。他們一直教導我典型的美國工作精神：找一份工作，不要欠債，小心存錢，如果你沒出大差錯，可能可以在人生最黃金的時候退休。每個我認識的人都穩穩工作到六十多歲，有些更久。我的祖父母工作到七十幾歲，因為他們還沒賺到能退休的錢。

3. 遵循傳統退休方式，根本無法「早一點」退休

我寫這本書的時候，我父母都已經六十多歲而且還在工作。他們可能存了一筆退休金，但始終憂慮錢不夠。他們也在思考如果真的退休，空閒的時間要做什麼。你一輩子都在為薪水工作，這種生活模式突然改變了，該怎麼辦？當你的身分認同是建立在頭銜和職責上，你怎麼辦？當你太累沒力氣追求夢想，或時間過了太久使你不再有夢想，該怎麼辦？

我父親最近告訴我一些鄰居工作四十年後退休的生活。「他們花了大量時間在庭院裡撿樹枝，」他說。我不認識他們，但我也不覺得這是他們希望的晚年生活。

這點出一個普遍的問題，很少人思考過這種典型工作到退休的方式。五十五歲以上的人有百分之四十八從沒想過自己退休後可以做什麼。實在令人難過。這代表很多人工作了數十年，卻不知道自己為什麼而工作。他們集體接受傳統的退休方式——工作到六、七十歲，卻從來沒有停下來想想這是不是自己真正想要的生活？有沒有更好的方式？

請改寫你的退休計畫

我過去也做著相同的事。沒人跟我說過我不能在二十、三十幾歲時「退休」；這個觀念太不尋常，我根本沒想過。我成長過程中聽過唯一一個提早退休的人是吉姆，另一個家族好友。他在四十五歲存了一筆錢，又獲得一筆遺產，就退休了。我年輕時聽過父母聊到這件事，從此一直忘不了。

我們盲目接受傳統的退休方法，造成社會上有太多人過著不是自己選擇的人生，延後實現自己的夢想，有時候轉眼一輩子就過去了，只因為他們認為應該先工作賺錢。護士布羅妮．韋爾（Bronnie Ware）發人深省的著作《和自己說好，生命裡只留下不後悔的選擇》（The Top Five Regrets of the Dying）當中，提到臨終前病人最後悔的兩件事，第一是「我希望當初有勇氣為自己活一次，而不是活在別人的期望裡」，第二是「我希望自己不要那麼認真工作」。

該書也提到，大多數病人達成的夢想，連一半也不到，因為他們選擇工作，放棄追尋夢想。這些人汲汲營營，認真存錢與工作，老來回首，卻不清楚這輩子是為了什麼。這是你要的生活嗎？你想要繼續推遲夢想，直到遙遠未來的某一天，也許已經沒有力氣或動力去做其他事，只能整天待在庭院裡撿樹枝嗎？

等到我設立了「存下人生第一個一百萬美元」的目標之後，才注意到一般理財建議和傳統退休理論的侷限。我對賺錢、存錢和投資瞭解更多之後，發現快速賺錢完全沒傳說中那麼複雜。事實上，拜網路發達之賜，賺錢比以前容易很多。難的是放下「自己只有一種退休方法」的執念——穩定領幾十年薪水，存下一部分作為退休金，而且只有少數幸運的人才能發財。

說到這裡，我必須指出，「提早退休」不是每個人都做的到。世上很多人只求有衣有食、有片屋頂遮風避雨。假如你年收入少於兩萬五千美元，提早退休這件事就很難，因為你存下來的錢就是不夠。除非你可以用五千美元活一年，像我在亞利桑納遇到的那位快樂流浪漢一樣。我不是說不可能，只是這需要很多創意和犧牲。

也就是說，我邁向財務自由的策略中，有個很重要的基礎就是尋找各種賺錢的方法，而不只是想著如何存錢。與其花心思錙銖必較，我把更多時間用來尋找更多賺錢的管道。假如你現在收入是兩萬五千美元，我要幫你把它變成五萬美元；假如你現在收入是五萬美元，我要幫你把它變成十萬美元。以此類推。你賺越多錢，就能投資越多，且越快達成財務自由。

相信我，達成財務獨立最難的，並不是「實際去做」的這個部分。只要你學會賺錢、儲蓄和投資的基礎觀念，怎麼做就相對簡單，你也會立刻看見效果。我不是說這很容易做到——過程需要你的堅持和自律，但策略本身並不複雜。

快速達成財務自由，最難的部分是「學習用新的角度看世界」。你要相信，即使你不認識任何一個享有財務自由的人，你自己還是有可能在幾年內賺夠錢，從此高枕無憂。剛開始時可能會覺得很困難、很害怕，而且有很多所謂的「專家」、「權威」和身邊的人（像崔佛斯這種人）不斷告訴你「最正確」、「最好」的退休或賺錢方式。你的朋友、家人或同事也可能冷笑著告訴你，你不可能短時間賺那麼多錢提早退休。但假如你想要主導自己的生活，你就必須主導自己的理財方法。這需要一個新的視角。

時間 vs. 金錢：如何平衡

傳統的退休計畫與個人財務建議這麼沒用的主要原因之一，是它建立在「金錢是有限」的錯誤基礎上。坊間大部分對個人的財務建議，重點都放在降低預算與減少消費，卻忽略了一個簡單的事實：你的錢有限，其實是因為你沒有試著去賺更多錢。

本質上，錢是無限的，因為錢是人造的發明，只要人繼續工作、消費與投資，幫助經濟成長，政府可以印刷更多貨幣。沒錯，貧富差距一直都很懸殊，我們生活在民主的資本主義社會，另有數十億人住在沒有賺錢機會的地區。不過在理論上，世界上有夠多錢能提供所有人的需要。

問題是，有很多人平白錯失了賺錢機會，人家給他們什麼，他們就接受什麼——雇主願意開多少薪水，他們就拿，從沒想過其他賺錢的方法。他們嘴裡說著想賺更多錢，但時間拿來看網飛、打遊戲或無所事事。

這真的很可惜。如果我們真的相信金錢很寶貴，我們應當會犧牲大量時間去賺錢、儲蓄。時間跟金錢不一樣，時間的本質就是有限的。在我最喜歡的一本書《金錢與人生的平衡》（Your Money or Your Life）裡，作者薇琪．羅賓（Vicki Robin）要我們思考一個簡單的問題：你生命中的每個小時值多少錢？你願意用什麼來交換？你願意用多少錢交換你的時間？

假如我們相信錢很珍貴，我們會把珍貴的時間用來換取金錢。我們花了好幾個小時收集折價券，為了微幅價差在線上比價，又多開一哩路，只為了每加侖便宜三分美元的汽油。我有一次為了買電視，花了超過四小時比價，後來才驚覺自己省下的錢，遠不足以彌補浪費在比價的時間——時間是用錢賺不回來的。

賺錢也是相同道理：拿去賺錢的每一分鐘，都不能重新再拿回來做其他事——時間不能倒轉。大多數人在一輩子的職業生涯裡，工作總時數是七到八萬小時，但這些還不包含「為了工作而花掉的時間」。假設平均每天花五十二分鐘通勤來回，以一輩子的職場生涯大約等於八千七百個小時。換句話說，假設你不必為了生活而賺錢，這八千七百個小時（等於一年的時間）就不必浪費了。

驚人嗎？還有呢。歐美平均一週工作三十四點四小時。如果加上通勤時間，大約是三十八點七小時。一週就有一百六十八小時，扣掉大約五十六小時的睡眠時間，還剩下七十三點三小時。聽起來很夠，是花在工作時間的兩倍以上，但請注意：不是所有時間都有相同的價值。研究顯示，我們在白天最有警覺性也最有活力，但這時候我們通常在工作。下班後我們累了，因為一天的工作與通勤而精神不濟，除了癱在沙發上什麼也不想做。所以，美國人平均一天會看五點四小時的電視。

當然，我們還有週末。但你是否常利用週末處理雜務和家事呢？重點是，你的薪資是用你人生中最精華的時間去換來的。我不反對工作；事實上我熱愛工作，有工作才能感到快樂。但工作就像時間，不是所有工作都有相同的價值。每週有四十多個小時做著自己討厭的工作，被綁在辦公室裡，這與做著自己喜歡且有熱情的工作，時間自由分配，又有彈性能去做其他想做的事，是完全不同的兩種情況。

從整體看自己的人生，也會發生相同的比較：二十、三十和四十幾歲的時候，精神和健康最佳，假如這段黃金時間必須拿來賺錢，你就無法善用這段時光的優勢。

再從財務觀點來看，假如你持續四十年緩慢存下收入的一小部分，就浪費掉了這些錢能拿去成長的時間。當你把錢拿去投資股票，它會隨著時間增值，因為（平均長期而言）每年都會產生報酬。假如你這幾十年，只是固定存下百分之五到十的年收入，而不早點開始投資，盡可能抓住用錢創造複利的機會，這是在浪費時間。

不要浪費時間。決定權在你手上。這是你的時間。假如你善用機會去創造金錢最大的效益，你就能夠存下更多的錢，以及相對來說更多的時間。今天你投資的每一塊錢，都是你未來好幾小時、甚至好幾天的自由。今天你存越多的錢，就能為未來買到越多的時間。

你越早開始存越多錢，就會越快達到財務自由。這就是我策略的核心。這樣能快速降低你達成財務獨立需要的時間和金錢。別忘了：**快速達成財務自由的關鍵，就是盡早開始、且越頻密地賺錢與投資。**

幸運的是，金錢和時間不是線性的關係：你想賺更多錢，卻不一定要犧牲更多時間。你不必受限於時間。你一定見過這種人，他們只花一半的時間工作，卻賺了雙倍的收入，這不一定是因為他們比較聰明、有經驗，或職業比較好。有些人甚至不用犧牲自己的時間就能賺錢，因為他們很早就建立了穩定、長久的收入來源。

相同地，把錢拿去投資的人，就不需要花心思去讓錢成長。只要這些錢還在股票市場裡，就會隨著時間自動成長。這就是所謂的「被動收入」，因為你不用主動做什麼就能賺錢，這也是賺錢的終極策略。有什麼比坐著就能賺錢更好的事呢？

如果你不再是「必須」拿時間去交換金錢，省下來的時間你想怎麼自由使用都可以。若你已有夠多的錢，就不必從事薪水較多但你很討厭的工作，反而可以去做薪水較少但很有意義的事。你可以去探索、成長、回饋社會、追隨熱情、找到更多熱情。你可以到處旅行、培養新嗜好、學習新技能、當志工——你有無限的可能！

艾妮塔三十三歲退休，每天睡到自然醒，到處旅行，不用向老闆乞討休假時間，也不用擔心錯過重要的郵件。莎拉三十二歲退休，跑去學小提琴和組樂團。蜜雪兒二十八歲退休，全職當部落客，住在露營車裡到處旅遊。賈斯汀在星期二早上十一點的時候，正在吊床上讀一本好書。布蘭登三十四歲退休，所以他可以做音樂，探索新的熱情。我也是，因為我不想在人生最美好的時候，坐在陰暗的小辦公室裡，做著壓力大、自己也不特別喜歡的工作。因為我做到了，我才有時間寫這本書，告訴其他人如何擺脫無止盡的競爭生活。

所以你要如何用最短的時間，賺到夠多的錢退休呢？第一步就是弄清楚自己需要多少錢。

重點整理

1. 錢是無限的。時間很有限，別浪費時間。
2. 傳統的退休規劃有三大主要問題：
   (1) 大部分人都做不到
   (2) 你人生最珍貴的時間會花在為賺錢而工作上
   (3) 不能讓你提早退休
3. 複利使你金錢的價值隨時間呈指數成長，你越早開始投資、投資越多，錢成長的速度也越快。快速達到財務自由的關鍵，是盡可能越早且越頻繁地賺錢與投資。

4. 通貨膨脹使吃飯、居住、交通等生活必需品的價格每年上漲，但還是有方法可以讓影響降至最低，所以你不需要更多錢，投資也能繼續成長。

5. 不要延後你的夢想。病人臨終前兩個最大的缺憾，一是「我希望當初有勇氣為自己，而非為別人的期望而活」，二是「我希望自己不要那麼認真工作」。

6. 坊間大部分對個人的理財建議，重點都放在以手上有限的金錢，創造最大的效益。只看到節儉、匱乏、降低預算和減少消費這一面，沒想過金錢之所以有限，是因為自己沒有試著去創造。

7. 金錢和時間不是線性的關係：你想賺更多錢，不一定需要犧牲更多時間。

第三章

你的財務自由數字是多少？

你要先有目標，才能找到達標的最佳方法。同理，你要先釐清自己的「財務自由數字」是多少，也就是你達成財務自由需要多少錢。財務自由對每個人的定義都不同，你需要的可能是付完貸款、不必每到月底就吃泡麵過活所需的金錢數額，可能是想要存到兩年的生活費去旅行，或希望存款足夠讓你只需兼差工作，有更多時間陪伴小孩。不管財務自由對你的定義是什麼，本書的策略都能幫你最快達成。

什麼是財務自由數字

對我而言，財務自由代表達成財務獨立，這一刻起我有足夠的錢，可以靠投資過活，不用再工作。雖然我可以繼續工作，但再也不用為了生活忙碌籌錢。我的甜蜜金額是「達到第六階段的財務獨立（FI，或財務自由）所需的數額」，以下簡稱財務自由數字。在這一章裡，我會告訴你如何計算自己的財務自由數字。不管你現在處於財務自由的第幾個階段（見第一章），只要算出你達到第六階段需要的數字，也同時算出了第一到第五個階段所需的金錢數額。

這不是絕對的數字。因為不同的因素，包括你的生活方式、居住地、是否有小孩、股票的投資報酬、想要退休的時間、通貨膨脹的影響等等，都會影響你未來需要多少錢。

雖然你可以算出自己的財務自由數字，但這還不是完美的數字，因為你的夢想、價值觀和喜好，在未來都可能改變。你已經不是五年前的你，現在的你也不會是五年、十年或二十年後的你。這就是為什麼你的財務自由數字一定會、也應該會隨著你的改變而變化。但現在先花點時間算出你的財務自由數字，可以幫助你規劃出達成目標的策略並執行之，且隨時間不斷調整。我的建議是，至少每年審視一次你的財務自由數字，看看它是否依舊準確，慢慢你會越算越上手。

你每年需要多少金錢以供生活，與你的生活方式息息相關。你的生活方式越貴，你的花費越高，需要的錢也越多，這也代表你可能需要工作更久。你可以決定要不要做這個取捨。但假如你仔細思考：「什麼能讓我真心感到快樂？對我而言什麼才是真正重要的？」你就能重新評估自己需要多少錢。

你心目中美好的一天、一個月與一年是什麼模樣？要做什麼事？和誰在一起？在哪裡？和朋友一起烤肉？和小孩在庭院裡玩耍？在陌生的異國旅行？在挑戰登山或健行？在酒吧彈奏樂器？通宵熱舞？在一個風和日麗的週日打高爾夫球？在一張吊床上閱讀？和另一半一起做菜？請花幾分鐘的時間，默想你心目中美好的一天是什麼景象。它為什麼美好？為什麼能帶給你快樂？

然後認真思考這種生活需要多少錢。很多人只要有點錢，就去買新的、更好的東西獎勵自己，大房子、好車子、漂亮衣服……。但你如果想早點達成理想中的財務自由數字，就必須克服這個不妥當的消費者心態。很多人花錢之前都沒有想過自己真正需要或想要什麼。有時候我們花錢是因為從小的習慣、因為家人和朋友都這麼做、因為我認為自己應該這麼做，或甚至是因為無聊。假如你找出自己真正喜歡做什麼，那麼理想生活所需的數字將比你想像中少很多。誠實地問自己：我人生中最重要的東西是什麼？

以我自己來說，我賺的錢越多，花的就越少；而從事我喜歡的事所需要花的錢，感覺上好像也變少了。這是我意料之外的感受，但當我幾乎有能力去買任何想要的東西，我反而不會想去擁有它了。「擁有購買的能力」對我而言就已經足夠了。

等你看見金錢真正的價值，自然就會降低開支。我認識很多最有錢、最成功的人，也都是最樸實的人。這不是說他們很小氣。樸實的意思不是不花錢，而是不浪費，包括你的金錢、時間和資源。你有需要才去購買和使用。

需求和欲望不一樣。我們以前可能「只需要」食物、遮風避雨的房子與衣服，現在可能還需要滿足心理、生理、情感和精神健康。我不是要告訴你應該或不應該買什麼，但需求和欲望有清楚的區別。只有你知道自己真正需要的是什麼。買任何東西之前先問自己：這是需求還是慾望？你越常這樣自問，就越會發現自己真正需要的越少。

假如你真的很「想要」某個東西，先等個三十、六十或甚至九十天，你可能就不想買了。衝動是財務自由的敵人。下次想買東西時，先問自己，這個東西值得我犧牲自由來交換嗎？

縮短達成財務自由的時間

閱讀本書的時候，請默記這個觀念：你需要的錢越少，達成財務獨立的時間就越短。退休或許需要很多錢，但可能比你想像中的少。這是因為，傳統的財經理論不會告訴你：你越年輕，「退休」時候所需存到的錢就越少，只要遵循一些簡單的規則。

你三十歲「退休」需要的錢，比六十歲的時候少，而且你還可以少工作三十年！聽起來很瘋狂，但因為市場運作的規則與複利的魔法，這是真的。原因如下：

雖然你越年輕，需要用錢的時間越長，但你的錢也有更多時間成長，在這個情境下，就是多了三十年的複利。即使你從投資組合裡提取百分之三或四作為通膨調整，到六十歲的時候，你的錢還是很可能會成長至少三到四倍。所以假如你在三十歲存到一百萬美元，且每年可以靠其中的百分之三或四維生，你就能靠這些錢再生活三十年，你的結存也會增加到三百或四百萬美元，甚至更多。隨著時間，你也可以隨著通膨調整提取的額度與消費更多。只要有決心，你就能實現。

你越年輕，時間和精神應該也越多，所以你隨時可以回去工作，或補回之前提取出來花掉的金額（你還可以選喜歡的工作）。假如你創造副業或擁有被動收入，或另外兼職，你也能從不喜歡的工作「退休」，做自己喜歡的事，即使薪水會少很多。

即使你真的在三十歲存夠錢達成財務自由，你或許會休息幾年或去旅行，但某個時間點你可能又會想回去工作。假如你有決心要用最快的速度存到財務自由數字，你也很可能會在未來用錢做出一番成就。

相信我，不管你在幾歲達成財務自由，那時你都會感覺很爽，最後還是會想再投入另一個讓你興奮的計畫裡，結果就是又能賺更多的錢。這些未來賺到的錢，會讓你感覺更爽，也能減少你需要從投資裡提領出來生活的金額（如果有的話）。

再來思考一下，如何讓你的錢永遠用不完。一般退休指南都建議你在退休前存到預期年支出（你預計退休後每年的花費）的至少二十五倍。這個計算方法之所以會成為普世標準，是源自一篇名為「三一學院研究」（Trinity study）的熱門學術文章。作者根據一九二六到一九九七年美國股市的表現，探究出一個投資組合能延續多久，取決於兩個你在這本書裡會學到的變動因素：

1. **資產配置**：股票和債券的比例，這也會決定投資組合的風險與報酬等級。
2. **提領率**：每個月從投資組合提領出來支應生活開銷的數額。

作者依據你的資產配置及提領率，試行分析這些錢是否足夠支付三十年的開銷。「三十年」是因為研究當時美國人平均退休年齡在六十二到六十五歲之間，根據平均預期壽命，退休後需要用錢的時間大概最多三十年。

結果研究顯示，假如你第一年提領百分之四，接下來每年都提領百分之四，加上通貨膨脹（百分之六到七），而且你的投資組合維持股票佔百分之百，或股票佔百分之七十五搭配債券百分之二十五，則你有百分之九十八的機率能讓這些錢夠用三十年。決定因素就是資產配置和提領率。根據當時研究的圖表（見表3-1），可以看出在預期提領率下，目標資產配置的期望成功率。注意這些數字都已經納入通貨膨脹。

根據三一學院研究，你需要存多少錢才夠生活到老，取決於你的資產配置和提領率。假如你保持每年百分之四的提領率（並依通貨膨脹逐年調整），則你必須存到預期每年開銷的二十五倍（一百除以期望提領率得出二十五倍），而且理想的資產組合是股票佔百分之七十五與債券佔百分之二十五，這樣你的錢才夠你用三十年。

但三一學院研究的成功率只適用三十年的週期。換句話說，到了第三十一年你的銀行帳戶存餘變成零元，也還是算成功。這個研究是以提領投資報酬和本金（你投資的金額）

表 3-1
投資組合成功率（含通膨調整後的提領）：1929 至 1997 年

	年度提領率佔資產配置值的百分比									
Payout Period	3%	4%	5%	6%	7%	8%	9%	10%	11%	12%
100% Stocks										
20 years	100	100	91	77	66	57	42	32	28	19
25 years	100	100	85	69	56	42	33	29	25	15
30 years	100	98	81	65	56	44	33	33	19	7
75% Stocks/25% Bonds										
20 years	100	100	94	77	66	51	38	19	17	6
25 years	100	100	85	65	50	33	25	13	4	0
30 years	100	100	86	63	47	35	14	7	0	0
50% Stocks/50% Bonds										
20 years	100	100	92	75	55	30	17	9	2	0
25 years	100	100	79	52	31	15	4	0	0	0
30 years	100	95	70	51	19	9	0	0	0	0
25% Stocks/75% Bonds										
20 years	100	100	89	51	28	15	9	4	0	0
25 years	100	96	48	19	17	6	0	0	0	0
30 years	100	74	26	19	7	0	0	0	0	0
100% Bonds										
20 years	100	96	57	23	15	13	9	0	0	0
25 years	100	52	19	15	10	0	0	0	0	0
30 years	79	19	16	12	0	0	0	0	0	0

來源：Philip L. Cooley, Carl M. Hubbard, and Daniel T. Walz, "Sustainable Withdrawal Rates from Your Retirement Portfolio," Journal of Financial Counseling and Planning 10, no.1 (1999). http://afepe.org/assets/pdf/vol1014.pdf

為基礎。但假如你在三十歲退休，需要再用錢六十年，這個方法就不太有用。這份研究參考的也是歷史數據，未來股市的表現可能會衰弱或增強，我們沒有人知道。

讓錢用不完的五個方法

但後續的其他研究顯示，即使在市場最差的時候，以百分之三到四（包含通貨膨脹後）的投資提領率，還是有很高的機率能成功延續超過五十五年。雖然你「退休」後第一個十年的股市報酬率很重要，但長期而言，股市還是會隨時間復甦與成長。當然也別忘了，假如你的投資有某幾年成長百分之四十，你提領百分之四，加上百分之二的通貨膨脹，總共百分之六，等於你有百分之三十四的淨增加，而且還會隨時間成長。你原本的一百萬美元，在提領後會變成一百三十四萬美元。

假如你某五年都維持相對穩定的花費，但你的投資組合快速成長，你需要提領出來當生活費的百分比其實會減少。隨著時間這個差距也會變大，也就是說，你的錢成長越久且越多，你就越可以提高花費（或提領率），錢也不會用完。如先前所說，你的投資組合很可能在三十年內變成兩倍、三倍或四倍，只要你保持百分之三到四包含通貨膨脹的提領率。

為了讓錢夠用一輩子（或更久），你要做一些與三一學院研究的建議稍微不同的事。基本上，你的策略是盡可能減少投資帳戶的提領率，讓錢可以繼續投資且隨時間成長。我們稍後還會在書裡說明，但現在先認識這個觀念作為重要的基礎。

以下我就要告訴你，如何用更少的錢更快退休，並提高「退休後錢永遠夠用」的機會。

1. **你可以儲存「預期年支出」的二十五倍數額（或存更多）**。有些更早退休的人存下的數額是預期年支出的三十倍或更多，看哪個數字讓你覺得安心。我個人是用二十五倍，因為我有另一筆可以生活一整年的備用金，還有各種副業收入，以及各種未來需要時能運用的賺錢技能。我現在也還在賺錢。

2. **盡量延遲提領你的投資報酬**。假如你決定要退休，且有副業或被動收入能輕鬆支付生活花費，你就不太需要動用原本該拿去投資的錢，你的投資也可以在不提領的情況下，繼續複利與成長。投資不動產就是一個好例子，你用收到的租金支應生活花費，同時你的股票投資也繼續成長。而且，如先前的討論，你有退休的自由不等於你「必須」要退休。相信我，在三十歲退休的話，你以後一定還會想工作的。若你已經不用再賺錢了，這也不等於你「肯定」不想繼續賺錢。所以未來你賺到的錢可以拿來支應生活，這樣就不會侵蝕你的投資報酬。

3. **越接近退休年限，就該準備一筆足夠一年開支的緊急備用金**。未來如何，你不知道，若你有一筆錢足夠一整年生活的開銷，這樣就更有彈性，就算有突發事件或者是當年股市特別低迷，你也不至於動用到投資存款。緊急備用金也可以讓你隨時有更多錢可以花，不用從投資帳戶裡提領。擁有一筆「額外的」金錢作為備用，你會更有彈性。你不一定要保留現金，因為通貨膨脹現金會貶值，但定存會是一個聰明的選擇。

4. **若你已開始提領投資報酬，請盡量降低開銷，即使股市仍在成長**。舉例來說，假如股市去年成長百分之二十三，但你只從投資成長裡提領百分之三，就可以將百分之二十的報酬留在股市，未來繼續複利成長。長期這麼做就可以創造出超過你生活所需的投資利潤，讓你未來有更多錢可用。假如股市下跌，你可以考慮使用手邊的現金或發展副業，將提領的額度減至最低。

5. **最後，盡量不要動到你投資的本金（原本投資的金額），因為本金是驅動投資成長的最大來源**。三一學院的理論，是建立在提領投資報酬與本金結餘上，但假如你保留了本金與大部分的投資報酬，這些錢「供應你三十年以上的生活」的機率，也會呈指數增加。

別忘了，以上雖然不是精準的科學，但也給我們足夠資訊去計算你的財務自由數字了。接著我們就來動手計算吧。

你真正需要多少錢？

為了幫你弄清楚退休需要多少錢，幾乎每間銀行都可以替你做退休試算。方法很簡單：上銀行的網站，填入各項數字（例如目前的退休金存款數、預計每年提撥至退休金帳戶的金額、預計退休後一年需要的生活費用、打算退休的時間等），試算表就會幫你算出退休時需要的金額。

回想我剛剛展開我的財務自由計畫時，設定的目標是在五年內存到一百萬美元。這是很大的數字，也是不錯的財務狀況，但這筆錢夠我在三十歲「退休」嗎？於是我找了一些線上試算表，結果算出來的應存款數字都離譜的多，例如我六十五歲時需要擁有三百五十萬美元，才能供應預期每年五萬美元的支出。即使我在美國的 401(k) 退休儲蓄帳戶存到上限（現行規定是每年一萬九千美元），每年成長百分之七，三十年後我也只有一百九十三萬九千三百八十四美元，只比我「應該存到」的一半還多一點。這是在開玩笑嗎？除了最前端那百分之一的人，誰還能存夠錢退休？

更複雜的是，我想弄清楚的不是「四十年後退休需要多少存款」，而是五年後！假如我在六十五歲時需要三百五十萬美元*，我的預期餘壽是二十五到三十年；但假設我退休後還要繼續生活六十到七十年，我豈不是要存更多嗎？

---

*這個數字並沒有計入退休後可享有的社會安全福利，所以我真正需要存到的金額沒那麼多。大多數的試算程式都可以納入社會福利這個因素，但我沒有，因為我希望能在「還沒老到可以領取社會安全金」之前，就提早三十年以上退休。

我認真研究這些數字後，才知道答案是「不用存更多」。這也是一般退休試算表會產生的另一個問題。因為理財規劃公司都假設你在六十或七十幾歲退休，這些退休試算工具都沒有考慮到：假如你想提早退休，會有哪些變因。

一方面，他們假設你存的每一塊錢，在未來的購買力都會下降（因為通貨膨脹），但不是所有東西的價格都會上漲，且你可以主動找方法避開通貨膨脹，畢竟這只影響你的購買，不影響你原本就擁有、增加或賺取的部分。例如房價上漲，但如果你本來就有房子，除了稅之外，通貨膨脹對你不會有影響。這些精美的線上退休試算表，沒有考慮到避開通貨膨脹的可能，所以得出的數字會比實際需要的高很多。但假如你打算在未來五到十年內達成財務自由，你現在存的錢，在你準備好退休時，貶值的程度會低很多，所以你為了過著嚮往的生活，並不需要存那麼多錢。

這些試算工具的另一個問題是，不管你幾歲退休，都假設「你退休時擁有的錢」等於「以後你能賴以生活的錢」。換句話說，你的錢會停止成長，停止賺取報酬，你只剩下一個固定的數額可以依靠。依照這個邏輯，假如你六十五歲退休，存款三百五十萬美元，你永遠就只能用這三百五十萬美元生活。

但投資的原理並不是這樣的。假設你依靠退休金或投資帳戶生活，你當然不可能一次就把錢全部提領出來。你只會提領未來近期需要的生活費，剩下的部分繼續投資。你的錢投資越久，複利也越多，你原始的本金也會成長越多。假如你在三十歲退休，活到八十歲，你會多出至少五十年的複利。但假如你在六十歲退休，活到八十歲，你只有二十年的複利。當然，六十歲以後你需要的錢比三十歲時少，可是這些錢也沒時間成長。記住，複利的關鍵在於，你越早開始，投資越多，錢就成長的越快。這也是複利讓人驚豔的另一原因！

假設你有一百萬美元的投資，一年後成長百分之七（等於七萬美元，包含股利和通貨膨脹）。你現在就有一百零七萬美元。再假設你沒有收入，扣掉稅每年可以用四萬美元過活（等於原始投資額的百分之四）。若你的錢存在一個要扣稅的投資帳戶，你提出四萬美元，還剩下一百零三萬美元——此時你甚至還沒動到原本的一百萬美元，而且只要不提領，你的結存（這一百零三萬美元）還會繼續替你賺取報酬。關鍵就是**絕對不要動用你的本金**，且只提領最低限度可以過活的數額。假如你每年都維持這種「提領少於報酬」的模式，你不只可以依靠投資成長過活，接下來你的投資總價值也很容易翻成兩倍、三倍或四倍。

這就是為什麼你在二十或三十歲退休，需要的錢會比在六十或七十歲時少得多。由於投資的魔法，你的財務自由數字就是你可以完全靠投資獲利過活的投資金額，這個數字可能比你想的要低很多。

複利會讓這個策略更強大，因為除了你原本的投資，你的報酬也會繼續賺取報酬。延續前面說的例子，假設你把那一百零三萬美元持續投資，賺到了另一年百分之七的報酬。在該年底，你賺的是七萬兩千一百美元，而不是七萬美元。假如你將提領率提高到百分之四（而不是固定的四萬美元），你的錢將繼續每年產生複利百分之三（假設隨時間平均報酬率是百分之七），即使你投資帳戶裡的本金再也不增加，你到最後還是會在六十五歲存到三百二十六萬兩千零三十七美元！你不只不必多工作四十年，你的投資組合結存也成長超過兩百萬美元，幾達本金的三倍。

再說一次，時間是站在你這邊的，因為你越早投資越多錢，隨著時間你的錢成長的也越多。假如你到四十五歲才存到一百萬美元，到六十歲前，你的錢只剩下二十年的時間成長，且價值只有一百八十二萬零二十美元，你還必須多工作二十年！

當然，這是假設的情況，但可以說明一點：因為複利作用，你越年輕的時候退休，需要的錢其實越少，只要你保留一部分的投資獲利繼續產生複利。艾妮塔二〇一五年的時候以三十三歲的年齡退休，存款七十萬美元，且因為有現金三萬美元與退稅，她到兩年後才開始提領她的投資存款。在這兩年內，整體股市成長百分之十一，她的投資組合成長到約九十萬美元。現在她從投資組合提領百分之三，當成生活費，剩下的獲利繼續投資，持續成長，帶來複利。依照這個速度，三十年後六十五歲時，她可能擁有至少三百萬到四百萬美元的投資存款，且不用另外再賺錢。所以她在三十三歲退休，需要的錢比六十五歲時少。克莉絲蒂和布萊斯在三十二歲退休，存款一百萬美元，靠利息的百分之四生活，但他們的投資在去年成長百分之十三。史帝夫退休時存款八十萬美元，但一年後，他的投資組合已經超過一百萬美元，降低了他（從投資組合裡）提領出來的生活費在整體投資組合當中所佔的百分比。

表 3-2 一百萬美元年獲利表
（增長率以 3% 計算，扣除提領金額，本金不增加）

年度	期初金額	年度增益	期末金額
1	$1,030,000	$31,328.44	$1,061,328.44
2	$1,061,328.44	$32,281.32	$1,093,609.76
3	$1,093,609.76	$33,263.19	$1,126,872.95
4	$1,126,872.95	$34,274.92	$1,161,147.87
5	$1,161,147.87	$35,317.42	$1,196,465.29
6	$1,196,465.29	$36,391.64	$1,232,856.93
7	$1,232,856.93	$37,498.52	$1,270,355.45
8	$1,270,355.45	$38,639.08	$1,308,994.53
9	$1,308,994.53	$39,814.32	$1,348,808.85
10	$1,348,808.85	$41,025.31	$1,389,834.16
11	$1,389,834.16	$42,273.14	$1,432,107.30
12	$1,432,107.30	$43,558.91	$1,475,666.21
13	$1,475,666.21	$44,883.80	$1,520,550.01
14	$1,520,550.01	$46,248.98	$1,566,798.99
15	$1,566,798.99	$47,655.69	$1,614,454.68
16	$1,614,454.68	$49,105.18	$1,663,559.86
17	$1,663,559.86	$50,598.77	$1,714,158.63
18	$1,714,158.63	$52,137.77	$1,766,296.40
19	$1,766,296.40	$53,723.60	$1,820,020.00
20	$1,820,020.00	$55,357.65	$1,875,377.65
21	$1,875,377.65	$57,041.41	$1,932,419.06
22	$1,932,419.06	$58,776.37	$1,991,195.43
23	$1,991,195.43	$60,564.11	$2,051,759.54
24	$2,051,759.54	$62,406.23	$2,114,165.77
25	$2,114,165.77	$64,304.37	$2,178,470.14
26	$2,178,470.14	$66,260.25	$2,244,730.39
27	$2,244,730.39	$68,275.62	$2,313,006.01
28	$2,313,006.01	$70,352.29	$2,383,358.30
29	$2,383,358.30	$72,492.12	$2,455,850.42
30	$2,455,850.42	$74,697.04	$2,530,547.46
31	$2,530,547.46	$76,969.02	$2,607,516.48
32	$2,607,516.48	$79,310.11	$2,686,826.59
33	$2,686,826.59	$81,722.40	$2,768,548.99
34	$2,768,548.99	$84,208.07	$2,852,757.06
35	$2,852,757.06	$86,769.34	$2,939,526.40
36	$2,939,526.40	$89,408.51	$3,028,934.91
37	$3,028,934.91	$92,127.95	$3,121,062.86
38	$3,121,062.86	$94,930.11	$3,215,992.97
39	$3,215,992.97	$97,817.50	$3,313,810.47
40	$3,313,810.47	$100,792.72	$3,414,603.19

當然，股市獲利不可預測，難有保證，所以你提領之前請先考量當年股市的行情。雖然長期來看股市平均年獲利約有百分之六到七，但每年的波動還是很大，可能某一年成長百分之二十，隔一年下降百分之十一。

幸運的是，你的錢投資越久，你越不用擔心短期的市場波動。假如你可以在前十年都沒有動到投資本金，且假如你可以靠百分之四的提領率生活，那麼你成功的機率應該接近百分之百，因為經過了十年，你的投資應該已經複利夠久，足以讓你永遠靠報酬生活。當然，嚴重的經濟崩盤可能會稍微減少你成功的機率，所以你應該留意市場行情，且只在不侵蝕到本金的情況下，才開始提領你的存款。

把一部分投資獲利放著讓它繼續成長的另個好處是，未來有需要的話，可以做比較大額的提領，此時也不會有錢用光的風險。在三十歲買五十萬美元的湖畔小屋，可能會花掉你大半的積蓄。但假如你等到五十五歲，讓你報酬經過複利二十年，你還是買得起相同的房子（即使這棟房子因通膨而漲價）。

你的財務自由數字計算法

知道了上述這些，你就能更準確算出自己的財務自由數字金額，勝過任何退休試算器。你只需要弄清楚自己需要投資多少錢，才夠單靠報酬的一部分過生活，剩下的報酬則留著繼續投資成長。

計算你的財務自由數字最精確的方法，就是決定你退休後每年需要多少錢生活（也就是你的預期年支出），但這點不太實際，因為你無從得知自己二十、三十、四十年後的目標、欲望、需要和需求是否會改變。這也就是退休試算器和理財規劃顧問的問題：他們預期你知道自己未來想要花多少錢，然後以此為基礎計算你的數字。

最好的顧問也很難為你未來的預期年支出計算出一個精確的目標數字。金融業提供「精準」的投資與退休理財規劃，通常只是推測而已。他們也不是真的想幫你算出「過自己喜歡的生活需要多少錢」，因為這點只有你能做到。這就是為什麼我建議你要放眼大局，弄清楚你現在生活需要多少錢，再根據自己的改變和成長，每年調整一次。

既然如此，我建議用你目前的年支出，去計算你的財務自由數字金額，原因有二：

1. 假如你計畫在未來幾年內退休，你的經常性支出不會有太大改變。
2. 弄清楚你目前有多少花費比較簡單。預估未來二十、三十、四十年後的花費很難。

而且，不管你現在處於財務自由的哪個階段，你都可以用目前的開支，決定需要多少錢才能達成下一階段的財務自由。因為財務自由的第二到第五階段，都是根據你目前的開支來計算。

- 財務自由的第二階段：養活自己，你賺的錢能支應自己生活開銷。此時所需的金額，等於你每個月開支的一倍
- 財務自由的第三階段：喘息空間，你脫離了月底就透支的生活。此時所需的金額，等於你一個月開支的三到五倍
- 財務自由的第四階段：穩定成長，你存下超過半年的生活費，且沒有貸款。此時所需的金額，等於你每個月開支的六倍
- 財務自由的第五階段：擁有彈性，你的投資能支應至少兩年的生活費。此時所需的金額，等於你每個月開支的二十四倍

要算出你全年的開支，最簡單的方法就是看你過去十二個月的每月開支，參見後方的表格。可利用去年的銀行和信用卡帳單，就可輕鬆算出平均每個月的消費配置。

網站 https://financialfreedombook.com/tools 上面有簡單的工具可以輕鬆計算，只需直接從帳戶裡匯入消費紀錄。你也可以下載可編輯的版本，依自己的情況調整表格。其實手動填表格是個不錯的主意，因為這樣可以看出消費數字的變化。我每一季都會手動更新自己的試算表，格式就像表 3-3，另增添一個「家戶在各種類別上的平均年開支」的類別。家戶的平均開支，跟你的消費比起來有什麼不同？

你弄清楚自己的預期年開支後，就可以計算自己的基數。接下來請拿出小學程度的數

學能力，算出你需要投資多少的金額，才夠你支應每年的開銷。寫成公式的話，計算看起來是這樣：

提領率百分比×你的數字＝等於年開支

假設你每年大約花五萬美元，假設你的提領率是依照建議的每年百分之四（零點零四），你的計算就是：

零點零四×你的數字＝五萬美元
五萬美元÷零點零四＝一百二十五萬美元
或，五萬美元×二十五倍＝一百二十五萬美元

我個人使用的是二十五倍法則，假如你想再保守一點，我建議你用百分之三點五的提領率去計算，緩衝大一點：

五萬美元÷零點三五＝一百四十二萬八千五百七十一美元

表 3-3

開支項目	2016 家戶平均金額 US$	你的每月開支	你的全年開支
住屋			
房貸／租金			
房屋稅			
修繕與清潔			
租賃所得稅			
電費			
瓦斯費			
水費／垃圾處理費／下水道清潔費			
電信費用			
網路費用			
其他（包含旅遊的旅館費）			
住租總計	$18,886		
交通費			
車貸			
車輛維修			
加油			
牌照稅			
保險費			
公車／火車			
機票（含旅遊機票）			
計程車／共乘			
交通費總計	$9,049		
餐飲費用			
買菜／在家吃飯			
外食			
餐飲費總計	$7,203		
服飾與服務			
衣服與鞋類			
珠寶飾品類			

乾洗與洗衣			
服飾與服務總計	$1,803		
公益支出			
現金贈與			
其他			
公益支出總計	$2,081		
醫療保健			
健康保險			
長照保險			
人身保險			
醫療支出			
牙齒醫療支出			
其他			
醫療健保總計	$4,612		
娛樂費用			
演唱演奏會			
會員費			
課程／嗜好			
寵物			
娛樂費用總計	$2,913		
其他雜項支出			
學費			
圖書報紙			
個人養生洗護			
法律／會計支出			
雜項總計	$3,933		
稅金（依收入變動）			
中央政府稅收			
直轄市政府稅收			
縣市鄉鎮稅收			
稅收總計	$		
娛樂費用總計	$57,311		

假如你將五萬美元丟進線上退休試算機，它會告訴你假如想在六十歲退休，你需要存三百到四百萬美元。但你再簡單一算，會發現你需要的實際金額，還不到這個數字的一半，且能提早三十年以上達成財務自由。

當然，如果你的開支增加或減少，你的數字也會跟著變動。也許你目前賺的不多，靠著兩萬美元生活，若你想搬離現在和三個室友同住的公寓，且打算生小孩，想去旅行，想買夢幻老爺車，則你的開支當然會增加。開銷越高，你的數字也會越高。但縮減其他部分的開支，也可以降低你需要的金額。

各項經常性支出對退休數字的影響

本書稍後我們會詳細告訴你如何減少三大日常支出：居住、交通和飲食。但要減少支出以降低你的財務自由數字，最簡單的方法就是計算每項經常性支出對目標數字的影響，算法很簡單：你的月支出乘以十二個月為年支出，再乘以二十五倍，就是該項經常性支出對你財務自由數字的影響。

例如，我二〇一七年每月外食花費超過三百五十美元，假如我延續這個消費習慣，我會需要：一個月三百五十美元乘以十二個月，等於一年四千兩百美元，再乘以二十五倍等於十萬零五千美元。換句話說，我一輩子需要十萬零五千美元的存款，來支付外食這個消費習慣。假如我可以將這個數字減少到每個月兩百美元，我就會需要：一個月兩百美元乘以十二個月，等於一年兩千四百美元，再乘以二十五倍等於六萬美元，或者說少了四萬五千美元。任何一種類別的經常性支出，都會加重你的財務自由數字。閱讀本書、設法減少支出的同時，請隨時牢記這句話。

根據未來的一次性支出調整你的財務自由數字

雖然二十五倍法則可以幫你算出你需要多少日常支出，但並未將未來的「一次性支出」納入考量，這些支出也會增加你需要提領的金額。大部分的退休試算器無法幫你預估未來的一次性支出。但你自己應該要依照人生不同的階段，預估需要多少大額的一次性支出（例如小孩的大學教育費）。假如你已經知道會有某些數額較高的一次性支出，你應該把它加入你的財務自由數字裡。

做法如下。假如你預估需要八萬美元支付小孩的大學學費、住宿和餐食費，你不需要直接在數字上加八萬美元，而是應該預估未來何時會用到這筆錢，然後決定現在需要投資多少，以便在未來需要這筆錢的時候，投資已經成長到八萬美元。舉例來說，假如你的小孩現在三歲，十五年後你會需要八萬美元的大學學費，所以你要計算自己現在需要存多少錢，在百分之七的期望年複利報酬下，才能在十五年後增值到八萬美元。

用一個非常簡單的現值公式來計算（present value formula，這也是個人財務規劃裡最有用的公式），就可得到金錢的時間價值。你可以算出今天需要投資多少錢，會在接下來十五年賺到八萬美元。

$$PV = FV \frac{1}{(1+r)^n}$$

PV（淨值）＝你達成目標需要投資的金額

FV（終值）＝你需要多少錢支付大學學費（例如八萬美元）

R ＝計入通膨後的投資成長率（例如百分之七，表示為 1.07）

N ＝金錢成長的期間（例如十五年）

所以就這個例子而言，現值等於八萬美元乘以一再除以一點零七的十五次方，等於兩萬八千九百九十五點六八美元。

答案出來了，你現在需要兩萬八千九百九十五美元的存款，才能在未來十五年以百分之七的複利成長，變成八萬美元；十五年後，你就能將這筆錢一次提領出來支付大學學雜費，或放著繼續讓錢獲利。你應該用這個公式計算每一筆大額的一次性支出，以調整你的財務自由數字。

另一個難以預測的變數，就是未來的醫療健保費，健保費不但越來越貴，也會隨著你變老而增加（因為需要更多醫療照護）。這就是為什麼規劃你的財務自由數字時，每季或每年定期檢視、調整一次很重要。別擔心，多練習幾次，你很快就會變成專家。

不管你的財務自由數字有多大，你可能都會想：哇，我怎可能存到那麼多錢？雖然我算出的一百二十五萬美元，遠遠小於退休試算器告訴我的三百五十萬，但我一開始還是覺得壓力超大。尤其是我當時瀕臨破產，這實在是天文數字。於是我開始思考，自己是否真的需要那麼多錢。

後來我想通了！你需要多少錢，終究取決於一個很大的變因……

生活模式的變因

一面計算自己的財務自由數字，一面分析自己的開支，就等於好好檢視目前的花費，評估你是否真的需要這麼多錢，才能過上嚮往的生活。很明顯，支出越少，需要的錢就越少。而且，支出越少，能儲蓄與投資的就越多，這些錢成長的就越快，你也能越快達成財務獨立。有沒有可能，你可以花更少的錢，卻還是過著自己喜歡的生活？可以，只要把開支放在最基本的需求上，也就是那些可以長久帶給你快樂、意義、目的與成就感的事物。

金錢的意義在於能讓你過自己喜歡的生活，但我們很少思考自己真正需要什麼。所以我們常把錢花在對自己不重要的東西上，有時甚至連帶付出了我們的快樂作為代價。我們都受到別人花錢方式的影響，容易追隨旁人的生活方式（即使別人擁有的東西，我並不真正想要）。或者是我們今天花錢，是因為這些錢讓我感覺到現在我很有力量，而事實上，這些錢放到明天，會比今天更有價值與力量。

如果賺得多，我們也很容易花的越多，這種傾向叫做「生活方式型通貨膨脹」，這說明了為什麼一個明星或運動員年入數百萬美元，最後還是負債累累。這也說明了為什麼很多人年入十萬美元以上，還是存不了錢或債臺高築。就因為他們花了太多不需要的錢，且過著負擔不起的生活方式。他們先消費，再來想怎麼支付（有時候還付不出）。最好的做法，永遠是先透過投資，讓自己擁有支付的能力。

我們以為花錢是可以「獲得」東西，但實際上，我們把錢花掉（而沒有拿去投資）時，其實是在從自己身上「奪取」。我們奪走的不只是「為了賺這些錢所花費的時間」，更有「未來這些錢能買到的自由」。

我們從小接受的教育是需要或想要什麼就買什麼，因為「我很努力，所以我值得」。我們也被教育成「藉著買東西來解決問題」，尤其是民生必需品。

肚子餓了，就去買東西吃，而沒有試著自己種菜或買食材；要不然就叫外送，而沒有用家裡的食材自己烹飪。這就是為什麼我隨便某天晚上就可能輕鬆花掉六十美元買外帶，這就是為什麼我一年光是吃墨西哥菜就花了超過兩千美元。這是我很難改掉的部分，但我正在努力。

我們需要遮風避雨，所以買了貸款能力範圍內最大的房子。旅遊時訂了昂貴的飯店，而沒有找找看有沒有機會幫別人看家、住平價旅館、露營或借宿朋友家。別誤會我的意思，我很喜歡在世界各地入住高級飯店，我願意在這上面花錢。但我不能忍受花五百美元去住那些價錢超過價值的飯店。

我們有了工作，獲得升遷，立刻去買輛新車，即使舊的狀況還很好。我初入社會時就掉入這個陷阱，當時買了一輛兩萬美元的迷你庫柏，意味著好幾年，每個月至少要拿四百美元來支付這筆款項。我當時應該買一千美元以下的二手車，後來我確實也這麼做了。

我們會買太多、太貴、孩子又不需要的玩具。生病時，我們跑去藥局買咳嗽糖漿，或看醫生吃藥，卻沒有從根本解決自己的健康問題。我們靠藥物治療，卻不是多休息，到最後造成更多健康問題，年紀越大花的錢也越多。

下次你需要某個東西時，先找找有沒有免費的解決方式，例如請朋友或家人幫忙，或以物易物，都可以幫你省錢。永遠都有更省、甚至免費的方法，只要你發揮創意，一切取決於你是不是真正想省錢。舉例來說，假如你需要一件洋裝參加派對，你可以跟朋友借一件、租一件或買二手洋裝，不需要買新的。我最近幫一個寵物寄宿主人在臉書上做行銷，交換到我的毛小孩一整個星期的寄宿（價值四百美元），而我只花了三十分鐘的時間。我用幾個小時替我的髮型師架設一個簡單的網站，交換免費的剪髮（價值兩百四十美元）。這是一種雙贏。假如你退一步，自問：我真正需要什麼？能真正帶給我快樂的是什麼？你花錢就會更謹慎且更有目的。不是說你不可以買一輛漂亮的古董賓士、不可以住五星級飯店或買奢華的設計師鞋款，假如這些東西能帶給你快樂；而是說，你會降低「那些對你不重要的東西」的花費，而這些花費都會算進你的年開支裡。假如想買一輛六萬美元的車，而你稅後所得是每小時三十美元，你就要付出人生最精華時間裡的兩千小時來交換。假如你一週工作四十小時，就相當於工作五十週（或一整年），才等於你買這輛車的時間。假如這輛車值得，那很好；只要你知道自己做了什麼取捨。

你也要知道，這輛六萬美元的車，事實上花掉了不只六萬美元，因為你失去了機會——為未來的自己投資這六萬美元的機會。在百分之七的複利下，六萬美元在十年後會變成十二萬零五百七十九美元，二十年後二十四萬兩千三百二十四美元，三十年後四十八萬六千九百八十九美元！今天這輛六萬美元的車，值得你必須多存四十八萬六千九百八十九美元去達到財務自由的數字嗎？這輛六萬美元的車，事實上花了你在未來的四十八萬六千九百八十九美元。所以你其實付出的是「人生中兩千小時的時間」加上「超過四十萬美元的成長潛力」。是我的話，我會選擇未來再用這筆錢。但你的選擇由你決定。

讓投資翻倍的七十二法則

在百分之七的複利下，投資會如何成長？有個簡單的計算方法叫做七十二法則。用七十二除以你的預期年複利率（百分之七），可以算出你的錢在多少年後會翻一倍。若複利報酬是百分之七，你就用七十二除以七，等於十點二年，亦即在這個複利報酬率下，你的錢每十年會翻一倍。所以假如你將六萬美元拿去投資而不是買一輛新車，你的錢在十年後會變成十二萬美元，二十年後二十四萬美元，以此類推。

另外，你可能會發現，「體驗」帶給你的快樂可能比物質還多。旅行、和朋友相聚、和家人到公園走走、參加一場讓人沉醉的音樂祭、露營、認識新朋友等等，這些體驗還是要花錢，但應該會少很多。

總歸一句，財務自由就是對自己誠實，認清什麼能真正帶給你快樂，什麼對你才是重要的。把錢花在你真正重視的東西上，不重視的就不要花錢。其他任何因素，包含你的朋友做了什麼，或你的鄰居買了什麼，你的父母說什麼，或你的同事花了什麼大錢，都只是噪音。全新的東西永遠買不完，但假如你只把錢花在重要的東西上，你會花的更少，更快達成財務自由。

過著快樂的人生或過著自己喜歡的生活，或許聽起來很抽象，你可能會說「我不知道什麼能讓我快樂」。別擔心，你並不孤單。很多人都不知道什麼能帶給他們快樂，他們只想要更多時間、空間和自由，以便找出答案。或者他們只想要離開激烈的生存競爭，這也很好。這會是一趟旅程，你一面探索更多新的存錢與賺錢方法之際，會很驚喜地發現更多能帶給你快樂、帶給你安寧、為你生活帶來意義與更有樂趣的新鮮事。

隨著時間，你不斷思考每年到底需要多少錢才會感到快樂，你漸漸會發現這個數字比想像中的少了很多。舉例來說，科技業的史提夫在工作中沒有滿足感，所以想提早退休，又覺得這樣好像需要很大一筆錢才行。他開始仔細分析自己的支出，評估每年需要多少錢才能讓自己快樂，計算的結果是每年不到四萬美元，就可過著與妻子一起住在露營車裡、不用揹房貸的生活。

當然，史提夫不離職的話，可以繼續賺錢，而且提早退休代表生活要比較節儉。但他也知道時間比錢、比錢能買到的東西還可貴，所以他三十五歲那年，帶著八十九萬美元的投資就退休了。他能比預期中還提早很多退休，前提是他先仔細思考「能帶給自己快樂」的事是什麼，想清楚了「維持能讓自己感到滿足的生活方式需要多少錢」，接著依靠投資的獲利當生活費，同時間投資還繼續成長！隨著時間變化，史提夫或許會想提高現行的生活水準（目前每年四萬美元）。假如他的錢複利夠久，這件事對他不是問題。他還利用空閒時間經營副業，像是寫部落格，以填補或降低從投資裡提領出來的退休金。

我現在就可以退休了嗎？

假如你現在的工作壓力很大，年收入十二萬美元，但你生活開銷只需要四萬美元，所以你若已有一筆不小的存款，就可以辭掉這個壓力很大的工作，換一個壓力比較小的工作來支應日常開銷，這樣會使你的生活更快樂。又假如你想花更多時間陪小孩，你可以改兼職。很多人離不開自己討厭的工作，都只是因為：

1. 他們覺得自己沒有選擇。
2. 他們不知道自己其實不需要那麼多錢。
3. 他們沒發現自己不需要那麼多的生活費，沒發現「做喜歡的工作也能支應自己的花費」。

我聽過太多人說「我被工作困住了，我討厭上班」，但他們從來沒有檢視自己的花費，沒有思考自己實際上需要多少錢，他們也不願意改變生活方式讓自己變得更快樂。人生真的很短，你應該好好把握。

最重要的是找到讓我快樂的消費水平。我的方法是先盡量少買東西，然後慢慢加回那些對我重要的事物。我先測試自己的最低花費門檻，發現了「會產生被剝奪感的過低消費門檻」，接著我測試自己的最高消費門檻，我現在已經找到平衡。我發現，其實自己並沒有原本想的那麼渴望旅行或到餐廳吃飯。你要弄清楚什麼對你是重要的，以及什麼花費能讓你快樂。稍微測試一下自己的極限，事情就會變得簡單。

——布蘭登，三十二歲那年達成財務自由，三十四歲退休

我記錄了自己的花費，又減少了支出，幾年後我確知自己每年只需要五萬美元，就可以在像芝加哥這樣的大城市過著自己很喜歡的生活。這就是我的最佳解——就算我花費更多，也不會感覺更快樂或更滿足。但我也要指出，雖然五萬美元是我的目標，但我畢竟有缺點，我從二〇一〇到一五年間，每年花費都不到五萬美元，所以等我達成財務自由之後，立刻掉入「生活方式型通貨膨脹」這個可怕的陷阱，二〇一六年花掉了二十多萬美元，包

含很多衝動的購物行為，買完當下我立刻就後悔了。和五萬美元比起來，花掉二十萬美元其實讓我更不快樂。二〇一六年充滿了錯誤的財務決策，毀掉了我很多計算。我需要重新認清目標，回到正軌。而我也做到了。假如你也做了錯誤的財務決策，不要灰心，只要重回正軌就好。

我現在三十二歲，我知道年紀越大，我重視的以及能帶給我快樂的東西會不斷改變。以後我可能會搬家，可能會想改變生活方式，所以我必須不斷檢視自己的目標年支出，針對退休金額至少每年調整一次。

等你逐漸與金錢建立更深的連

表 3-4

2016 年作者的支出與全國平均比較		
年度平均支出項目	家戶平均支出	我家平均支出
食物餐飲	$7,023	$6,000
居住	$18,886	$24,000
服飾與服務	$1,803	$1,000
交通	$9,049	$2,000
健康保險	$4,612	$7,000
娛樂	$2,913	$3,000
個人保險與年金	$6,831	$2,000
其他雜項開支	$3,933	$4,000
現金贈與	$2,081	$1,000
總計	$57,311	$50,000

結，你也會更瞭解要如何在時間、金錢和開支之間做取捨，讓你開始過著自己喜歡的生活。

住哪裡是個大問題：地點，地點，還是地點

對很多人來說，居住是最大的支出。你住哪裡，對你需要多少錢會有最大的影響。假如你想住在豪華的飯店式管理大廈或市內精華區，那預算立刻暴增數百萬美元，這也意味著你必須做出很大的犧牲，才能存到這些錢。

假如你真心想要這種生活方式，也願意犧牲去換取，我還是會勸你想清楚：這些地點為什麼吸引你？你想住在有海景的地方，但海邊可能秋冬季太冷，無法享受沙灘。這樣的話，有必要擁有一棟海景房嗎？如果只在夏天去海邊短租幾週（也許和朋友分攤花費），會不會有同樣水平的快樂？還有更妙的方法，你可以幫某個已經擁有海景房的人看家，就可以免費待在那裡幾週了。說到這裡，如果你堅持想買濱海的房子，何不考慮買在比較便宜的海邊。

不久前我們夫妻倆決定搬到紐約市。我們不打算永遠住在那裡，但假設要長居紐約，我需要的預算至少是兩倍。你住的地方越容易負擔，達成財務自由需要存的金錢數額就越低。假如你收入很高，生活開支很低（例如美國明尼蘇達州有許多大企業提供高薪工作，生活開銷卻很低），你會更快達成財務自由。

住在首善之區，一切的事物都要花更多錢。但同一個城市的不同區域，生活費還是差很多。以紐約市來舉例，你可以在比較便宜的皇后區買一間公寓，這樣還是可以無償享受曼哈頓的一切便利。

表3-5是全美國最貴與最便宜居住地區的排名，由「區域與經濟研究委員會」（Council for Community and Economic Research）提供，該網站每季會更新一次。

如果你想知道不同地區的居住消費比較，以及對你財務的影響，可以用該地區的乘數來做比較。例如，我住過芝加哥，根據生活成本指數（COLI, cost-of-living index），芝加哥的生活成本被當成平均值，後來我搬到紐約曼哈頓，所以我可以將芝加哥的花費乘以二點三五倍（紐約市的乘數）來計算曼哈頓的費用。表3-6是我比較我在芝加哥的花費（大約每年五萬美元）與住在紐約市可能的開銷。

假如你已有未來理想的居住城市，就能做更精確的計算，遍及各種不同的支出類別。假如你想比較兩個特定城市的生活成本，可以在付費網站 https://store.coli.org/compare.asp 上找到非常詳細的分析。也可以用免費的生活成本計算器（銀行利率網站 Bankrat 很好用），再根據你想要的生活方式，蒐集資料評估屬於自己的數字。例如，生活成本指數或計算器也許會告訴你特定城市的平均房價，或兩個不同城市間房價的比較，但這些資料的根據是中位數與平均值，而不是你的生活方式。你也許想住比平均值更高的房子，或比一般家庭支出更少的食物開銷，這些你都能深入細項做更精確的估算。

以上提到的這些計算，其實有個更好的方法，就是回頭檢視你的支出表，並填入你的預想，越詳細越好。假如你想知道某一種生活方式在某一個特定城市需要的花費，你可以根據該地區搜尋更詳細的預估，並開始調整你的數字。

舉例來說，你可以在 Zillow 或 Trulia 或其他不動產搜尋網站，輕鬆找到你理想中的房子，查看它的租金或貸款與財產稅各是多少。你可以用這些資訊做更精確的估算，例如住在密西根州的一個夢幻湖畔小屋需要多少錢。類似的方式還可算出該地區的油價與其他交通相關的花費。這個方法很有效，讓你知道可以做哪些取捨（也許你會決定住小一點的房子，換取更常出國旅行）。你可以用分析目前花費的同一張表格，估算住在另一個地方的花

表 3-5 依據生活成本指數計算出生活費最高與最低的 10 大都會區（2017 年第 2 季，全美國 253 個都會區平均值 = 100）

最貴			最便宜		
區域排名		生活成本指數 COL	區域排名		生活成本指數 COL
1	New York (Manhattan), NY	235.0	1	McAllen, TX	76.0
2	San Francisco, CA	192.3	2	Conway, AR	77.8
3	Honolulu, HI	186.0	3	Harlingen, TX	78.5
4	New York (Brooklyn), NY	180.2	4	Richmond, IN	78.7
5	Washington, DC	153.4	5	Tupelo, MS	79.2
6	Orange County, CA	152.4	6	Kalamazoo, MI	80.5
7	Oakland, CA	150.4	7	Wichita Falls, TX	80.5
8	San Diego, CA	146.9	8	Knoxville, TN	82.2
9	Seattle, WA	146.9	9	Martinsville-Henry County, VA	82.4
10	Hilo, HI	146.8	10	Memphis, TN	82.3

費（線上版表格可以搜尋網站 https://financialfreedombook.com/ tools）。

在你根據現在或未來的花費算出預期年支出後，你就可以重新計算自己的財務自由數字。以我為例，假設我想一輩子都住在紐約，我的數字就會是：

提領率百分比 × 你的財務自由數字 = 預期年支出

零點零四 × 財務自由數字 = 十一萬七千五百美元

十一萬七千五百美元 ÷ 零點零四 = 兩百九十三萬七千五百美元

假如我每年的支出維持在五萬美元，住在紐約的代價是要比原本的一百二十五萬美元多存一百六十八萬

表 3-6 兩個城市的生活開支比較：以紐約與芝加哥為例

	年度家戶平均	我家平均	依居住地指數調整後
年度平均開支	2016 年		2.35（紐約市指數）
餐飲	$7,203	$6,000	$14,100
居住	$18,886	$24,000	$56,400
服飾與服務	$1,803	$1,000	$2,350
交通	$9,049	$2,000	$4,700
健康保險	$4,612	$7,000	$16,450
娛樂	$2,913	$3,000	$7,050
個人保險與年金	$6,831	$2,000	$4,700
其他開支	$3,933	$4,000	$9,400
現金贈與	$2,081	$1,000	$2,350
總計	$57,311	$50,000	$117,500

七千五百美元。首善之區的生活開銷，實在是驚人的高。

相同的計算方式，也能告訴你搬到一個物價比較低的城市可以省下多少錢。例如從芝加哥搬到田納西州的曼菲斯市（Memphis），當地開銷為芝加哥的百分之八十二點八，亦即假如你在芝加哥每年需要五萬美元，搬到曼菲斯只需要四萬一千四百美元。你也可以繼續花五萬美元，但在曼菲斯可以住在更好的社區或更好的房子裡。這樣，你在曼菲斯的財務自由數字會是：

四萬一千四百美元 ÷ 零點零四＝一百零三萬五千美元

當然，這些只是大致的練習，供你做計畫之用。況且在紐約市裡也一定可以找到每年花費低於五萬六千四百美元的地方。無論如何，這都是很有用的練習，可以幫你學著計算自己的數字。

如果你更有冒險精神想到國外居住，許多很棒的地方生活成本都低於美國。事實上，通貨膨脹有國家性（因為不同國家的貨幣與經濟情況不同，所以不同地區的金錢價值，會隨著不同時間而不斷改變），美國的花費往往高於其他國家。有時候錢的價值會減少（稱為通貨緊縮），所以某些地方的花費，會隨著時間變得越來越低。

我的朋友克莉絲蒂和布萊斯很厲害，能善用通貨膨脹率來選擇居住的地方。例如他們現居加拿大，根據計算每年只需要四萬美元。假如加拿大的通貨膨脹率變得太高，他們就搬到別的國家。「假如加拿大有危機出現，」布萊斯說，「我們就去泰國。」在泰國生活的負擔會小很多，因為該地區的物價在這二十年內幾乎沒有上升。在我寫本書的此刻，世界前十二名最容易生活的已開發國家，分別是烏克蘭、泰國、台灣、越南、墨西哥、匈牙利、厄瓜多、捷克、菲律賓、波蘭、馬爾他與西班牙。

持續性收入：降低你的財務自由數字

當你不斷調整你需要的財務自由金額數字的時候，有一個變因可以大大降低你的財務自由數字：你有多少主動或被動收入。你也許以為，「只要我還有收入，就不算真正退休」，這是傳統的退休定義。可是我覺得，只要「不用再為錢工作，且可以做任何想做的事」就算是退休。記住，你的財務自由數字代表你在不必工作的情況下，可以一輩子不愁吃穿的金額。假如你繼續工作或賺錢，你需要的財務自由數字金額就更低。「需要錢，所以只好工作」以及「做著喜歡的事且獲得收入、保持忙碌」，這兩者天差地遠。

假如你有額外的收入（租金收入、線上事業），你需要存的錢會更少，財務自由數字也會越低。事實上，你的額外收入會給你更多自由，說不定還能成為穩定收入，抵銷（或完全支應）你的每月開支，有效減少你需要的金錢總數或你需要從投資裡領出來的生活費。

而且，假如你不必從投資本金裡面去領生活費，就可讓投資組合裡的金錢繼續成長，且複利的速度會更快。

一項穩定且可預期的額外（主動或被動）收入，對你的財務會有什麼影響？計算方式如下：用預計從投資裡提領出來的生活費數額，減掉每年平均的額外收入。例如，假設你一個月稅後額外收入是兩千美元（收租金或寫部落格），則每年就可以少從投資裡提領兩萬四千美元。

一項穩定且可預期的額外收入，對你的財務自由數字有什麼影響？計算方式如下：用預計的年支出（你的生活費）減掉你的額外收入。假如你預期的年支出是每年五萬美元，你的稅後額外收入是兩萬四千美元，你就只需要從投資裡提領兩萬六千美元，比你沒有這項副收入時少了百分之四十八。

此時你只需要兩萬六千美元，而不是五萬元，這個兩萬六千元就成為新的預期年領提領數額。從這裡，再調整你的財務自由數字：用這個兩萬六千美元乘以二十五這個倍數（你前面用的倍數）。這樣你會得到一個新的數字，也就是兩萬六千美元乘以二十五等於六十五萬美元！比你原來計算出的財務自由數字還少了六十萬美元！你需要存的錢大大降低了，全都因為你有一項每月兩千美元的穩定收入來源。

假設你一年稅後收入是七萬五千美元，你的儲蓄率是百分之三十三（兩萬五千美元），再加上一個月兩千美元的副收入——你可以提早約二十到二十五年達成財務自由！當然，假如你有一項穩定的收入來源或增加每年儲蓄的金額，你會更快達到你的數字。任何金額的穩定月收入都會隨著時間帶來影響，降低你達成財務自由需要的金額。即使是一個月兩百元美元，一年就是兩千四百美元，或兩千四百美元乘以二十五，等於你的財務自由數字可以少存六萬美元。

表3-7中可以看到，即使是再小的持續每月或每年收入，都有助於降低你的財務自由數字。

記住，額外收入可以用來扣抵你的財務自由數字，但有一個前提：這項額外收入穩定且會持續進帳。租金比較像這種（說不

表 3-7

每月副業收入	年度副業收入	25 倍數（降低你的財務自由數字金額）	30 倍數（降低你的財務自由數字金額）
$250	$3,000	$75,000	$90,000
$500	$6,000	$150,000	$180,000
$1,000	$12,000	$300,000	$360,000
$1,500	$18,000	$450,000	$540,000
$2,000	$24,000	$600,000	$720,000
$2,500	$30,000	$750,000	$900,000
$3,000	$36,000	$900,000	$1,080,000
$4,000	$48,000	$1,200,000	$1,440,000
$5,000	$60,000	$1,500,000	$1,800,000
$6,000	$72,000	$1,800,000	$2,160,000
$7,000	$84,000	$2,100,000	$2,520,000
$8,000	$96,000	$2,400,000	$2,880,000

定還會逐年增長），而線上事業的額外收入就可能波動很大，這也就是為什麼至少每年必須重新計算一次你的財務自由數字，因為你的收入來源或收入的穩定度都會不斷改變。

額外收入的另一個好處是，它可以作為投資的避險，讓你更篤定你的錢可以一輩子都夠用。例如，布蘭登在三十二歲就存夠錢退休，但他繼續工作到三十四歲，且因為他的部落格不斷帶來收入，他有彈性可以提高每年的花費，且不用擔心這些多出來的花費必須從投資裡提領。單靠經營部落格為副業，布蘭登就奪回他的時間主控權，又獲得更多安全感。加上他也喜歡經營部落格，這就是雙贏。

拆解成容易達成的小目標

雖然你的財務自由數字感覺起來是一筆鉅款，很難達成，但假如將它分成幾個小目標，就會簡單很多。人很難去理解太大的數字，也很難預想未來，這就是為何要將你的財務自由數字拆解成幾個更容易達成的小目標。我建議你將你的財務自由數字分成每年、每月、每週與每日的存錢目標。如表3-8所示。

假設你的財務自由數字是一百二十五萬美元（記得嗎？這是我一開始計算出來的數額）。你可以將這個數字拆解，方法是將它除以年數、月數、週數或日數，直到你達成財務自由的目標為止。雖然你投資的錢會在進入市場後立刻開始複利，但現在最好先不要計

表 3-8

需幾年達成	你的財務自由數字	年度目標	每月目標	每週目標	每日目標
1	$1,250,000	$1,250,000	$104,166.67	$24,038.46	$3,424.66
2	$1,250,000	$625,000	$52,083.33	$12,019.23	$1,712.33
3	$1,250,000	$416,667	$34,722.22	$8,012.82	$1,141.55
4	$1,250,000	$312,500	$26,041.67	$6,009.62	$856.16
5	$1,250,000	$250,000	$20,833.33	$4,807.69	$684.93
6	$1,250,000	$208,333	$17,361.11	$4,006.41	$570.78
7	$1,250,000	$178,571	$14,880.95	$3,434.07	$489.24
8	$1,250,000	$156,250	$13,020.83	$3,004.81	$428.08
9	$1,250,000	$138,889	$11,574.07	$2,670.94	$380.52
10	$1,250,000	$125,000	$10,416.67	$2,403.85	$342.47
11	$1,250,000	$113,636	$9,469.70	$2,185.31	$311.33
12	$1,250,000	$104,167	$8,680.56	$2,003.21	$285.39
13	$1,250,000	$96,154	$8,012.82	$1,849.11	$263.44
14	$1,250,000	$89,286	$7,440.48	$1,717.03	$244.62
15	$1,250,000	$83,333	$6,944.44	$1,602.56	$228.31
16	$1,250,000	$78,125	$6,510.42	$1,502.40	$214.04
17	$1,250,000	$73,529	$6,127.45	$1,414.03	$201.45
18	$1,250,000	$69,444	$5,787.04	$1,335.47	$190.26
19	$1,250,000	$65,789	$5,482.46	$1,265.18	$180.25
20	$1,250,000	$62,500	$5,208.33	$1,201.92	$171.23
21	$1,250,000	$59,524	$4,960.32	$1,144.69	$163.08
22	$1,250,000	$56,818	$4,734.85	$1,092.66	$155.67
23	$1,250,000	$54,348	$4,528.99	$1,045.15	$148.90
24	$1,250,000	$52,083	$4,340.28	$1,001.60	$142.69
25	$1,250,000	$50,000	$4,166.67	$961.54	$136.99
26	$1,250,000	$48,077	$4,006.41	$924.56	$131.72
27	$1,250,000	$46,296	$3,858.02	$890.31	$126.84
28	$1,250,000	$44,643	$3,720.24	$858.52	$122.31
29	$1,250,000	$43,103	$3,591.95	$828.91	$118.09
30	$1,250,000	$41,667	$3,472.22	$801.28	$114.16
31	$1,250,000	$40,323	$3,360.22	$775.43	$110.47
32	$1,250,000	$39,063	$3,255.21	$751.20	$107.02
33	$1,250,000	$37,879	$3,156.57	$728.44	$103.78
34	$1,250,000	$36,765	$3,063.73	$707.01	$100.73
35	$1,250,000	$35,714	$2,976.19	$686.81	$97.85

入預期報酬率，因為這是第一次的計算。此刻你只要知道：視市場成長的情況，你會比原本更快存到財務自由數字。

表 3-9 可以看到每年、每月或每日需要存多少錢（看你想多早退休）。假如你想用自己的財務自由數字來計算，可使用我做的簡單計算器，見 https://financialfreedombook.com/tools/

你也可以加入預期百分之七的年報酬率，用複利去調整數字。這個計算稍微有難度，但用 Excel 代勞還是很簡單，你也可以使用我做好的線上計算器。假如手動計算，請依照下列算式：

S ＝ (Y－A*(1 + r)^n) / (((1 + r)^n －1)/ r)

S ＝你每年需要多少錢才能在你希望退休的時間存到你的目標數字

Y ＝你的目標數字

A ＝你已經投資的金額（也就是你的投資本金）

r ＝年複利率（以小數表示，即百分之七等於零點零七）

n ＝希望再幾年退休

表 3-9

需幾年達成	你的財務自由數字	年度目標	每月目標	每週目標	每日目標	預期的複利
1	$1,250,000	$1,250,000	$104,166.67	$24,038.46	$3,424.66	7%
2	$1,250,000	$603,865	$50,322.06	$11,612.78	$1,654.42	7%
3	$1,250,000	$388,815	$32,401.22	$7,477.20	$1,065.25	7%
4	$1,250,000	$281,535	$23,461.26	$5,414.14	$771.33	7%
5	$1,250,000	$217,363	$18,113.61	$4,180.06	$595.52	7%
6	$1,250,000	$174,745	$14,562.06	$3,360.48	$478.75	7%
7	$1,250,000	$144,442	$12,036.79	$2,777.72	$395.73	7%
8	$1,250,000	$121,835	$10,152.89	$2,342.98	$333.79	7%
9	$1,250,000	$104,358	$8,696.51	$2,006.89	$285.91	7%
10	$1,250,000	$90,472	$7,539.32	$1,739.84	$247.87	7%
11	$1,250,000	$79,196	$6,599.68	$1,523.00	$216.98	7%
12	$1,250,000	$69,877	$5,823.12	$1,343.80	$191.45	7%
13	$1,250,000	$62,064	$5,171.96	$1,193.53	$170.04	7%
14	$1,250,000	$55,431	$4,619.26	$1,065.98	$151.87	7%
15	$1,250,000	$49,743	$4,145.27	$956.60	$136.28	7%
16	$1,250,000	$44,822	$3,735.17	$861.96	$122.80	7%
17	$1,250,000	$40,531	$3,377.62	$779.45	$111.05	7%
18	$1,250,000	$36,766	$3,063.81	$707.03	$100.73	7%
19	$1,250,000	$33,441	$2,786.77	$643.10	$91.62	7%
20	$1,250,000	$30,491	$2,540.93	$586.37	$83.54	7%
21	$1,250,000	$27,861	$2,321.77	$535.79	$76.33	7%
22	$1,250,000	$25,507	$2,125.60	$490.52	$69.88	7%
23	$1,250,000	$23,392	$1,949.37	$449.85	$64.09	7%
24	$1,250,000	$21,486	$1,790.52	$413.20	$58.87	7%
25	$1,250,000	$19,763	$1,646.93	$380.06	$54.15	7%
26	$1,250,000	$18,201	$1,516.77	$350.02	$49.87	7%
27	$1,250,000	$16,782	$1,398.51	$322.73	$45.98	7%
28	$1,250,000	$15,490	$1,290.83	$297.88	$42.44	7%
29	$1,250,000	$14,311	$1,192.57	$275.21	$39.21	7%
30	$1,250,000	$13,233	$1,102.75	$254.48	$36.25	7%
31	$1,250,000	$12,246	$1,020.51	$235.50	$33.55	7%
32	$1,250,000	$11,341	$945.10	$218.10	$31.07	7%
33	$1,250,000	$10,510	$875.84	$202.12	$28.79	7%
34	$1,250,000	$9,746	$812.16	$187.42	$26.70	7%
35	$1,250,000	$9,042	$753.54	$173.89	$24.77	7%

這裡用我的財務自由數字一百二十五萬美元為例計算：

Y＝一百二十五萬美元

A＝零美元為已經投資的金額

r＝百分之七（零點零七）

n＝五年

S＝(($1,250,000－$0*(1+0.07)^5)) / (((1 + 0.07)^5－1)/ 0.07) ＝二十一萬七千三百六十三美元

所以我每年必須存滿二十一萬七千三百六十三美元，在百分七的複利下，五年後這筆錢變成一百二十五萬美元。當然，你的財務自由數字應該會比較小，因為你可能沒有打算在五年內退休。只要在試算表裡算出每年要存多少，除以十二，就可算出每個月需要存多少錢；除以五十二，就是每週需要存多少；將這個年存款目標除以三百六十五就是每天要存多少。

我看到這些數字，每天只要多存大約兩美元，就能幫我提早一年退休（從三十五年變成三十四年）；每天多存十美元就能幫我提早兩年退休（從二十五年到二十三年）。不管你的財務自由數字多大或多小，你賺越多且投資越多，你就會越快達成目標。一旦你開始

投錢進去，錢成長的速度會驚人的快。

既然你已經有了自己的財務自由數字，你也知道你的目標，接下來，你要弄清楚的是你目前的進度。

重點複習

1. 你需要多少錢才能退休，會隨著你的改變而有不同。關鍵是設定實際可達成的目標，給自己足夠時間去完成，而且隨著時間隨時調整。
2. 你需要多少錢，取決於你想要什麼樣的生活方式。你理想中完美的一天是什麼樣子？過喜歡的生活需要的錢，比你想像的少很多。錢的意義在於能幫你過你喜歡的生活。
3. 你越年輕，退休前需要存的錢就越少，因為你的投資有更長的複利期間。你越早投資，且投資越多，你的錢成長的也越快。這就是複利的效果。
4. 以下幾個原則，可以最大程度保障你的錢一輩子夠用：
• 存下你預期年支出的至少二十五倍。

- 利用副業或被動收入，盡可能延遲「把投資獲利拿出來生活」的時間。
- 手邊現金足夠一年的生活費。
- 盡可能不要用到投資的獲利。
- 盡可能不要用到投資的本金（你最初投入的錢）。

5. 用你目前的支出，估計你的財務自由數字。一旦你弄清楚自己預期的年支出，你就可以計算你的基數（乘以二十五倍或三十倍），並調整你的財務自由數字以便應付未來較大的一次性支出。你也可以用你預想的到的未來支出，算出更精確的目標數字。

6. 你想買那輛六萬美元的車嗎？事實上它花掉了你未來的四十八萬六千九百八十九美元。每次買東西時，都是在犧牲人生裡面的時間，以及犧牲這些錢在未來的成長潛力。

7. 七十二法則：用七十二除以你的預期年複利率（百分之七），可以算出你的錢在多少年後會翻一倍。在百分之七的複利報酬率下，七十二除以七等於十點二年，所以在這個複利報酬率下，你的錢每十年會翻一倍。因此，假如你將六萬美元拿去投資而不是買一台新車，你的錢在十年後會變成十二萬美元，二十年後二十四萬美元，以此類推。

8.穩定的持續性收入可以減少你需要的金額，且迅速加快達成財務自由的時間。

9.將你的財務自由數字拆解成較小的、可達成的每日、每週、每月和每年存款目標。根據不同的股市報酬情況調整這些目標。即使每天多存一美元，隨著時間也能產生很大的影響。

註：本書最後附有詞彙表，裡面有書裡講到各種主要概念的定義供你參考。

第四章

你現在有多少錢？

現在你已經算出你的財務自由數字，也已將它細分成較小的目標，接下來我們來算算你的淨值，以便弄清楚你的起點在哪裡。你的淨值就是你的資產（有價值的東西，像現金、房屋與投資）與負債（任何形式的債務）之間的差距。淨值是你個人財務規劃裡最重要的數字，一定要定期追蹤。我每天都會查一下自己的淨值是多少（或至少一週一次）。

假如你從沒這麼做過，或已經很久沒這麼做了，現在叫你自行評估財務情況，可能會有點壓力。但假如你放著錢不管，就是在浪費原本能用來創造財富的寶貴時間，因為你要先瞭解現狀，才能規劃策略。你每拖延一天，就浪費了一天。

假如你持續存錢和投資，你的淨值會持續成長，且因為複利效果，成長的速度會加快。當你看著自己的投資一天增加十美元，一天增加一百美元，或甚至一天增加一千美元……你就會喜歡追蹤自己的淨值了，也會有動力存更多錢，累積你在這場金錢遊戲裡的積分，最後漸漸達成財務自由。即使你不喜歡玩遊戲，光是看著小額的儲蓄快速成長，也會讓你很驚豔。

計算淨值最簡單也最快的方法，就是利用我在網站 https://financialfreedombook.com/tools 上設計的工具。你也可以用一枝筆、幾張紙與一台計算機做到這件事。即使你使用免費的線上工具，我還是建議你自己動手算一次，才會瞭解全局。

資產總額

先從你的資產開始。資產就是有實質價值以及可以出售的東西。但你不必知道你每項所有物的金錢價值，這樣太複雜，只要把你每一個銀行帳戶、投資帳戶的餘額，記載到表4-1「資產表」內。接著列一份清單，上載每一個你擁有價值超過一百美元、必要時可以賣掉的東西，還有這些東西分別可以賣得多少錢。假如你花了五百美元買沙發，但現在它只能賣六十美元，它的價值就是六十元。清單上會包含你的車子、你收藏的藝術品、珍貴的珠寶、家具，或甚至你祖母留下來的精緻古董餐盤。也會包含你全部的不動產，但我會放在另一個欄位計算。請寫下每件物品的金錢價值（假如不確定，去拍賣網站上看看類似的東西賣多少錢），把所有的數額相加，就是你的資產總額。

負債總額

再來計算債務，也就是你因為任何理由對任何人欠下的錢，例如學生貸款、信用卡卡費、個人貸款、汽車貸款或房屋貸款。將這些載入表4-3的「負債表」內，並在表內另一欄寫下目前對應的利息。這樣你很快就會看出來哪幾項債務的利息最高，我們就要針對這些項目研擬清償的對策。請一定要誠實，不要隱藏任何債務。對自己誠實很重要，雖然你可能會感覺不舒服。不論你現在有多少負債，這都是通往自由與財富的過程。

請看表4-2及4-4示範的茱莉資產表和負債表。雖然茱莉很會存錢，但她也有很多負債，包含三張信用卡的卡費。她還有三筆學貸、一筆個人貸款、一筆房貸與一筆車貸，這些都會降低她的淨值。

計算你的淨值

要計算你的淨值，只要把你的總資產減掉總負債即得。茱莉的淨值等於四十一萬兩千五百美元（資產）減掉二十五萬六千八百美元（負債），總共十五萬五千七百美元。假如茱莉將她所有的東西依照她預估的價值賣掉，再用這些錢還清所有的債務，她手上還剩十五萬五千七百美元。

表 4-1 資產

	銀行帳戶		投資		不動產		貴重物品	
	項目	價值	項目	價值	項目	價值	項目	價值
1								
2								
3								
4								
5								
6								
7								
8								
9								
10								
總計								
總資產								

表 4-2 範例：茉莉的資產

	銀行帳戶		投資		不動產		貴重物品	
	項目	價值	項目	價值	項目	價值	項目	價值
1	存款 1	$10,000	勞退基金	$67,000	公寓	$250,000	汽車	$10,000
2	存款 2	$5,000	Roth IRA	$31,000			吉他	$2,000
3	支票帳戶 1	$6,000	經紀	$9,000			手錶	$500
4	支票帳戶 2	$1,000	SEP IRA	$14,000			唱片	$1,000
5	商務存款	$4,000					珠寶	$2,000
6								
7								
8								
9								
10								
總計		$26,000		$121,000		$250,000		$15,500
總資產	$412,500							

表 4-3 負債

	項目	負債金額	利率
1			
2			
3			
4			
5			
6			
7			
8			
9			
總計			

表 4-4 範例：朱莉的負債

	項目	負債金額	利率
1	信用卡債 1	$7,000	17.50%
2	信用卡債 2	$4,000	22.40%
3	信用卡債 3	$800	15.60%
4	學貸 1	$21,000	9.40%
5	學貸 2	$13,000	5.50%
6	學貸 3	$6,000	7.80%
7	個人信貸 1	$14,000	5.50%
8	房貸	$187,000	4.75%
9	車貸	$4,000	4.25%
總計		$256,800	

假如你存的錢不多，又有很多債務，你的淨值會是負的。沮喪嗎？請別擔心。我開始規劃我的財務自由之路時，揹著超過兩萬美元的信用卡債。許多已達成財務自由的人，一開始也都有負債。

假如你目前的淨值是負的，你必須把它「加入」你的財務自由數字裡。例如我第一次算出我的財務自由數字是一百二十五萬美元，但我有兩萬美元負債，所以我必須存到一百二十七萬美元，另還得加上那兩萬美元債務產生的利息，才能真正達到財務自由。實際上，加上利息，我必須存到大約一百二十八萬美元。

你與財務自由數字的距離

你的財務自由數字與你的淨值之間相差多少，這點很重要。你的財務自由數字是你需要投資多少錢，才能讓你在後面人生裡靠著這些投資產生的收入生活。你的淨值包含你的投資，但也包含其他可能無法為你產生收入的資產。你可以用投資的利得來付晚餐錢，但你的房子不能帶來收入，除非你將空房間出租。

若欲計算你距離自己的財務自由數字還有多遠，做法是用你的財務自由數字減掉能產生收入的投資。回到茱莉的例子，假設茱莉的預期支出是每年稅後四萬美元，則她的財務自由數字是一百萬美元（四萬美元乘以二十五）。她的淨值是十五萬五千七百美元，且她有十二萬一千美元在投資帳戶裡。所以把一百萬美元（這是她的財務自由目標數字）減掉已投資的十二萬一千美元，得到八十七萬九千美元。這就是她與財務自由數字的距離。換算成百分比，十二萬一千美元除以一百萬，茱莉目前已經達成目標數字的百分之十二點一了。

她目前住在自己的房子裡，並沒有將空房間出租，但假如她決定出租一間房間，或把房子賣掉拿去投資，就可以將這些不動產的收入計算進去。假設她出租房間每個月可收一千美元，一年就是一萬兩千美元。接著應該這樣算：四萬美元（她的目標支出）減掉一萬兩千美元（持續的租金收入）等於兩萬八千美元。現在她每年只需要從投資裡提領兩萬八千美元，所以她的財務自由數字降低成兩萬八千美元乘以二十五，等於七十萬美元。比原本的計算少了三十萬美元！每月才收到一千美元租金，帶來的投資報酬率卻是如此驚人。

以上所示，就是將穩定的持續性收入從預期支出中扣除，然後重新調整自己的財務自由數字（這一點，前一章有說過了喔）。再進一步假設，茱莉賣了房子，獲利二十萬美元，她可以拿這些錢去投資。然後她需要地方住，假如她租一間房，租金與先前房屋貸款差不多，則她的支出沒有改變，而且她將售屋所得二十萬美元拿去投資，等於她現在有十二萬一千美元（先前她投資帳戶裡的數額）加上二十萬美元（售屋所得轉去投資），等於三十二萬一千美元的投資總額，已經達成目標一百萬美元的百分之三十二點一！

負債怎麼辦？

很多理財書都會建議你，先從最小的債務開始償還。因為小額的債務比大額的容易償還，而且一旦你清償一項債務，你也會感覺更好，也更能開始慢慢處理完剩下的債務。

雖然清償小額債務可以讓你感覺良好，但如果你想提早退休，你償還債務的出發點必須是「採用能讓我存下或投資最多錢的方式」，而不是只想盡快還清債務。所以囉，你應該從利息最高的債務開始償還（不論金額多大）。

利息高的債務，優先清償

這是數字遊戲，而且是簡單的數學。假如你的貸款必須支付百分之十五到二十的高利息，此時貸款產生利息的速度，會高過你投資成長的速度。通常信用卡的利息最高，學生貸款和房屋貸款的利息相對較低。請看看前幾頁的負債表格裡你填寫的利息數字，立刻一目了然，該從哪項債務開始清償——先從利息最高的開始，不要看額度大小。

有些個人財務專家也會建議你應該先還完貸款再開始存錢，但這實在是很糟的想法，因為你一面還貸款，一面也錯過了將錢投入股票市場獲得的報酬。很多時候，你投資股票市場的報酬率，會高於你支付貸款的利息。而且理論上某些種類的貸款（例如房屋貸款）

你可以還一輩子，同時間持續處理其他那些利息很高的貸款。只是，大部分提早退休的人都會先結清房貸，因為他們就能少掉這筆每個月房貸的支出。

就算我能輕鬆支付買房子的錢，我還是會申請十五年利息百分之二點六二五的貸款，然後分期付款，因為我會把這筆貸款拿去做報酬率百分之七的投資。投資股票帶來的報酬較高。如果你的貸款利率高於你的投資報酬，你就應該先還清貸款再投資，因為你欠的貸款會一直複利，速度大於你投資成長的速度。

複利是兩面利刃

複利是一體兩面的，請記得根據財務自由數字做出對自己最有利的決定。舉例來說，信用卡利率通常很高，所以投資前先還清信用卡貸款就很合理。美國有些人信用卡的「總費用年百分率」（APR）是百分之二十二，意思就是信用卡未償餘額會一年增加百分之二十二。這樣的利率高到嚇人，而且不算罕見！以美國為例，百分之三十二的信用卡持卡人都有負債，平均債額為七千五百二十七美元。以百分之二十二的總費用年百分率計算，一個有七千五百二十七美元信用卡債的人，在年底要多繳一千六百五十五點九四美元，總共九千一百八十二點九四美元。兩年後，假如他一直沒有還錢，則卡債會變成一萬一千兩百零三美元，且負債只會一直升高。

前面說過，股市長期報酬率約百分之七（你的獲利），所以這是一個合理的期望報酬，但依舊遠低於百分之二十二的卡債利率（你卡債的成長速度）。所以請在投資前先結清信用卡貸款。股市即使大好的時候，報酬還是可能比百分之二十二低。這就是為什麼信用卡對銀行來說很賺錢，世界上大概找不到任何投資可以達成百分之二十二的報酬率。假如你有使用信用卡，永遠盡可能每月付清全額，避免任何利息。辦不到的話，你需要降低開支。假如你已經有利率超過百分之十五的負債，盡快結清後再開始投資。

學生貸款，以及退休金帳戶

那學生貸款與投資呢？還是取決於你的利率。假如你的學貸利息是百分之六到七，就比較難選了，因為這個數字與投資股市的年平均報酬率很接近。但假如你信用良好，你可以再融資，讓利息降到百分之三到六。假如你可以再融資降低利息，你就應該把多的錢拿去投資，不要先支付學貸。不管你怎麼選擇，你都應該支付該學貸每月最低的應繳金額。假如你的利息很接近百分之七的期望投資報酬率，你可以選擇早點還完貸款，可以一次償還兩個月而不只是按月繳納。然後，才把多出來的錢拿去投資。

在一個情況下你永遠都應該投資，不管貸款多少或利息高低，那就是你的公司提撥到你401(k)退休金帳戶裡的錢。通常美國的公司都會針對員工提撥到退休金帳戶裡的每一塊錢，提供完全配比（或部分配比），上限則是薪資的某個百分比（百分之三到六之間）。這是免費的錢，好好把握的話，基本上就等於你投資獲利百分之五十到百分之百。市場永遠不可能找到這麼高的報酬，若你沒有善用公司的提撥配比，就等於浪費了一個大好機會。假如你的公司有提供配比，你一定要提好提滿，提撥到公司配比的上限。所以假如你的公司配比上限是你薪資的百分之三，你就應該投資至少百分之三的薪資到退休金帳戶裡。假如你的公司提供百分之五十的配比，上限是薪資的百分之四到六，你就應該存入至少百分之六的薪資。累積財富的首要準則：永遠不要浪費可以拿到的錢。

管錢，就是在管情緒

除了政治、宗教或性愛，可能沒有其他東西比錢更能激起人的情緒。為了錢，人不惜殺人，也常害自己喪命，更曾使整個家庭、社群和社會毀滅。但說到累積財富，你可能犯下的最大錯誤，就是讓情感阻礙自己做出正確的決定。

我們要學著去意識、去管理我們對錢產生的情緒反應，因為我們常將自己的生活歷史、情感、渴望與夢想和金錢做連結。你越常與金錢互動，管理情緒就越簡單。假如你真的想要累積財富，隨時留意自己的情緒，你會更成功。

我剛開始投資時，花了很多時間研究，買了一支股票花掉三千美元，幾乎是我當時的總財產。隔天我瘋狂的更新手機查看股價，第一天賠了五百美元，滿腦子只剩下這件事。一週後，我賠了快兩千美元，真是快崩潰了，於是認賠殺出。往後幾年間這支股票漲了不只一倍。假如我當時能管理好情緒，用長遠的眼光來看，這支股票就會替我賺到錢。

即使有過這個教訓，但每次只要股市和我的投資下跌，我還是驚慌失措。我記得曾跟一個朋友說：「我這週股票賠了快一萬美元哪！」事實上，只有在你真正賣出的時候賠錢才會發生。我其實沒有賠到什麼，因為我一直讓錢繼續投資——到現在也是！

情緒很難管理，但你越受情緒影響，賺的就越少，存的也就越少，也就越難發揮金錢的最大潛力。所以請放輕鬆！不久前我的投資在一週內跌了五萬美元，不過我的心情完全沒有波動。大部分媒體預測股市將會崩盤時，我還是很冷靜，因為我做的是長期投資。事實上我還稍微笑了出來，想起以前自己驚慌失措的時候。你對金錢累積越多經驗，你就越能保持冷靜。

世上為什麼會有財務顧問？不是因為金錢管理有多複雜（本書已經把你該知道的一切都寫出來了），而是因為他們可以阻止客戶在面對金錢時做出不明智的決定。每次市場下跌，財務顧問就會接到一大堆客戶驚慌的電話。這些客戶因為慌亂，想要全部賣出以避免未來更大的損失，但投資是長期計畫，隨著當下市場波動而做決定，永遠都是個壞主意。所以你要放輕鬆，將目光放在長遠的目標上。投資需要耐心。

你不只要學著在市場下跌時保持冷靜，也要學習承受可知的風險。有些人很怕投資，把錢全部放在利率百分之一（或更低）的存款帳戶裡。這樣做，只是很有效率地在損失金錢，因為通貨膨脹每年會增加百分之二到三。當然，你投資也「可能」有損失，但通貨膨脹而損失錢則是「一定」會發生！而且假如你聰明地投資，大部分的情況，長期下來賺錢的機率會大於賠錢。但人類的天性就是「對失去的恐懼」超越了「對贏得的享受」（這個概念稱為損失規避），這就是為什麼有些人不是完全不投資，就是情緒起伏如雲霄飛車，永遠在追逐下一個賺大錢的機會，或在股市下跌時驚慌失措做出草率的決定。但投資不是賭博，有方法可以將風險降到最低，本書稍後談投資的時候還會說明。

清償債務也是相同的道理。有些人不喜歡背負巨額的貸款，寧願不投資也要先將貸款結清，即使已證明這不是明智的決定，他們還是任由對債務的情緒操控自己。這些人很難建立財富。所以簡單說，記住，金錢就只是數字遊戲，無論你的感覺或相信的是什麼，規則都一樣。你越早開始投資，瞭解越多金錢運作的規則，你也會越有信心，事情也會越簡單。

致富的日常習慣

很多人對錢毫不在意，最後不是一事無成就是做出壞決定。有很多人只有在每年繳稅時才檢視一次他們的金錢，他們每到月底就在想要怎樣把剩餘的錢存起來。但人生就是如此，最後總會剩不到幾塊錢。所以等到下個月，相同的事情又再度發生。還有很多人沒有仔細追蹤自己的花費，所以不是花太多，就是存不到錢。一旦花太多，又會產生罪惡感而開始畏懼金錢。這些就是累積財富最大的阻礙。

信用卡與方便的線上購物會帶來一個問題：讓你在沒有錢或還沒賺到錢之前，就先花錢。在沒有信用卡的古早年代，你沒錢的話就沒辦法花錢，除非你借錢。後來銀行開始簡化貸款流程，美國人的個人債務急速上升。銀行每年從那些沒有按月還款的人身上賺進數十億美元的利息。

其實，只要培養習慣，每天監控你的金錢，並且思考讓錢成長的策略，就可避免金錢陷阱。我們每年為了賺錢，必須工作超過兩千小時，但我們花了多少時間去管錢呢？其實，每天只需五分鐘。只要金錢變成你生活的一部分，你的情緒就會更穩定，你會更能夠評估與適應風險，且做出更好的決定。培養新的習慣可能需要一些時間，但日常生活中微小的決策與習慣，可以大大影響你的人生。

積極親手管錢，提防自動化

建立好習慣最有效的方法，就是每天都要實踐。「每日實踐」其實不符合理財專家的說法，他們都說你應該盡量讓理財生活自動化，這樣才能避免人為錯誤；專家喜歡告訴你「設定好了就放著」，你越不要出力，長期下來你越可能做出對自己有益的事。

所以這些個人理財專家會告訴你，累積財富的關鍵在於自動化。不過我認為，只有自動化還不夠。自動化是一個當下的狀態，這只是開端，但它的危險在於會讓你自滿。你會覺得每月自動存下收入的百分之五到十就夠了。可是不夠，這只是一個起點。假如你現在存百分之十，你要竭力存到百分之十一，然後百分之十二，盡可能且盡快提高你的儲蓄率。

人生如果走佛系風，一切順其自然，或者都用自動化設定好就不管，那麼看來很簡單。只不過，這樣無法帶你往上進入新的階段。不斷突破才是達成財務自由的方法。例如，假日早上其他人還在睡，你已經在做副業了。自滿，無法給你財務自由，而是要不斷突破自己的極限。有時候這樣會讓你感到不舒適。但是，這就是成長、學習、挑戰與突破，然後再突破。過程中你會經歷快樂、挑戰與成長。

你越積極，越努力讓錢發揮最大效益，就越能賺到錢，存到越多錢。如果你每天檢視一次自己的錢，這其實不難，不會花你很多時間，也不會無聊。以我為例，每天早上我會一面喝咖啡一面使用一個簡單且免費的追蹤應用程式，來分析我的淨值。可到這裡下載https://financialfreedombook.com/more。我也會登入我的投資帳戶，看投資組合在前一天的表現。接著我分析前一天的花費與到目前為止的當月花費，看自己是否遵守支出目標；我會檢視自己所有的收入來源（包含投資），看自己是否達到儲蓄目標。我也會查看銀行與信用卡帳戶，確認沒有異狀，例如溢收、錯誤或可疑的費用，或是否有未收到的繳費通知。

常思考怎麼賺錢

最後，我會花幾分鐘思考其他賺錢的方法。這週我能找到新客戶嗎？我能將新方案賣給舊客戶嗎？還有哪些我認識的人需要幫忙？整個過程約需要五到十分鐘，但這個習慣是我每天最重要的事情之一。我看到自己的錢成長時，我會很興奮且想辦法再賺更多錢。若我的錢沒有成長或現金減少時，我也會有動力出去賺更多回來。

假如發生問題，我會清楚知道原因且立刻解決。上個月花太多錢或存不到儲蓄的目標嗎？這個月我會更努力。因為我瞭解自己的財務狀態，所以對於如何賺錢、儲蓄與支出，我能做出更好的決策。以這種方式開啟每一天，已經幫我存下很多錢，因為我在這一天內會少花很多錢。這麼做真的有用喔。

加深你與錢的關係

你可能會想，每一天都要這樣？對，每一天。你對金錢投資越多時間，你與錢的關係也會加深。你不會再擔心著錢，而是開始感到平靜。你會對錢感到熟悉，更容易管理自己的情緒，更清楚看到你以前沒看到的最佳機會。錢會陪伴你一輩子，所以請花一點時間與金錢建立一個正向的關係，這個關係是你能掌握的。

雖然有時我會疏忽掉幾天沒有管錢，但我一定會盡快恢復執行。我盡量不要超過三天不理財（即使在度假或旅遊也一樣）。

真的，你只要試一週看看感覺如何。你會很驚訝，不單單是你會發現自己對錢的掌握力會提升，你更會感覺到自由。不久以後，理財就會像遊戲，玩越久越順手，你也會看到越多賺錢機會。計算與承擔風險也會變得更簡單。你越上手，錢就賺越多。

重點複習

1. 淨值是你個人財務規劃裡最重要的數字，也是你的財務評分表。計算淨值的方法是，將你所有的資產（有價值的東西，像現金、自己的房子與投資）總和，減掉你的負債（任何貸款）。你至少每週就要檢視一次你的淨值。
2. 你的淨值不同於你的財務自由數字。你的財務自由數字是你需要投資多少金額，才能在餘生靠投資的獲益生活。你的淨值包含你的投資，但也包含其他無法產生收入的資產。
3. 想計算你離自己的財務自由數字還差多少，只要用你的數字減掉你淨值裡能產生收益的投資。
4. 清償貸款的原則：用能讓你存下（或投資）最多錢的方式。不要只是想著盡快還清債務。因此，你應該從利率最高的貸款開始清償，不論餘額有多大。

5. 假如你的公司有401(k)退休儲蓄計劃的配比制度，記得提撥到上限。這是免費的錢，不要浪費。

6. 人的情緒容易受金錢影響。隨時保持冷靜。

7. 日常習慣讓你致富。錢成為你日常生活的一部分之後，你會更容易控制自己的情緒、更能評估與承受風險，且做出更明智的決定。雖然培養新的習慣需要時間，但卻可以大大影響你的人生。

8. 自動化是一種當下的狀態。這只是一個開始。自動化、順其自然的人生很簡單。但順其自然無法帶你到達下一個階段。突破極限與成長才是邁向財務自由的方法。

9. 每天花五分鐘檢視你的財務情況。很快錢就會像一個遊戲，你玩越久就越順手。你也會看到越多機會。計算與承擔風險也會變得更簡單。你越上手，錢就賺越多。

第五章

如何快速累積財富

現在你已經知道自己有多少錢，也知道未來的存錢目標。接著，就要擬定步驟來達標了。累積財富的方式很多，但全都仰賴三個基本的變因（我喜歡稱作槓桿）：

1. 收入：你賺多少錢
2. 儲蓄：你存下或投資多少錢
3. 支出：你花多少錢

整個概念很簡單：儲蓄和收入越多，支出越少，你的財富就越多，也就越快達到財務自由與財務獨立的下一個階段。

大部分理專只會強調其中兩個變因：減少支出，增加儲蓄。但你能省的有限，你不可能為了存錢而住街頭。而且，不管你再怎麼省，不管你是睡在朋友家的沙發上，或別人聚餐你就跑去打包免費食物，你的儲蓄能力依舊受限於你的收入。

大部分財經書和專家都忽略一個更深層的要素。要快速建立財富，你必須發揮三個槓桿的最大可能。一邊減少支出一邊增加收入，你會存到更多可以投資的錢，也因此提高你的儲蓄率。

要快速達成財務自由，**增加收入比減少支出更有用**，因為你能減少的支出有限，而增加收入後就有機會投資更多錢，加快複利與財富成長的速度。

我一開始想要在三十歲前存到一百萬美元的時候，稍微計算了一下發現，即使存下年收入五萬美元的一半，以每年百分之七的複利成長，我還需要二十五年才能存到一百二十五萬美元。而且到時因為通貨膨脹，這些錢並不夠退休。所以，除非你已經很有錢，否則光靠儲蓄無法快速達到財務自由。你當然還是可以只靠存錢來退休，只是要多花二十幾年的時間。不過這樣還是比四十年或永遠不能退休要來得好！

所以，儲蓄非常重要，你賺越多錢，就能存越多。假如你非常會存錢（能存下年收入的百分之二十五），你「退休」需要的年數也會大大減少。

「儲蓄率」越高，你就能越快退休。

評估儲蓄有兩種方法：用數額或用百分比。在檢視需要存多少錢（年、月、日目標）時，用數額來計算很直觀，因為你的數字也是一個固定的數額。但是，要設定存錢目標，用百分比計算會更有效，因為你存下多少百分比的收入，會直接影響你退休需要的時間，而且隨著時間你的收入增加，也比較容易追蹤與比較。所以監控你存下多少金額和百分比一樣重要，你可以追蹤並盡量增加儲蓄金額，並增加存款佔年收的百分比。同時使用數額及百分比兩種方式來追蹤，也可以激勵你

年度儲蓄	
銀行帳戶	
儲蓄 1	$5,000
儲蓄 2	$2,000
投資	
稅前	
401(k)	$18,500
Roth IRA	$5,500
稅後	
經紀	$9,000
儲蓄總額	$40,000
收入	$100,000
儲蓄率	40%

存更多錢，因為有些人對百分比很有感覺，有些人則是金額。

你存下（或投資）的收入百分比稱為儲蓄率，儲蓄率越高，你就會越快達成你的財務自由數字。為了計算儲蓄率，你要將所有的存款加起來，包含稅前帳戶（例如 401k 退休儲蓄帳戶或 IRA 個人退休帳戶），與稅後帳戶（例如券商帳戶），然後除以你的收入。前頁的圖例，就是假設你有十萬美元的收入，儲蓄率百分之四十的情況。

監控儲蓄率的一個簡單方式，就是利用試算表每月更新紀錄，或使用我建立的儲蓄率追蹤工具。兩者你都可以在網站 https://financialfreedombook.com/tools. 上找到。

艾妮塔是住在芝加哥的律師，花了五年的時間，於三十三歲時達到財務自由，擁有投資組合七十萬美元。她的做法是存下百分之八十五的收入，每年生活花費兩萬五千美元。史提夫和他太太寇特妮存下百分之七十的薪資收入，兩人在三十五歲存到八十九萬美元時退休。克莉絲蒂和布萊斯存下兩人收入總合的百分之七十，在三十二歲存款超過一百萬美元時退休。住在紐約的 J 先生存下百分之八十以上的收入，在二十八歲存款兩百五十萬美元時退休。布蘭登存下百分之八十五的收入，在三十四歲時退休。我自己存下並投資至少百分之六十的正職及副業收入，達成財務獨立時存款一百二十五萬美元。

有儲蓄，才能提早退休

你可能覺得很瘋狂，怎可能存下收入的百分之五十，但大部分人都做的到，前提是你要把存錢和賺錢當作第一優先目標。我一直認為存錢是一種機會，而非犧牲。或像布蘭登這樣看：「這不是剝奪，這是最佳配置。」

即使你賺的錢不多，但只要盡可能減少支出、增加儲蓄率，你還是可以比「什麼都不做」提早退休。社會上有很多儲蓄成功的故事，包含老師、管理員、公務員和其他人，都因為很會存錢做到提早財務自由。記住，在六十二歲（傳統的退休年齡）之前退休都算提早退休，所以提早一年、兩年、五年或十年退休都是很厲害的成就。

我們來看看增加儲蓄率對不同收入等級達成財務自由的影響。我用我的目標數字，亦即一百二十五萬美元，與預期年投資複利率百分之七為計算基礎。你也可以在網站 https://financialfreedombook.com/tools. 上用自己的數字計算。請先花幾分鐘研究下面幾個儲蓄率的圖表。如表 5-1 和 5-2。

這些圖表清楚呈現了「收入」和「儲蓄率」的關係。若你想在十五年內退休，為了要在這段時間內存到一百二十五萬美元，你一年要存五萬美元。在稅後收入二十萬美元的情形下，等於要存下百分之二十五的收入，你還會有十五萬美元能自由運用。假如你收入是十萬美元，儲蓄率就要增加到百分之五十，這也完全可行，畢竟一年五萬美元也已經能讓你在任何地方過上很好的生活。在收入七萬五千美元的情況下，要存下五萬元就困難很多，但視你的居住地和生活方式而定還是有可能。但假如你收入是五萬美元或更低，在十五年內退休就不可能，因為你沒有多的錢可以存下來。

用這些圖表，你可以根據自己的稅後年收入與年支出（花費），看出達成財務自由需要多少年。你會發現，你的收入越高，花費越低，需要的年數就越少。

這些表格也告訴你，為什麼專心存錢，還不足以讓大部分人提早退休。所以現在我們要將焦點轉到真正好玩的事情上了——賺更多錢！

創業家心態

研究如何賺錢的書籍、文章很多，但有錢人會有錢，最簡單的原因就是：他們利用各種可能的管道賺錢與存錢。我將這種思考模式稱為創業家心態，因為這與如何讓一家公司賺錢、成長很相似。有錢人絕對不浪費金錢或時間。

有錢人眼中，錢不是一種有限的資源（大部分人都認為錢有限），而是一種用途很

表 5-1

儲蓄率	收入	開支	每年儲蓄金額	每月儲蓄金額	你的財務自由目標數字	需要幾年達標
5%	$30,000	$28,500	$1,500	$125	$1,250,000	60.35
10%	$30,000	$27,000	$3,000	$250	$1,250,000	50.35
15%	$30,000	$25,500	$4,500	$375	$1,250,000	44.6
20%	$30,000	$24,000	$6,000	$500	$1,250,000	40.59
25%	$30,000	$22,500	$7,500	$625	$1,250,000	37.53
30%	$30,000	$21,000	$9,000	$750	$1,250,000	35.06
35%	$30,000	$19,500	$10,500	$875	$1,250,000	33.01
40%	$30,000	$18,000	$12,000	$1,000	$1,250,000	31.26
45%	$30,000	$16,500	$13,500	$1,125	$1,250,000	29.74
50%	$30,000	$15,000	$15,000	$1,250	$1,250,000	28.4
55%	$30,000	$13,500	$16,500	$1,375	$1,250,000	27.21
60%	$30,000	$12,000	$18,000	$1,500	$1,250,000	26.14
65%	$30,000	$10,500	$19,500	$1,625	$1,250,000	25.16
70%	$30,000	$9,000	$21,000	$1,750	$1,250,000	24.27
75%	$30,000	$7,500	$22,500	$1,875	$1,250,000	23.46
80%	$30,000	$6,000	$24,000	$2,000	$1,250,000	22.7
85%	$30,000	$4,500	$25,500	$2,125	$1,250,000	22
90%	$30,000	$3,000	$27,000	$2,250	$1,250,000	21.35
95%	$30,000	$1,500	$28,500	$2,375	$1,250,000	20.75
100%	$30,000	$0	$30,000	$2,500	$1,250,000	20.18

儲蓄率	收入	開支	每年 儲蓄金額	每月 儲蓄金額	你的財務自 由目標數字	需要幾年 達標
5%	$50,000	$47,500	$2,500	$208	$1,250,000	52.96
10%	$50,000	$45,000	$5,000	$417	$1,250,000	43.12
15%	$50,000	$42,500	$7,500	$625	$1,250,000	37.53
20%	$50,000	$40,000	$10,000	$833	$1,250,000	33.66
25%	$50,000	$37,500	$12,500	$1,042	$1,250,000	30.73
30%	$50,000	$35,000	$15,000	$1,250	$1,250,000	28.4
35%	$50,000	$32,500	$17,500	$1,458	$1,250,000	26.48
40%	$50,000	$30,000	$20,000	$1,667	$1,250,000	24.86
45%	$50,000	$27,500	$22,500	$1,875	$1,250,000	23.46
50%	$50,000	$25,000	$25,000	$2,083	$1,250,000	22.23
55%	$50,000	$22,500	$27,500	$2,292	$1,250,000	21.15
60%	$50,000	$20,000	$30,000	$2,500	$1,250,000	20.18
65%	$50,000	$17,500	$32,500	$2,708	$1,250,000	19.31
70%	$50,000	$15,000	$35,000	$2,917	$1,250,000	18.52
75%	$50,000	$12,500	$37,500	$3,125	$1,250,000	17.79
80%	$50,000	$10,000	$40,000	$3,333	$1,250,000	17.13
85%	$50,000	$7,500	$42,500	$3,542	$1,250,000	16.52
90%	$50,000	$5,000	$45,000	$3,750	$1,250,000	15.96
95%	$50,000	$2,500	$47,500	$3,958	$1,250,000	15.44
100%	$50,000	$0	$50,000	$4,167	$1,250,000	14.95

儲蓄率	收入	開支	每年儲蓄金額	每月儲蓄金額	你的財務自由目標數字	需要幾年達標
5%	$75,000	$71,250	$3,750	$313	$1,250,000	47.18
10%	$75,000	$67,500	$7,500	$625	$1,250,000	37.53
15%	$75,000	$63,750	$11,250	$938	$1,250,000	32.11
20%	$75,000	$60,000	$15,000	$1,250	$1,250,000	28.4
25%	$75,000	$56,250	$18,750	$1,563	$1,250,000	25.64
30%	$75,000	$52,500	$22,500	$1,875	$1,250,000	23.46
35%	$75,000	$48,750	$26,250	$2,188	$1,250,000	21.67
40%	$75,000	$45,000	$30,000	$2,500	$1,250,000	20.18
45%	$75,000	$41,250	$33,750	$2,813	$1,250,000	18.9
50%	$75,000	$37,500	$37,500	$3,125	$1,250,000	17.79
55%	$75,000	$33,750	$41,250	$3,438	$1,250,000	16.82
60%	$75,000	$30,000	$45,000	$3,750	$1,250,000	15.96
65%	$75,000	$26,250	$48,750	$4,063	$1,250,000	15.19
70%	$75,000	$22,500	$52,500	$4,375	$1,250,000	14.5
75%	$75,000	$18,750	$56,250	$4,688	$1,250,000	13.87
80%	$75,000	$15,000	$60,000	$5,000	$1,250,000	13.29
85%	$75,000	$11,250	$63,750	$5,313	$1,250,000	12.77
90%	$75,000	$7,500	$67,500	$5,625	$1,250,000	12.29
95%	$75,000	$3,750	$71,250	$5,938	$1,250,000	11.84
100%	$75,000	$0	$75,000	$6,250	$1,250,000	11.43

儲蓄率	收入	開支	每年儲蓄金額	每月儲蓄金額	你的財務自由目標數字	需要幾年達標
5%	$100,000	$95,000	$5,000	$417	$1,250,000	43.12
10%	$100,000	$90,000	$10,000	$833	$1,250,000	33.66
15%	$100,000	$85,000	$15,000	$1,250	$1,250,000	28.4
20%	$100,000	$80,000	$20,000	$1,667	$1,250,000	24.86
25%	$100,000	$75,000	$25,000	$2,083	$1,250,000	22.23
30%	$100,000	$70,000	$30,000	$2,500	$1,250,000	20.18
35%	$100,000	$65,000	$35,000	$2,917	$1,250,000	18.52
40%	$100,000	$60,000	$40,000	$3,333	$1,250,000	17.13
45%	$100,000	$55,000	$45,000	$3,750	$1,250,000	15.96
50%	$100,000	$50,000	$50,000	$4,167	$1,250,000	14.95
55%	$100,000	$45,000	$55,000	$4,583	$1,250,000	14.07
60%	$100,000	$40,000	$60,000	$5,000	$1,250,000	13.29
65%	$100,000	$35,000	$65,000	$5,417	$1,250,000	12.6
70%	$100,000	$30,000	$70,000	$5,833	$1,250,000	11.99
75%	$100,000	$25,000	$75,000	$6,250	$1,250,000	11.43
80%	$100,000	$20,000	$80,000	$6,667	$1,250,000	10.92
85%	$100,000	$15,000	$85,000	$7,083	$1,250,000	10.46
90%	$100,000	$10,000	$90,000	$7,500	$1,250,000	10.04
95%	$100,000	$5,000	$95,000	$7,917	$1,250,000	9.65
100%	$100,000	$0	$100,000	$8,333	$1,250,000	9.29

儲蓄率	收入	開支	每年 儲蓄金額	每月 儲蓄金額	你的財務自 由目標數字	需要幾年 達標
5%	$200,000	$190,000	$10,000	$833	$1,250,000	33.66
10%	$200,000	$180,000	$20,000	$1,667	$1,250,000	24.86
15%	$200,000	$170,000	$30,000	$2,500	$1,250,000	20.18
20%	$200,000	$160,000	$40,000	$3,333	$1,250,000	17.13
25%	$200,000	$150,000	$50,000	$4,167	$1,250,000	14.95
30%	$200,000	$140,000	$60,000	$5,000	$1,250,000	13.29
35%	$200,000	$130,000	$70,000	$5,833	$1,250,000	11.99
40%	$200,000	$120,000	$80,000	$6,667	$1,250,000	10.92
45%	$200,000	$110,000	$90,000	$7,500	$1,250,000	10.04
50%	$200,000	$100,000	$100,000	$8,333	$1,250,000	9.29
55%	$200,000	$90,000	$110,000	$9,167	$1,250,000	8.65
60%	$200,000	$80,000	$120,000	$10,000	$1,250,000	8.09
65%	$200,000	$70,000	$130,000	$10,833	$1,250,000	7.61
70%	$200,000	$60,000	$140,000	$11,667	$1,250,000	7.18
75%	$200,000	$50,000	$150,000	$12,500	$1,250,000	6.79
80%	$200,000	$40,000	$160,000	$13,333	$1,250,000	6.45
85%	$200,000	$30,000	$170,000	$14,167	$1,250,000	6.14
90%	$200,000	$20,000	$180,000	$15,000	$1,250,000	5.86
95%	$200,000	$10,000	$190,000	$15,833	$1,250,000	5.6
100%	$200,000	$0	$200,000	$16,667	$1,250,000	5.36

表 5-2

達成財務自由的時間（年）

每年開支 \ 稅後年度收入	$25k	$30k	$35k	$40k	$45k	$50k	$55k	$60k	$65k	$70k	$75k	$80k	$85k	$90k	$95k	$100k
$95k																65.8
$90k															64.7	21.4
$85k														63.6	50.3	42.8
$80k													62.4	49.1	41.7	36.7
$75k												61.1	47.9	40.6	35.6	31.9
$70k											59.8	46.7	39.4	34.5	30.8	28
$65k										58.4	45.3	38.1	33.2	29.7	26.9	24.6
$60k									56.8	43.9	36.7	31.9	28.4	25.7	23.5	21.6
$55k								55.2	42.3	35.2	30.5	27.1	24.4	22.3	20.5	19
$50k							53.3	40.6	33.7	29	25.7	23,1	21	19.3	17.8	16.6
$45k						51.4	38.8	31.9	27.4	24.2	21.6	19.6	18	16.6	15.4	14.4
$40k					49.1	36.7	30.1	25.7	22.5	20.1	18.2	16.6	15.3	14.2	13.3	12.4
$35k				46.7	34.5	28	23.8	20.7	18.4	16.6	15.1	13.9	12.9	12	11.2	10.5
$30k			43.9	31.9	25.7	21.6	18.8	16.6	14.9	13.6	12.4	11.5	10.7	10	9.3	8.8
$25k		40.6	29	23.1	19.3	16.6	14.6	13.1	11.8	10.8	10	9.2	8.6	8	7.6	7.1
$20k	36.7	25.7	20.1	16.6	14.2	12.4	11	10	9.1	8.3	7.7	7.1	6.7	6.3	5.9	5.6

每年開支

稅後年度收入

多的可替代工具。他們把握每個能賺更多錢的機會，以各種可能的方式建立財富，包含減少支出、爭取最多酬金或獎金、盡可能節稅、建立多種收入來源。他們的每一分鐘、每一小時都專注於要賺更多錢。世界最成功的投資家華倫·巴菲特，每小時能賺進大約一百三十四萬美元，即使睡覺也在賺錢。雖然我比不上他，但我去年大約每小時賺進四十五美元，即使在睡覺時也是！

好消息是，幾乎每個能使用網路的人都能培養創業家心態。拜科技所賜，要控管、優化且賺更多錢比以前更簡單。要追蹤與優化你每個小時能賺多少錢也比過去容易。有很多線上工具能幫你分析你的投資表現，提供你優化投資的各種方法。而且隨著人工智慧與機器學習的發展，這些工具會越來越完善。

這些工具可以分析賺錢、儲蓄與支出模式，而且不只提你供你建議，還能自動化理財，讓人工智慧精準做出正確的金錢決定與解釋原因。當然，先前說過，自動化還不夠，但未來的科技可以根據實際的模式、習慣與資料，幫助更多人做出更聰明的財務決策。

還有很多很有用的網站，可以讓你學習賺錢的新技能，或提供各種兼職機會，不論是遛狗一次賺五十美元，或是為期一個月的家教。重點是，培養創業家心態與賺更多錢並不難，但付諸行動的人很少。真的的，賺錢的機會到處都有。

我推薦的最新版手機應用程式、線上工具與職缺網站，都可以請參考網站 https://financialfreedombook.com/tools。

為了賺到最多錢，你要盡可能結合各種不同的賺錢策略交互運用。一般賺錢的方法有四種：

1. 正職工作——為別人工作
2. 副業——兼職賺錢
3. 經營企業——擴大副業規模而且、或是將副業轉為正職
4. 投資——讓錢在市場裡成長

同時採用上述四種方法，能幫你快速累積最多財富，你也最能掌握自己賺錢的方式，而不是依靠單一種收入來源——波動的股市、可能倒閉的公司，或隨時能將你解雇的雇主。未來不論發生什麼事，你都至少還有一個能依靠的賺錢管道。假如有一天你失業，但你有副業如幫人架設網站（我就是）或在網路上販售手工賀卡，你就不會驚慌。相同地，假如你不喜歡自己的正職工作，其他收入來源會讓你擁有「辭職的自由」。多樣化的收入來源會給你更多選擇、彈性與主控權。

稍後我會告訴你如何運用這四個方法賺錢，但首先你要瞭解為什麼這四個方法對培養創業家心態很重要。

善用正職工作

被別人雇用，很難真正賺錢，因為你能賺多少錢受限於你付出的時間與薪水，而雇主會盡可能壓低你的薪資，因為公司會盡可能降低成本（這就是創業家心態）。你用時間換取薪資，你只能賺到某個限度，因為你的時間有限。

但正職工作也有好處。你可以用全職工作當跳板賺更多的錢。正職工作不只給你穩定的薪資（還可以透過升遷或加薪而提高），還可能提供你各種協助，如免費學習新技能、建立人脈，以及一些在公司外享受不到，或假如自己支付費用會非常高昂的好處。保險就是最常見的例子。

善用公司福利

健康保險在美國一直都很貴，但員工人數多的公司通常可以拿到優惠的團體費率，以更少的費用享受更多的福利。再加上公司通常會分擔部分費用，你自己負擔的部分相對能減到最低。有些公司也提供失能保險，假如你受傷、生病或生小孩（育嬰假通常含括在短期的失能保險內），你也不用擔心沒有收入；或是壽險，假如你發生意外，你的親人還是能受到照顧。

而且，之前說過，很多公司提供 401(k) 退休儲蓄帳戶的配比制度，這是你自己創業不會有的額外財富。你也可能享有一定額度的休假、病假或事假等有薪假。有些公司也提供各式吸引人的福利，如免費或優惠的托兒措施、健身房會籍、免費的員工餐、免費的駐點醫師、交通費補助與免費的訓練進修等。每次你利用這些好處，也就省下自己做相同的事需要支付的花費。這就是你能多存下的錢。有時候，這些好處的總價值可能相當於你薪資的百分之二十到五十，整體而言不無小補。

公司配股別高興

另一個很有價值，且完全可以轉讓的福利，就是公司股票，也就是公司一部分的所有權。有的公司可能會用股票酬勞來吸引你繼續在公司留任。

成為公司的「所有權人」或許會讓人感到很興奮，但股票只有在公司營運良好、持續成長或被併購時才有價值。很多員工夢想著靠股票翻身，這當然可能發生，只是不常見。你應該將股票的價值視為一種有潛力的未來資產，不要幻想靠它就能一輩子不愁吃穿。

而且，假如你是資深的員工，你的股票價值會比後期才進公司的人還高，因為到了後期，公司的股份或股票的價值可能不會再成長。任何投資都有風險，你的正職工作就是你用時間做的投資。

要弄清楚股票在現在或未來是否有價值，必須像投資家一般思考：你會投資自己的公司嗎？你相信公司的願景、事業和領導人嗎？你願意留下來幫助公司成長嗎？假如答案是肯定的，你的股票就有持有的價值，它也可能在未來收穫很大的利益。

把握彈性工作時間

正職工作還有一個可說是最大的好處——有機會遠距工作，你不只更能掌握自己的時間，也會有更多彈性去賺更多錢。幸運的是，為了維持競爭力與吸引頂尖人才，有越來越多公司採用遠距工作模式，畢竟很多工作都能在任何地方利用一部電腦完成。對於你或任何想認真賺更多錢的人來說，這是一個大好機會，因為遠距工作能打破金錢與時間的線性關係。

很多時候，只要你能把工作做完，在哪裡做並不重要，這讓你可以利用閒暇或多餘的時間經營副業。但你要先確認自己的勞雇契約，看你的公司是否有兼職的限制。很多公司有競業條款，明訂你不可以為同業的競爭對手工作。這是合理的，但你也別因此限制自己在正職工作外賺錢的能力，只要你不是公司的競爭對手，你就應該享有兼職賺錢的權利。另有些公司會限制你不能兼職，或故意讓你感到害怕而放棄，只是這樣的公司不值得你為他們效勞。

布萊恩的正職工作是網路管理員，公司福利很好，待遇一年十萬美元，但他是遠距工作，而且一週只花他十五到二十小時就能完成，所以他利用多出來的時間經營一間小型顧問公司，為小型企業提供類似的網路管理服務，一年多出十五萬美元的淨收入。

他當然能辭掉正職工作，全心發展顧問事業，但他也喜歡全職工作提供的好處與安定感。他只是找到正確的平衡，且假如某天他真的想辭職或被解雇，他還是有選擇。你也許會覺得這是運氣，其實不然。我每天都看到相同事情在發生，你也能有目的地規劃自己的職涯。現在做這件事比任何時候都簡單，你有很多優勢能以自己的方式賺更多錢。

善用雇主提供的好處，你會省下一筆很可觀的費用。二十三歲的布蘭登在谷歌上班，且住在公司停車場的露營車上。彼得與卡菈也是一對在谷歌上班的夫妻，他們也住在停車場的休旅車內。雖然谷歌的待遇優渥、福利完善且提供免費餐點，這三位擁有創業家心態的員工還是維持最低的消費，存下百分之八十的收入。

就算你很喜歡現在的全職工作，在公司上班最大的缺點就是沒有自己的時間，而且你的薪水越高，你的老闆對你「做出成績」的期望也越大。這就是為什麼即使你的薪水很高，你還是應該分散收入來源，未來若覺得這份工作不再有價值時，就能輕巧地轉身離開。

稍後我會告訴你如何善用你的全職工作——包含如何分析你的市場價值與你對公司的價值，且藉此獲得加薪；還有如何讓老闆覺得你是史上最棒的員工，如何在現在與未來讓你的薪水快速成長，以及如何善用所有可能的好處，包含遠距工作的機會。

利用兼職拓展你的收入來源

假如真的想賺更多錢，就必須創業。創業家不一定是創立一間很成功的公司，然後高價售出。光是販售別人願意購買的商品，你也算是創業家了。假如你在正職外有其他收入，你也算是創業家。

踏入社會前，很多人都會打零工賺錢，例如當服務生、店員、保母、幫人除草或打工。你沒錢的時候，任何能賺錢的機會你都會把握住，即使報酬都不高。這些零工也許不是你理想中的工作，也許沒有太多成長的潛力，但能賺錢就是目的，不是嗎？

我覺得很不可思議，許多人找到正職工作後，就停止賺取零星收入。兼職——我定義為任何你在正職工作外賺取的收入——是成為創業家的好方法，這是你不用冒著離開正職工作的風險，就能拓展收入來源的好方式。

你也可以用最少的時間與金錢去發展一項副業，如此一來，你會有很多的學習機會，同時財務風險也很低。假如你的其中一項副業行不通，你還能另闢蹊徑。你有越多副業，你就能賺越多錢，且假如你已經有一份正職的主收入，你可以將所有的副收入用於投資，自動提高了儲蓄率。

再少的錢都能投資；東拼西湊二十美元也能積少成多。我的年收入達到三十萬美元後，我還是會幫鄰居看貓，一次六十美元，把錢拿去投資。即使是一美元也能加速複利——這些額外收入的投資成長速度很驚人。記住，你多投資的每一塊錢，在百分之七的報酬率下，每十年會增加一倍！我個人的淨值中至少有百分之四十是源自將副收入拿去投資的獲利。事實上，如果沒有副業，我可能需要雙倍的時間才能達成財務自由。

為了找出一項能賺錢的優質副業，你要先把自己全部的技能或專長列成清單，再列一份清單寫下所有你喜歡做的事。有重疊的項目嗎？這就是答案。假如你喜歡自己的副業，你也比較會持之以恆，甚至讓副業成長幫你賺更多錢。你的副業可以是任何事，只要你能透過這件事賺錢，再說一次，因為網路發達，現在的賺錢管道比以前任何時候都還多。

你喜歡編織嗎？那就在手工藝設計網站 Etsy 上販售自己織的手套。你收藏漫畫書嗎？你可以拿一些上拍賣網站 Ebay 拍賣。你喜歡開車嗎？你可以與共乘公司合作當駕駛！你喜歡音樂嗎？也許你可以當 DJ 或在線上銷售你的創作。你有無限可能。

但是，雖然副業賺錢的方式有無限多種，卻不是每種副業都平等。舉例來說，假如你與一家共乘公司合作，可以決定自己上下班的時間，但你還是這家大公司底下的員工——這就像一份正職工作，你的收入有限。

為了創造副業獲利的最大潛能，選擇副業有幾個要點：

1. **為自己工作**
2. **報酬值得付出的時間**
3. **符合自己的喜好**
4. **能學到新技能（技能是未來的資產）**

5.有發展潛力（可以拓展為更大的事業）

6.有成為被動收入的潛力（可以雇人做事或建立經常性的收入來源）

我最喜歡（也最賺錢）的副業是買賣網域名稱、銷售輕型機車與福斯露營車、架設網站、經營部落格與刊登數位廣告。

副業的好處之一，是有機會去探索各種構想，卻不需要忠於其中一種。擁有的副業越多，也會越做越順利。好比說，你會逐漸更瞭解某項服務值得開價多少錢，也可能會建立穩定的客群，這些人會回頭來找你，而且他們也會將你推薦給其他人，你也不用額外花時間打知名度。這代表（整體而言）你的工作會變少，但賺的卻一樣多——或者，假如你有一群忠實的顧客，可能還會賺更多。

經營副業最大的好處之一，是你做的越多，就越能鍛鍊自己的創業家心態，你也會更容易知悉其他賺錢的機會。最能賺到錢的副業，就是那些最符合市場需求、但也相對少人能夠競爭的行業。競爭越多，你能開出的價格就越低，除非你有一些特殊的優勢或價值，能收取比別人還高的費用。開始嘗試副業之後，你會學到很多東西，而且你會看見，到處都是賺錢機會。

而且你會越來越瞭解市場，找到副業成長的新方法，讓你賺更多錢。舉例來說，假如你已經幫人除草坪，何不告訴業主，你也幫忙澆水與修剪籬笆，收取稍微高一點的費用？

假如你真心喜歡自己的副業，市場的需求也很多，你或許可以將副業轉為正職或更有規模的事業。

雇用員工與利用被動收入賺更多錢

有兩種能幫你賺到最多錢的最好方法，就是雇用別人幫你做事，並專心於建立被動收入來源。這就是為什麼世界上最有錢的人，都是那些白手起家、擁有自己公司的創業家。當你可以請人幫你除草坪，而自己還是有大把鈔票入帳時，你何必親力而為？

建立一項事業時，你創造的價值不完全只取決於你的時間；它也許會高很多，因為你的員工也在創造價值。建立一項事業會加倍與加速你的賺錢能力，端看你有多少員工人數而定。

而且記住，你的「員工」不一定要是正職人員。很多人越來越有錢，就是單純透過付錢請別人做事，連結供給與需求。

假如你創造一項賺錢的事業，你也在創造一個可能升值的資產，你也許還能將它出售——回收你創造的所有價值，並且大賺一筆。

但你不一定需要很多員工或很多時間才能賺到很多錢。身為企業家最大的好處是你有主控權，所以你可以創立一個事業，既適合也能支撐你理想中的生活方式。先前說過，金錢與時間的關係不一定是線性的——你可以建立一個很賺錢的事業，但只需要少數的員工（如果有）與很少的時間。這叫被動收入，因為你不需主動做很多事就能賺錢。假如你找到一項事業或投資，能產生持續且可靠的被動收入（如收租金或股票利息），你甚至還能用這些收入支應每個月的生活開支。一旦你有可靠的被動收入支應每個月的生活，你就已經有效達成財務自由。

另一個被動收入的例子是建立線上課程：你花時間製作與編排內容，然後銷售出去。很多人都把自己的專長製作成線上課程，像是如何照顧蘭花、修理吉他，甚至如何寫書出版。有的人靠一個五年前的課程產生的收入，就能支應現在的生活，而且每年還會更新課程內容，讓觀眾也持續增加。

直運（Drop-ship）的商業模式也是一種很受歡迎的被動收入。背後的概念是你設計一項產品，然後完全委由其他人幫你製作、接單、發貨與提供顧客服務，所以你要做的並不多。有人訂購你的產品時（例如，從亞馬遜網站上），亞馬遜會完成這份訂單，然後支付你款項。商品庫存變低時，你與你的供應商會收到通知，你就能重新補貨。我的朋友莎曼珊創立了一家十分賺錢的超輕量露營用品公司，整間公司幾乎是全自動。她每個月可以賺五千美元，大多透過亞馬遜網站，而且管理這項事業每個月只花她數小時的時間！

雖然聽起來有點太美了，但你一定能夠建立被動收入來源。只是被動收入事業終究是一種事業，也會面臨與其他事業相同的市場力量；競爭、需求與很多其他因素，都可能威脅一項事業的生存能力。

雖然數據看起來很可怕——只有百分之二十的公司能延續五年，百分之四能延續十年——但別讓這些事阻礙你創立一項副業並學習當創業家。這些數據會誤導你，因為多次創業的創業家，最終的成功率會越來越高。絕大多數成功的企業家在創業的前幾次都失敗過。我嘗試創立的最初兩個公司（手機的應用程式）都以失敗收場，但我在過程中學到很多，且利用這些在後來成功創業，這一切都是從副業開始。

以副業的方式創業，你可以減少全職創業的風險。除非你已建立持續的收入來源，或已有足夠的客戶能將風險降至最低，否則不該辭掉正職工作。我不反對你辭去正職工作，全心投入一個很棒的發想，但光是一個很棒的發想還不夠。每個人都有很棒的發想，但事業的成功還仰賴執行——你必須有能力實現自己的想法。我看過太多人辭掉正職工作去追尋理想，但卻對執行步驟與目標顧客都不清楚。

全職創業常出現大好與大壞的下場。好的時候一切都很順利，但事業維持不容易，你永遠要追逐下一筆交易或下一筆收入，所以實際上，創業反而會帶來很多壓力。

事業就像人生或投資，必須要計算風險、承受風險。你二十二歲且單身，假如失敗也還有很多時間嘗試或重來，風險比較小。但假如你三十五歲，有兩個小孩，還是家裡的經濟支柱時，風險明顯會高很多。我不是指你無法在三十五歲成功創業，但從副業開始是最好的方式，不用冒任何會失去正職收入的風險。

為了增加創業成功的機會，請先從副業開始。假如你能建立穩定的顧客或收入來源，也有足夠的積蓄作為後援，那麼成為全職的創業家可能會是你最好的選項。你的事業就像你一樣，會隨著時間改變，假如創業成功，你會有很多選擇。你可以決定繼續發展，可以將它轉為被動收入，也可以賣掉它。

稍後我會告訴你如何挑選與經營一項能賺錢的副業，如何定價與行銷，如何決定是否或何時應該全職投入，以及如何將讓你的副業變成被動收入來源，並與你理想中的生活方式相互結合。這項副業能讓你用最少的時間賺最多的錢。記住，時間大於金錢。

盡可能提早開始投資，且越多越好

終極的被動收入，就是「把收入拿去投資」，有錢人都是靠著這招才變有錢，而且持續累積財富。靠著複利，今天投資的一美元在明天的價值會超過一美元；因著通膨，今天少投資的一美元在明天的價值會低於一美元。這就是創業家心態的最高準則：看準你賺進來、存下來、投資出去的每一塊錢，在未來有多大潛在價值；投資越早開始，投資金額越多，你的錢成長越快。這就是為什麼我一有錢就拿去投資，即使是幾天的複利也能聚沙成塔。你可以投資任何標的，但我發現股票、債券與不動產是最好管理、也最可靠的投資。

假如你想快速提高儲蓄率，可以採用「每三十到九十天增加一個百分比」的方法。一個百分比，小到讓你無感，卻也重要到能大幅影響你達成財務獨立的速度。

假設現在一年收入五萬美元（稅後），存下百分之五的收入。接著每三個月多存百分之一（一年多百分之四），五年後就會存下百分之二十五的收入。假如你繼續增加儲蓄率，直到達到百分之六十五（也就是十五年後），二十年後會存下八十一萬四千三百四十九美元（這還沒有考慮複利的收益喔）。這是很可觀的數字！假如收入是十萬美元，循相同模式，就會存下一百六十二萬八千六百九十八美元。見表5-3至5-5。

沒錯，五萬美元的百分之六十五是很多錢，但假如你不斷尋找增加收入的機會，你還是能存很多。

我的個人淨值裡，有超過百分之五十源於投資的獲利。但假如你只依賴單一方法來存錢，不論多有成效，畢竟都是很冒險的事。這就是為什麼企業家心態非常重要。拓展你的收入來源，持續尋找賺更多錢的新途徑，而且盡可能投資，你才擁有主導權去達成財務目標。而且，萬一你其中一項收入來源中斷，還能保護好自己。

假如你想盡快達成財務自由，一定要全力以赴，找到各種方法盡可能賺錢、存錢、投資。我今天早上寫作時，剛好登入自己的帳戶：我在過去四十八小時賺了大約兩千美元，大部分是投資報酬的被動收入。這就是富人變得更富有的方法，你也可以這麼做。把握每一個時刻、每一天與每一年。充分利用你的時間。

你今年一年的努力，可以換得未來五年、十年甚至二十年的自由。不要將儲蓄與投資

表 5-3 50,000 美元存下 5% 的收入，然後每 3 個月多存 1%，直到 65% 為止。20 年後會存下 814,349 元。

年度	儲蓄率	每年增加的儲蓄率	薪資	儲蓄總計	預期獲利	投資結餘總額
0	5%	4%	$50,000	$2,500	7%	$2,675.00
1	9%	4%	$50,000	$4,500	7%	$7,677.25
2	13%	4%	$50,000	$6,500	7%	$15,169.66
3	17%	4%	$50,000	$8,500	7%	$25,326.53
4	21%	4%	$50,000	$10,500	7%	$38,334.39
5	25%	4%	$50,000	$12,500	7%	$54,392.80
6	29%	4%	$50,000	$14,500	7%	$73,715.29
7	33%	4%	$50,000	$16,500	7%	$96,530.36
8	37%	4%	$50,000	$18,500	7%	$123,082.49
9	41%	4%	$50,000	$20,500	7%	$153,633.26
10	45%	4%	$50,000	$22,500	7%	$188,462.59
11	49%	4%	$50,000	$24,500	7%	$227,869.97
12	53%	4%	$50,000	$26,500	7%	$272,175.87
13	57%	4%	$50,000	$28,500	7%	$321,723.18
14	61%	4%	$50,000	$30,500	7%	$376,878.81
15	65%	0%	$50,000	$32,500	7%	$438,035.32
16	65%	0%	$50,000	$32,500	7%	$503,472.80
17	65%	0%	$50,000	$32,500	7%	$573,490.89
18	65%	0%	$50,000	$32,500	7%	$648,410.25
19	65%	0%	$50,000	$32,500	7%	$728,573.97
20	65%	0%	$50,000	$32,500	7%	$814,349.15

表 5-4 100,000 美元存下 5% 的收入，然後每 3 個月多存 1%，直到 65% 為止。20 年後會存下 1,628,698 元。

年度	儲蓄率	每年增加的儲蓄率	薪資	儲蓄總計	預期獲利	投資結餘總額
0	5%	4%	$100,000	$5,000	7%	$5,350.00
1	9%	4%	$100,000	$9,000	7%	$15,354.50
2	13%	4%	$100,000	$13,000	7%	$30,339.32
3	17%	4%	$100,000	$17,000	7%	$50,653.07
4	21%	4%	$100,000	$21,000	7%	$76,668.78
5	25%	4%	$100,000	$25,000	7%	$108,785.60
6	29%	4%	$100,000	$29,000	7%	$147,430.59
7	33%	4%	$100,000	$33,000	7%	$193,060.73
8	37%	4%	$100,000	$37,000	7%	$246,164.98
9	41%	4%	$100,000	$41,000	7%	$307,266.53
10	45%	4%	$100,000	$45,000	7%	$376,925.19
11	49%	4%	$100,000	$49,000	7%	$455,739.95
12	53%	4%	$100,000	$53,000	7%	$544,351.75
13	57%	4%	$100,000	$57,000	7%	$643,446.37
14	61%	4%	$100,000	$61,000	7%	$753,757.61
15	65%	0%	$100,000	$65,000	7%	$876,070.65
16	65%	0%	$100,000	$65,000	7%	$1,006,945.59
17	65%	0%	$100,000	$65,000	7%	$1,146,981.78
18	65%	0%	$100,000	$65,000	7%	$1,296,820.51
19	65%	0%	$100,000	$65,000	7%	$1,457,147.94
20	65%	0%	$100,000	$65,000	7%	$1,628,698.30

表 5-5 200,000 美元存下 5% 的收入，然後每 3 個月多存 1%，直到 65% 為止。20 年後會存下 3,257,396 元。

年度	儲蓄率	每年增加的儲蓄率	薪資	儲蓄總計	預期獲利	投資結餘總額
0	5%	4%	$200,000	$10,000	7%	$10,700.00
1	9%	4%	$200,000	$18,000	7%	$30,709.00
2	13%	4%	$200,000	$26,000	7%	$60,678.63
3	17%	4%	$200,000	$34,000	7%	$101,306.13
4	21%	4%	$200,000	$42,000	7%	$153,337.56
5	25%	4%	$200,000	$50,000	7%	$217,571.19
6	29%	4%	$200,000	$58,000	7%	$294,861.18
7	33%	4%	$200,000	$66,000	7%	$386,121.46
8	37%	4%	$200,000	$74,000	7%	$492,329.96
9	41%	4%	$200,000	$82,000	7%	$614,533.06
10	45%	4%	$200,000	$90,000	7%	$753,850.37
11	49%	4%	$200,000	$98,000	7%	$911,479.90
12	53%	4%	$200,000	$106,000	7%	$1,088,703.49
13	57%	4%	$200,000	$114,000	7%	$1,286,892.74
14	61%	4%	$200,000	$122,000	7%	$1,507,515.23
15	65%	0%	$200,000	$130,000	7%	$1,752,141.29
16	65%	0%	$200,000	$130,000	7%	$2,013,891.18
17	65%	0%	$200,000	$130,000	7%	$2,293,963.57
18	65%	0%	$200,000	$130,000	7%	$2,593,641.02
19	65%	0%	$200,000	$130,000	7%	$2,914,295.89
20	65%	0%	$200,000	$130,000	7%	$3,257,396.60

視為一種犧牲，而是一個機會。一個努力幾年累積財富的機會。改變一生的財富。自由的財富。

重點複習

1. 累積財富，需要三個同樣重要的基本槓桿：
   收入：你賺進多少錢
   儲蓄：你存下或投資多少錢
   支出：你花掉多少錢
2. 大多數個人理財書籍只強調減少支出，雖然縮減開支對達成財務自由很重要，但想快速達成財務自由，賺更多錢會比單純省錢更有威力。
3. 儲蓄率：用數字與百分比評估存款。為了計算儲蓄率，你要將所有的存款加起來，包含稅前帳戶（例如 401k 退休儲蓄帳戶或 IRA 個人退休帳戶），與稅後帳戶（例如券商帳戶），然後除以你的收入。
4. 你的儲蓄率會直接影響你達成目標數字需要的時間。即使是增加百分之一或每天多存一美元都能帶來改變。

5. 創業家心態：把握每個賺更多錢的機會，盡可能用各種方法累積財富——減少支出、優化酬金與獎金、節稅、拓展收入來源等。專注於利用每一分鐘、每一小時幫你賺最多的錢。

6. 為了盡可能賺錢，你要盡可能結合各種賺錢策略，並且最大化運用這些賺錢策略。賺錢方法有四種：

- 正職工作——為別人工作
- 副業——兼職賺錢
- 經營企業——擴大副業規模而且、或是將副業轉為正職
- 投資——讓錢在市場裡成長

7. 選擇副業的要點：

- 你是為自己工作
- 報酬值得你付出的時間
- 符合你的喜好
- 你能學到新技能（技能是未來的資產）

・有發展潛力（可以拓展為更大的事業）

・成為被動收入的潛力（可以雇人做事或建立經常性的收入來源）

8. 投資是終極的被動收入，這也是有錢人變富有且持續累積財富的主要策略。雖然你可以投資任何標的，但我發現股票、債券與不動產是最好管理也最可靠的投資。盡早開始投資，且越多越好。提高儲蓄率的有效策略之一，就是每三十到九十天增加一個百分比。假如還有能力，你應該繼續增加。

第六章

十一個結帳前要做的思考

一杯咖啡多少錢？假如你走進咖啡店，看到中杯十二盎司標價三美元，所以你的答案也許是三美元。這麼簡單，我幹嘛還要問這個問題？

因為這杯咖啡會花掉你更多錢，而且多到超乎你的想像。

今天要花錢太容易了，很少人會停下來思考每一次交易的真實花費。刷信用卡、點選手機或按個按鈕，就支付成功。不幸的是，花錢越容易，人就會花越多，而且大多數人都沒有察覺這樣做的後果。

存錢就是賺錢。你的每一次消費都是一種交換——花錢買了某個東西，等於少存下這些錢，或少了這些錢以致於無法買其他東西。假如你想快速達成財務自由，你不但要瞭解上述概念，還要用這個方式思考你的每一筆金錢交易。你用錢交換的到底是什麼？這個東西值得你花這些錢嗎？花錢在甲身上，會不會就少了錢花在乙身上？假如是，甲或乙哪個比較重要？換句話說，買這些東西的代價是什麼？

你花錢時，不只是把錢付出去而已，同時付出去的是時間，還有那些錢未來的潛在價值。而且你還增加了達成財務自由目標數字所需要的時間。你買的每個東西，都是用自由在交換。對你而言，什麼更有價值：未來提早幾個月的自由，還是一件新大衣？

假如你想做出更聰明的金錢決策，就必須謹慎花錢，思考你買的（或沒買的）每個東西，背後真實的價值，據以決定是否要買。

為了這麼做，你必須問自己十一個關鍵問題。把這些問題記在心裡（或放在皮夾、記在手機裡），可以協助你減少不必要、衝動的消費，也會讓你對自己的每筆開支更有自信。掌握了這十一個關鍵問題，你就會發現，其實萬物都太貴。最後，你就會自動減少花錢，增加存錢。十一個問題感覺很難記，但它們最後會變成你購物時自然的反應。我也做了一份簡單的提醒清單，你可以上網站 https://financialfreedombook.com/tools 下載、列印或儲存至手機。

你每小時賺多少？定期計算與追蹤的方法

開始學習這十一個問題之前，你必須先弄清楚自己的實際收入。尤其是你真實的每小時工資，你的每小時實際工資越高，你為自己的時間賺到的錢就越多。

為什麼要計算實際工資？因為你透過這個真實的數字，不只可以看出自己用多少時間換得多少錢，還可以利用這個資訊，衡量某個東西實際上會花你多少錢，是否值得購買。

你的薪資條上面或許記載你每小時的工資是二十美元，但這只計算你坐在辦公桌前或工作期間的時間，而沒有列入你「為了這份工作額外花掉的所有時間」，例如通勤、在上班前做準備、採買上班穿的衣服、因公外出、週末設法減壓以便應付週一的工作等等。這些時間你都領不到薪水——雖然這些是你的時間。

一份正職工作所消耗掉的時間和生命，遠比你想像的還多。若你把這些時間加進去「工作時間」，實際計算出你每小時的工資，你就會發現，你賺的錢遠遠小於薪水單上的數字。

你的每小時真實工資會隨著你正職的薪水增加、開始經營副業等因素而改變。所以，為了計算你的淨值，你就必須定期計算、追蹤工資。你瞭解自己的每小時真實工資時，就更容易評估新的工作與賺錢機會，以追求更好的薪資待遇。

先算出基礎工資

要算出精準的實際工資率很難，因為上班前的準備，通勤，採買上班穿的衣服，到外地出差等等經常在變動，所以只要據實評估即可。接著我們來計算基礎工資：假如你目前領的是時薪，那你已經知道自己的每小時基礎工資是多少了。假如你領的是月薪，就要看你實際工作的時數。你也可以用課稅前的年收入除以一整年的總工作時數（先計算出你每個星期平均工作幾個小時，再乘以你一年工作幾個星期，要扣掉休假與節日）。在月薪的情況下，你的工作時數越多，你的每小時真實工資就越低。假如你每星期工作五十個小時，一年工作五十個星期，你一年的工作時數就是兩千五百小時。這是很多的時間！

此時假如你一年賺五萬美元，每小時基礎工資就是二十美元（五萬美元除以兩千五百小時等於二十美元）。若你真的不知道自己一週工作幾小時，你可以記錄幾週的工作時數，然後找出一個平均。如果你的工時沒有連續，例如每天有一個小時可以在辦公桌前上網，則這個小時也要計入工作時數裡，因為你在上班，無法利用這段時間做其他事。

接著計算每小時真實工資

我們現在算出了基礎工資，現在來計算你的每小時真實工資。回想你每週花掉的所有時間，包含通勤到公司、因公出差（這是很多的時間！）、為上班治裝，參加公司活動、或任何「假如沒有這份工作，我不會去做的事情」，例如下班後跑去按摩紓壓等。一般人平均每天花約五十三分鐘通勤，等於一年之內花掉了兩百二十小時在通勤上，也等於每年多出二十七天半、一天八小時的工作天！而這些時間，都領不到錢！

假如你的工作常需要出差，那些時間的總和也很可觀——只要去開會或拜訪客戶幾天，一年加起來就等於數百個小時。你人在南部城市參加行銷會議，你就不能在其他地方做其他事，所以一個正常八到十小時的工作天，會變成一個加上路程超過十六小時的工作天。簡單三天的出差可能會花掉你四十八小時，而不是假如你不出差時的二十四小時。假如你經常出差，你可能會很驚訝，自己的實際工資率其實很低。我幫一位當企業顧問的朋友算過，他年收入二十五萬美元，一年時間幾乎都在出差。因為投入的時間與路程，他的每小時真實工資大約是三十五美元！這個數字之低，讓他嚇了一大跳，所以幾個月後他也轉職了。

利用下方的表6-1，寫下你一週花多少時間工作，多少時間從事與工作相關的事。再用這些資訊，計算你稅前

表 6-1

	每週平均時數	年度時數（每年工作週數乘以每週工時）
工作		
工作前的準備		
通勤		
出差		
購物		
休閒放鬆		
其他		
總計		

薪資	
有效小時工資（稅前）：薪資／每年工作總時數	

年度稅率（中央 + 地方）	
有效小時工資（稅後）：薪資／每年工作總時數	

與稅後的每小時真實工資，將你的年收入除以因為工作花費的總時數。另外，你可以上網站 https://www.taxfoundation.org 快速找到自己適用的換算率。我也設計了一個線上機算機，你可以在網站 https://financialfreedombook.com/tools 計算自己的實際工資率。

下方的表 6-2，是以前我在一家數位行銷公司上班、一年收入五萬美元、一週工作十五小時的資料。天哪，我本來以為我每小時的工資是二十美元，但根據表上的數字，我的每小時真實工資很低。

假如你的每小時真實工資

表 6-2

	每週平均時數	年度時數（每年工作週數乘以每週工時）
工作	50	2,500
工作前的準備	5	250
通勤	7.5	375
出差	3	150
購物	0.25	13
休閒放鬆	8	400
其他		
總計	73.75	3,688

薪資	$50,000
有效小時工資（稅前）：薪資／每年工作總時數	$13.56

年度稅率（中央 + 地方）	25%
有效小時工資（稅後）：薪資／每年工作總時數	$10.17

比想像的低也別擔心。稍後我們會探索如何最大化你的每小時真實工資。現在我只要你先建立概念，目的是讓你在花錢時，可以評估一項物品的真實價值。

現在你已經知道自己的每小時真實工資。接著可以開始問自己以下十一個問題，幫你評估花錢的真實代價。每一個問題都能幫助你回答花錢時最核心的問題：這個東西值得嗎？答案可能會讓你很驚訝。

問題一：買這個東西，可以讓我多快樂？

大多數人想買東西時，會先看價格，然後自問是否可以買。價格越低，決定越快。「這杯咖啡三美元。我想花三美元買這杯咖啡嗎？」美國人每天購買四億杯咖啡——咖啡相對便宜，容易取得，入手之前不用想。

但下次你想買東西時，先問自己一個更個人的問題：「花這個錢，能為我的生活帶來多少價值？它現在會讓我多快樂？到了明天和下個月，我會多快樂？」

越練習，這個問題就越容易回答，你會發現很多以為能帶來快樂的東西，其實不能帶給你快樂。或曾經帶給你快樂的東西，無法再讓你感到快樂了。這是一種掌握金錢的概念，因為這會強迫你深思後再做決定。只有你知道什麼東西能真正讓你快樂，真正值得你花錢。

你必須思考自己短期與長期的快樂，因為下個月你可能就會後悔買下今天能帶給你快樂的某樣東西。買咖啡時回答這個問題很容易。假如你喜歡喝好咖啡，早晨先喝一杯優質咖啡能為你開啟美好的一天，你可能就會覺得花二十五元買一袋咖啡豆，或在附近咖啡店花三美元買一小杯咖啡很值得。

很多理財書籍與專家都建議，省下每天喝咖啡的錢（或任何你習慣消費、能讓你開心的小物）。概念是說，小額的消費會積少成多（一天一杯三美元的咖啡等於一年一千零九十五美元），這些錢應拿去儲蓄或為未來投資，做更好的運用。可是，這些小事會帶給你快樂，為你的生活注入幸福，因此也比表面上看起來有價值的多。你最好的朋友也許不願意每週花二十五美元做指甲，但假如這件事讓你感到快樂與自信，不論如何你都應該去做。不要為了省小錢放棄自己喜歡的東西。相信我，宏觀而言，那些生活中微小的快樂時刻，很可能會比你多存下的錢更有價值。

另一方面，假如你在機場很無聊，有點口渴，你可以用這個問題決定要不要買一杯有機冷壓蔬果汁。說不定你會決定，免費的飲水機也能達到相同的目的。還有，那杯蔬果汁一瓶售價十四美元，應該足以讓你打消購買的念頭。

價格比較高的東西，例如一套質感很好的西裝、一輛車或一間房子，就很難回答「這會讓我快樂嗎？」人通常花最多錢在房子、名車或豪華旅行上，因為他們認為自己應該這麼做，而不是因為他們真的想要，或這些東西能真正讓他們快樂。

假如你喜歡開車也熱愛好車，買一部高性能的車可能是值得的。你也可能決定，為了求取最大的快樂，可以花少一點錢買車，省下來的錢用於年度的歐洲旅行。到頭來者兩者的價錢可能近似，但何者能帶給你最大的快樂？假如你不確定，再考慮一晚，或跟自己訂下規定，不購買任何你還不能確定價值的東西。只買你想要的、能給你快樂的東西，拒絕任何你覺得「還好」、「可能」或「我不知道」的選擇。

所以，下次你經過咖啡店、髮廊、酒吧或上網搜尋物件時，問自己「這能讓我多快樂？值得花這些錢嗎？」先等幾天、幾個星期或甚至幾個月，再問自己同樣的問題，看自己是否還想要買這個東西。有個很不錯的策略，是在花錢之前永遠等待一段時間，例如先等三十天（或線上購物車不要立即結帳）。

問題二：我要賺多少錢才能買這個東西？

我們來談談數字。買東西時，支付的是稅後的收入，這代表你必須賺到「高於這個東西的訂價」的錢，才買得起。例如你的所得稅級距是百分之三十，代表你一週工作五天裡面，有一點五天的收入要拿來繳稅！這也代表你賺的每一美元，其實只有零點七美元的購買力。

根據你適用的稅率級距，以及你的退休年金、地方稅等等因素，那一杯三美元的咖啡，其實要花掉你更多錢。不論買什麼東西，你付出的代價可能是超出售價百分之二十到四十的錢。你可以用以下公式，來計算欲購買物品的稅前價格。

你想買的東西的售價 ÷（1 － 你的所得稅率）＝此物品的稅前價格

再次用咖啡舉例，假設你的所得稅率是百分之二十五。因此：

3 美元 ÷（1 － 0.25）＝ 4 美元。

換句話說，要支付一杯三美元的咖啡，你要賺四美元。多出這一美元看似小錢，但金額更大的消費就差很多了。舉例來說，假如你的所得稅率是百分之二十五，你想買一部四萬美元的車，你就必須賺到大約五萬三千三百三十三美元的稅前收入才能支付，多了一萬三千三百三十三美元。簡單地說，你繳了多少稅，你就必須多賺多少錢，才能去買一樣東西。所以假如你支付百分之十五的所得稅，你買的任何東西，真實價格都會比售價貴百分之十五。想算更仔細的話，你會發現價格更高，因為還要交退休金、社會安全年金、健康保險費等等。你應該在你現行的所得稅率，再加上百分之七點五到十五，這樣才對。

這就是為什麼節稅很重要的原因，因為這可以最大化你所賺的每一塊錢的價值。光是扣抵掉百分之五的稅，就等於每週省下你兩小時的時間，或一年一百小時以上！從時間的角度思考金錢很有幫助，這也就延伸到下一個問題。

問題三：我要用生命中的幾個小時去交換這個東西？

我們已經討論過，金錢無限，但時間有限。只要你花時間工作領薪水，就是在用生命裡的時間換取金錢。

美國人的平均壽命大約是七十九歲，代表美國人平均能活六十九萬兩千零四十小時。因為你人生有三分之一的時間是睡眠，所以清醒的時間大約是四十六萬一千三百六十小時。假如你現在二十歲，預計活到七十九歲，你還有大約三十四萬四千五百六十小時清醒的時間。假如你三十歲，且活到七十九歲，你還有大約二十八萬六千一百六十小時醒著的時間。假如你五十歲，你還有大約十六萬九千三百六十小時醒著的時間。

下次你去買東西時，先問自己，「我要用生命中多少時間交換這個東西？我要工作幾小時才能支付這杯三美元的咖啡？」

本章稍早你已經計算出你的稅後每小時真實工資，我們現在就來計算，買一杯三美元的咖啡，需要你用生命中多少時間去換取。

商品標價 ÷ 稅後每小時真實工資 ＝ 你交換的時數

為了方便舉例，我們用本章稍早我計算出的，我的稅後每小時真實工資，十點七九美元來計算。

3美元÷10.79美元／時＝0.278小時

好的，零點二七八小時，等於十六點六八分鐘，所以我必須工作約十六分鐘又四十秒才能買這杯咖啡。還不錯。大多數有咖啡癮的人，應該都願意工作十六分鐘換取一杯好咖啡。但假如是更高的消費呢？假如我想買一部四萬美元的新車呢？

4萬美元÷10.79美元／時＝3,707小時

這是很驚人的數字！等於七十四週、每週五十五小時——光買一部新車就要工作約一年半的時間！除非你買的東西能升值，例如不動產，否則假如你選擇買下這輛車，你就要存更多錢或工作更久才能達成財務自由。從另一個角度思考，假如你不買這輛四萬美元的車，你也許能提早五年退休（依每個人的財務自由數字不同）！這輛新車值得你生命中五年的時間嗎？假如下一題你的答案是肯定的，那麼這輛車或許是值得的，它能讓你快樂。

問題四：我買的起嗎？

這個問題看似簡單，但有太多人入不敷出，買的東西其實無法負擔，所以永遠都要問自己這個重要的問題，尤其是你在決定大額的花費時。

你能支付一杯三美元的咖啡嗎？可以。但如果是一間三十萬美元的房子呢？這取決於你的財務情況與淨值（前面解釋過了）。這也取決於你已經累積了多少存款。

以美國為例，只要觀察個人淨值中間數與家戶平均年支出，就可以輕易發現在多數情況下，「我支付得起嗎？」這個問題的回答，應該都是否定的。二〇一六年，美國家庭平均稅前年收入是七萬四千六百六十四美元，而他們的年支出是五萬七千三百一十一美元。假如我們扣掉大約百分之二十的稅，算出稅後淨收入，這個家庭的收入大約只剩下五萬九千七百三十一美元，代表他們賺的錢不夠花。就因為錢不夠，導致美國家庭平均背負一萬五千六百五十四美元的信用卡貸款，兩萬七千六百六十九美元的汽車貸款，與四萬六千五百九十七美元的學生貸款。

一般而言，任何一筆單一消費（例如一趟假期或一輛車），都不可以超過你個人總淨值的百分之二到三。假如你才剛開始存錢，資產淨值為負數，那你必須付出代價，以求補足財務缺口，例如不要買車，或買便宜可靠的二手車。當然，假如你的工作需要你有車，你可以花多一點，但我還是鼓勵你在淨值轉成正數前，花費盡量越少越好。盡量用現金買車，避免支付貸款利息。這可能代表你要暫時延後出國。請記住，你今天的選擇，會讓你明天擁有更多的時間與自由。

買房子是例外，因為通常不動產會升值，算是可靠的投資，而汽車只會貶值。向銀行貸款買房子很合理，需要多少就貸多少，有的銀行願意借給你高於貸款數額的錢，因為他們想要你付更多利息，他們才能獲利。除非你想炒房，想運用銀行的貸款與房客的租金支付房貸，否則你只應該借貸自己需要的最低數字。第十一章我會詳細解釋如何評估與購買不動產。現在你只要知道一個法則：每年房貸或租金，不應超過稅後年收入的百分之三十。有些理財顧問會說你可以用百分之四十的收入支付房貸，但我認為太高了。買房子是大多數人一生最大的支出，所以你應該將貸款降至最低，才有更多錢能投資。

問題五：不看金額，改用百分比來看價格差異

一杯三美元與一杯四美元的咖啡，中間相差的一美元看似不多，但卻是百分之二十五的差異。透過用百分比看價格差異，你能更簡單地評估兩種價格之間的真實差距。

下次你逛街比價時，請用百分比，而不是金額數字。舉例來說，A品牌的咖啡豆一袋九美元，知名品牌一袋是十二美元。相差三美元不算很大，但相當於百分之三十三的價差，這個差異就很巨大。事實上，此時購買A品牌的豆子，就等於獲得百分之三十三的回饋。

真驚人，這麼高的回饋要去哪裡找啊！

改用百分比來看價格差距，做價值判斷會更簡單。要我多花百分之三十三的錢去買某項商品，則它的品質必須「好很多很多」。但假如我判斷它值得購買，至少我知道自己有依據手邊資訊，做出對的選擇。多花百分之三十三的錢，買一杯基本上相同的咖啡也許不值得（知名品牌與別牌的品質差異通常很小），但多花百分之三十三，或甚至百分之五十或百分之七十五，買明顯好喝很多的咖啡也許就值得。

最簡單的賺錢方法就是不花錢，存錢也適用這個策略。舉例來說，在餐廳吃一道料理，比起在家自己做，會多花你多少錢？芝加哥有一間我很喜歡的牛排店，氣氛很好，開胃菜與飲料也很棒，但我算過那份六十美元的帶骨肋眼牛排，比起我到市場花十五美元買相同肉品自己烹調，花費幾乎多出百分之四百。這是很大的溢價，且自從我開始這樣算，以後我就更常在家自己做牛排了。如果是特別的日子外出用餐，也許是值得的，因為在家裡不能複製餐廳用餐的體驗，但假如我只是想吃一份好牛排，百分之四百的毛利真的太貴。

問題六：有更便宜的嗎？能免費交換嗎？

買任何東西前，都要考慮這個問題。能免費換取當然最好，而且假如你有耐心，會找到很多免費的東西。我是「免費回收網」（Freecycle）的忠實粉絲，該網站提供許多免費物資，使用人數也有數百萬，上面有很多寶物可以挖。不久前，我找到價值三百美元的全新果汁機，一台五百美元的健身車，以及一張很舒適的辦公椅。而且，別害怕跟別人交換東西。假如你有用不到的物資，就去尋找願意交易的人。

假如你找不到免費的物資，你也許能買二手貨，價格會比全新品便宜很多。無論是汽車、衣服、電腦、書籍還是家具，很多東西都會貶值，所以買二手能省下可觀金錢。當然也可以買新品——你可以決定如何使用自己的時間與金錢。我只是鼓勵你思考：是否能用更少的錢，買到品質相同的二手貨。我個人認為，很少有「物有所值」的新品。我現在穿著一雙原價一百美元的近全新皮鞋，我在 eBay 網站上用十九美元買到，省下將近百分之八十的錢，而我只不過點選幾個按鍵而已。

當然，食物不能這樣買，但你還是能找到更實惠的選項。不必為了省下幾塊錢花費大量的時間，但花一點時間找出住家附近最便宜的雜貨店或農夫市集，長期而言會很有益處。

另一個選項是以物易物或等價交換。你可以將車子借給朋友，交換他們每週請你吃飯一次。大學時這很常見，但我們踏入社會後就忘了以物易物或等價交換是可能的，而且會便宜很多。我一直不斷用自己網頁設計的專長，去交換到各種東西，從免費的家具到遛狗，到剪髮、不動產買賣建議與好幾頓免費的飯，全都透過等價交換而來。我也遇過很多人換到免費住宿，省下房租的支出（雖然我自己沒做過），這部分我們稍後會討論。

問題七：為求方便，我花了多少錢？

每天自己在家泡咖啡會花你多少錢呢？

當我們購買「包含服務的物品」時，都付出了超高金額來換取便利。例如咖啡、外送食物，這些東西的利潤高得驚人。

假設你最喜歡的咖啡豆，一袋一磅包裝十二美元，約等於一盎司零點七十五美元。泡一杯十二盎司的咖啡，大概需要使用重量零點七五盎司的咖啡豆，所以在家泡一杯咖啡大約是零點五十六美元（每盎司零點七五美元乘以零點七五盎司），比起你在外面買一杯是三美元，因為方便你多付了四點三五倍！

用上述原則，可以輕鬆算出自己做飯要花多少錢，但別忘了算進去因為做飯而付出的時間，包含買菜、洗菜、洗碗。你也必須考量「這道菜我做得出來嗎」。這點很難量化，但至少能幫你認清「便利」的價值。花十五美元請別人做一份簡單烤起士三明治或凱薩沙拉也許不值得，但花五十美元請別人做一份五星級料理可能就很值得，換成在家自己可能要準備數小時。不過假如你喜歡做菜，即使最後要用很多時間來交換，或許仍然值得。而且自己煮可能又更健康！

在家事上，假如你的每小時真實工資是四十美元，那麼你用一小時二十美元，請人幫忙除草，或四小時一百二十美元請清潔公司打掃房子，都算合理。但假如打掃房子四小時索價兩百美元，則你自己打掃就比較便宜。當然，你可能認為值得多花這些錢，以換取四小時去做其他自己喜歡的事。重點就是留意自己做的取捨，認清你花了多少錢支付便利性。

我建議你開始計算經常性消費當中的便利成本。我以前每天花三美元買一杯品質好的咖啡，直到我發現自己在家泡咖啡，能用極低的錢帶來相同的效益。可是我在旅行時，偶爾還是會買一杯六美元的「全世界最好喝的咖啡」，因為我知道這能讓我快樂。我也喜歡從外面餐廳訂壽司，因為我不會做壽司。

問題八：這個東西往後會花我多少錢？

不管金額有多小，經常性消費長期下來也會積少成多，所以計算這些消費的影響很有幫助，你可以分為每年、好幾年、一輩子來看。別忘了，你生活中的每個經常性消費都會拉高你的財務自由數字。

假如你一年每天買一杯咖啡，花費總共是多少呢？健身房會員的月費，一年總共是多少呢？每天一杯三美元的咖啡，等於一年一千零九十五美元，或十年一萬零九百五十美元。每天一杯咖啡，為期十年，這個花費還可以接受，這筆錢我願意付。一個月九百美元的健身房月費，一年九百美元，十年至少九千美元（因為會費未來很可能會增加）。假如你付了這個錢，卻只使用腳踏車或橢圓機，那還不如自己在家裡放一些訓練器材。你訂閱 HBO

頻道每個月花十四點九九美元，一年就是一百七十九點八八美元。

分析自己的支出後，我發現我每週吃墨西哥捲餅的習慣，一年花掉了超過八百二十美元，累積起來很可觀，但我把便利性納入考量後，我也確定自己採買與準備食物的費用會更高。買外面的咖啡也比自己在家煮咖啡，多花費八百九十一美元（一年一千零九十五美元對比一年兩百零四美元）。第一次做這個計算時，我的實際工資率大約是十美元，所以我決定不要用自己人生中的八十九個小時，換取喝外帶咖啡的習慣，但隨著我的收入與每小時真實工資慢慢增加，現在大概只要用到一年當中二十個小時就能交換我一整年的喝咖啡習慣，我也認為值得。

問題九：這個東西在使用前的價值是多少？

這個問題不適合用咖啡舉例，接下來我用別的方法解釋。假如你想買一個經常要使用的東西，你應該根據使用前的價值與你使用的頻率，去評估它的價值。舉例來說，你喜歡烤肉，想買個烤肉架，看上兩款，一個是五百美元，另一個是一千美元。

除了比較價格，你也可以考慮：一年會使用幾次？打算使用幾年？假如你每週烤兩次，一年就是一百零四次，而你打算把這個烤肉架用十年，那就是一年一百零四次使用十年，等於約一千零四十次。接著你可以把那兩款烤肉架的標價，除以這個數字，得出使用一次或一年的金額。所以五百美元除以一千零四十次，等於每次零點四八美元，或五百美元除以十年，等於每年五十美元。假如你用一千美元的烤肉爐計算，那就是一千美元除以一千零四十次，等於每次零點九六美元，或一千美元除以十年，等於每年一百美元。

一千美元的烤肉架，比五百美元貴很多，但仔細看使用一千零四十次後的差異：你每次只要多花零點四八美元，或每年多花五十美元，就能使用品質極佳的烤肉架。每年多花五十美元（或每週多花一美元）使用較好的烤肉架是否值得，決定權還是在你。假如較好的烤肉架操作更方便、烹調速度更快，或能一次供應更多人份的食物，選擇就簡單了。

這個問題尤其適合用來評估大額的消費，比如車子、船或你可能只會在特殊場合穿幾次的服裝（例如，晚宴禮服或參加化裝舞會的洋裝）。

問題十：這些錢在未來值多少錢？

以上這些問題改變了我的人生。但有一個問題你也應該考慮。這是我最愛的一題計算。假如你當初沒有消費，則每一塊原本你想花掉的錢，都能轉用於投資。所以你應該永遠這樣想（尤其是考慮大額消費時）：假如這些錢拿來投資，在未來會有多少價值。

我們再用咖啡為例，計算今天我花在某個東西上的錢，在未來五年、十年或三十年後，會有多少價值。一個簡單的算法，且適用於任何消費，可參見 https://financialfreedombook.

com/tools上的未來價值計算器。

以百分之七的年成長率計算，我們今天花在一杯咖啡上的三美元，在五年後價值四點二一美元，十年後五點九美元，三十年後二十二點八四美元。這些數字或許聽來普通，但我們再以「年」為單位，看看相同期間的咖啡錢。你每年支出一千零九十五美元喝咖啡，這筆錢在五年後價值八千一百二十三點二六美元，十年後一萬八千零八十六點七美元，三十年後十二萬零八百五十九點三美元！什麼？那些不喝咖啡的人能存下這麼多錢！

你今天買任何東西，會同時犧牲「存錢」與「讓錢變大」這兩個機會。所以每次消費，你都會拉長達成財務自由目標數字需要的時間。而且因為通貨膨脹，錢會貶值，你等越久，要存的錢就越多。這就是花錢對比投資的負淨效應。而你投資的的每一塊錢，都能幫你更接近自己的財務自由數字，減少達成數字需要的時間；你花掉的每一塊錢，也代表你必須工作更久，花更多時間才能財務自由。**買東西時你會有損失，不只是損失付出去的錢，更是錯過了讓錢變大的機會**。

假如你不買新車省下四萬美元，你就能拿這四萬美元來投資。這個影響不只是你的淨值不會減少四萬美元，還會在接下來十年、二十年或三十年，多增加四萬美元，以每年百分之七的速度成長。你因為不買新車，而多投資的四萬美元，每十年會成長一倍，十年後你會有八萬美元，二十年後十六萬美元，三十年後三十二萬美元。所以每次你選擇不花錢而拿去投資時，你也會將錢本身的影響力放到最大。

常常問自己：「這些錢在今天對我比較有價值，還是未來對我更有價值？」你會發現你更想投資，而不是花錢。這也帶出接下來最重要的一個問題。

問題十一：這些錢能買到我未來多少時間（自由）？

在達成財務自由的過程中，我算出我每存下二十五美元，就能買到未來一天的自由（大約一美元等於未來一小時的自由）。所以如果某一天我存下了一百美元，我就知道已經為自己買到未來四天的自由。這讓我在消費時更容易做決定，因為我能用未來的時間去量化，而這些時間意味著自由。

因為複利的關係，你越年輕，對於買下自己一天、一週或一年的自由，需要的錢就越少。因為這個算式不容易手動計算，所以我做了一個簡單的線上工具，你可以根據自己目前的投資數額、預期的投資成長率，以及預期的平均通貨膨脹率，算出買下自己一天或一年的自由需要多少錢。你也可以算出自己投資的金額，能買到未來幾天的自由。

你可以上網站 https://financialfreedombook.com/tools，查詢財務自由計算機。

結語

上述內容看似不容易消化，但你只要多練習，回答這些問題就越來越簡單，而且你漸漸會有能力做出更好的財務決定。相信我。這會對你心理產生很強大的作用！記得一切歸根於取捨——假如那杯三美元的咖啡能讓你快樂，你也清楚自己必須工作十六分鐘去換取，但你認為這個交易仍然值得，那就去喝咖啡吧。但你用這些問題檢視每年的經常性支出或大額消費時，你就得思考自己所花掉的每一塊錢的價值是多少。再說一次，這就是為什麼最好的存錢方法，就是不花錢。一樣東西是否值得，你可以決定，而這些決定累積之後，就是你未來的自由。

你可以上網站 https://financialfreedombook.com/tools，將列有這些步驟的小卡下載至手機，或印出來放在皮夾裡。

重點複習

1. 計算你的每小時真實工資：也就是加上準備出門、通勤、到外地出差、下班後舒壓，或任何「因為這份工作，而產生的時間或事務」等等之後，你每個小時實際賺得的工資。

2.買任何東西前，先問自己以下十一個問題：

- 花這個錢我會多快樂？
- 我要賺多少錢才能買這個東西？
- 我要用生命中的幾個小時去交換這個東西？
- 我買得起嗎？
- 不看金額，用百分比來看價格差異？
- 有更便宜的嗎？有免費交換的嗎？
- 為了方便，我花了多少錢？
- 這個東西往後會花我多少錢？
- 這個東西在使用前的價值是多少？
- 這些錢在未來值多少錢？
- 這些錢能買到我未來多少時間（自由）？

第七章

唯一需要做的預算

我討厭做預算。真心討厭。我認為大多數人都不太會理財，最大的原因就出在預算——大家都討厭做預算。個人理財書籍與金融知識課程都強調做預算，但維持預算好累，要一直計較小錢，而且整體來看這些小錢對你的財富沒什麼影響。

還有一個原因讓我討厭預算：預算會增強「不足」的心態。做預算的本質就是要追蹤自己花出去的每一塊錢，仔細到假如你不小心花超過，或買了自己絕對不需要的東西時，你會產生罪惡感。

做預算就像減肥：越有罪惡感，越無法堅持。你會覺得：喔完了，搞砸了，放棄吧。最後你會感覺被剝奪：為了堅守預算，犧牲了能帶來快樂的小確幸。預算變成一種焦慮與壓力的來源，而不是一種鼓勵自己聰明花錢的有力工具。所以我最討厭做預算了。

有些人當然適合做預算，況且小額消費也會積少成多。不過縮減小額的支出，無法幫你存下大錢。你存下大錢，靠的是控制大額的支出——也就是居住、交通與食物，而且這些不必預算也能辦到。事實上，只要優化你的居住、交通與食物支出，你的儲蓄率就能增加百分之二十五以上，大大減少你達成財務自由目標數字所需的時間。

還記得第二章提到的崔佛斯嗎？那個誇口每年存下百分之五作為退休金的人。他願意來回開車八十分鐘，去買一箱便宜二十美元的紅酒，而且還很自豪。可是他和他太太最近都買了新車，每輛至少四萬美元。根據網路上的汽車買賣平台，假如他們買車齡兩年、里程數在三萬哩以內的同款汽車，兩人能省下至少兩萬美元。假如他們買車齡五年、里程數在六萬哩內的款式，總共能省下四萬美元。等於其中一輛車是免費！為了省下四萬美元，崔佛斯必須買很多箱便宜紅酒吧。

假如崔佛斯夫婦把這四萬美元拿去投資，二十年後價值十六萬一千五百四十九美元。假如他省下那十五萬美元的新家裝潢費用，改而拿去投資，二十年後他就會有六十萬五千八百一十元。這是一個很可觀的數字。

我不是在挑剔他。他家裝潢得很漂亮，說不定他們夫婦住在裡面很幸福。我想表達的是：我們往往花太多時間與精神去煩惱如何省小錢，不過只要在重要的大額消費上多加思考，就能輕鬆省下非常多錢。假如你知道如何省大錢，就不用太煩惱小錢，因為你省下的已經夠多了。而且假如你投資這些大錢，讓錢隨時間成長，你會累積到更多的財富。這是你唯一需要做的預算，而且這能幫你有效縮減支出，增加儲蓄，你也能因此提早財務自由。

抓出花費最大的三個項目

二〇一六年平均每個美國家庭每年支出五萬七千三百一十一美元，包含食物七千兩百零三美元，交通九千零四十九美元，居住一萬八千八百八十六美元。光這三項加總起來就有三萬五千一百三十八美元，或大約占總支出的百分之六十一點三，這是很高的比例。再扣掉每個人都必須支付的社會安全年金（二〇一六年平均是六千五百零九美元）之後，這三項會占每個家庭可支配收入的百分之七十。以下表格可以看出各類支出的家戶年平均。

看著這個表你會發現，只要減少居住、交通與食物這三大項目的開

表 7-1

	2016		
年平均開支	家戶平均年開支	占開支百分比	儲蓄機率
居住	$18,886	32.95%	高
交通	$9,049	15.79%	高
餐飲	$7,203	12.57%	高
保險與年金	$6,831	11.92%	低
健康照護	$4,612	8.05%	低
其他	$3,933	6.86%	中等
娛樂	$2,913	5.08%	中等
現金贈與	$2,081	3.63%	中等
服飾與服務	$1,803	3.15%	中等
總計	$57,311	100%	

支，就能讓你存更多錢。若想要節省個人保險、退休金（包含社會安全稅）與健康保險的支出，就不太實際，因為這些支出相對固定。剩下的就是比較小額的支出，像娛樂、治裝與其他可以輕鬆控管的支出，但這些費用只占總支出的一小部分，不太可能對你整體的儲蓄產生太大的影響。況且你花在娛樂上的小部分支出，可能會替你帶來最大快樂。

想想看，食、住、行這三大項目能省下的錢，在未來會有多少價值？每個月的房租減少四百美元聽起來可能不多，但四百美元一年後就是四千八百美元。假如這間公寓你住三年，你就會省下一萬四千四百美元。假如你將這三年期間，每個月存下的四百美元拿去投資，三年後就是價值一萬六千五百五十八美元。在百分之七的複利下，二十年後就是價值六萬六千八百七十三美元，即使你沒有再投入任何一塊錢。

假如每個家戶能從每年花在居住、交通與食物上的三萬五千一百三十八美元當中，縮減一半的開支，他們每年能多省下一萬七千五百美元。假如在未來二十年，他們每年都將那一萬七千五百美元拿去投資（大約每個月一千四百五十八美元），二十年後他們就會有八十三萬五千一百四十三美元。這對你達成自己的財務自由數字，又前進了一大步。

食、住、行這三大項目要如何節省呢？假如你搬到較小的公寓，走路去上班，在家自己煮飯，你就有可能將儲蓄率增加到百分之五十，甚至更高，而且也能提早好幾十年達成財務自由。下面是一些省錢建議，若你發揮創意，甚至能找出零開支的生活方法。對，你沒看錯：零開支。

居住

美國家戶平均把三分之一的錢，花在居住上。一般認為，居住的預算可以達到稅前收入的百分之三十到四十。我不知道這個建議是哪來的，但每個人都這麼說。以前我在找房子時也聽過這種說法。可是，「大部分的人都這樣花錢」不等於你也應該這樣花錢。其實，利用一點智慧，你居住的開銷就會少很多。

二〇一一年，我搬到一個租金每個月七百美元的小公寓（原先的大公寓月租一千五百美元），總共省下兩萬五千美元。當然，新家比較靠近馬路，空間也只有原本的一半，且是完全不同的生活圈，但還是有兩個房間，足以滿足我的需求。我因為那次搬家省下來的錢，經過投資成長，現在已經價值超過十萬美元，而且這些錢未來還會持續成長。三十年後，假如持續每年成長百分之七，我換公寓省下的房租費，價值會是七十六萬一千兩百二十五美元！

但與艾妮塔相比，我差遠了。她想在五年內退休，與室友同住，她每月只需要七百五十美元的房租，而她的年收入有十七萬五千美元（她是律師）。假如依照傳統的「收入的百分之四十花在房租上」，艾妮塔能租到每個月六千六百美元的房子，但她將五千八百五十美元的差額拿去投資，成功在三十三歲時退休。

節省房租的方法有很多，有些很明顯：搬到較小的公寓、較不精華的地段、較舊的社區、找一位室友（室友的價值就是幫你省房租）。你也可以當二房東，用較高的錢租出去。你還可以搬去與家人或父母同住，他們可能會給你很優惠的價格。當然，沒有人想永遠住在父母家（我是不想），但假如你能藉此存錢，將差額拿去投資，可能還是很值得。你發揮越多創意，就越可能省下越多房租。

三個方法找到免費住宿

我們都以為房租無可避免，其實你有很多免費住宿的方法，方法非常簡單，而且你也不需睡在朋友家後院的帳篷裡。

三個讓你不用付房租最簡單的方法，就是幫人看家、駭客屋（house-hacking）、打工換宿。我們來看看要如何運用。

幫人看家

幫人看家非常簡單，且不需任何費用。任何時候都有無數的人因為自己在外旅行，需要找人看家與照顧寵物。以前你只能等待認識的人——鄰居、同事或家人的朋友——剛好在找人幫忙看家，但今天很多網站上都有幫人看家的機會。只要你夠積極，隨時隨地都能幫人看家，甚至連你自己出去旅行期間也可以，甚至可以在你住的城市全職幫人看家。當然，你可能需要一直換地方住，但是，這是免費住宿呀！很多時候，你幫人看家甚至可以領到酬勞，這當然更好。

看家網站包括 TrustedHousesitters USA，House Sitters America，HouseCarers，Nomador 與 MindMyHouse。這些網站使用簡單，有的會收小額會員費，不過對於搜尋免費住宿的機會來說，還是很值得。你只要註冊個人資料，通過背景審查，就能開始尋找機會。你有了幾次經驗，且累積出良好的評價後，就有更多機會了，還有機會住進一些自己可能永遠買不起的豪宅。雖然你旅行時通常比較容易找到看家機會，但假如你打算待在同一個地方，你也可以找到一年至兩年的長期看家機會。沒錯，假如你單身，用這種方式幫人看家相對不複雜，因為你不用煩惱另一個人的住宿問題；假如你有家庭，或許也可以帶家人一起去。

還可利用像 Workaway 與 Help Exchange 等網站，在世界各地找到免費換宿的機會，有些雇主甚至食宿都有提供。舉例來說，你可能會到有機農場或船上打工，免費住在國外也會提供你很多其他很棒的經驗。你可能需要花點時間尋找最好的方案，但假如你能自由行動，機會一定很多。

駭客屋

比起幫人看家，駭客屋需要多一點心思與支出。但如果你做的對，就可以省下很多錢，甚至獲利。基本概念就是買一間房，將你用不到的房間租給別人。一來你可以用租金收入支付貸款，所以你等於是免費住宿，甚至還能獲利。二來因為不動產通常會升值，這項投資本身就會增加你的淨值，幫助你更快達成財務自由。

你收取的租金，必須足夠支付房貸。假如你不喜歡全天候與室友住一起，也可以在Airbnb這類網站上出租空餘的房間。假如你每月的房貸是一千美元，你可以用一晚一百美元出租一個房間，只要出租十晚，就能支付貸款，該月剩下來的二十天你則是一個人住，而且還免費。

你還可以買下好幾間公寓，或甚至整棟大樓，這其實比聽起來簡單。亞當三十四歲時在芝加哥買了一棟共有八間公寓的大樓，他透過出租完全支付貸款，更讓自己每個月多賺進兩千五百美元的收入。在第十一章中，我還會深入討論駭客屋與投資不動產的細節。

打工換宿

打工換宿就像字面上的意思一樣簡單。你擔任保母或夏季場地管理員或寵物照顧者，換取免費住宿。我認識一個人，他透過管理房子與幫屋主出門辦事，交換免費寄宿在一位老太太家裡公寓的地下室。

以上三種方法，都可讓你找到免費的住宿，而且你不用一輩子都這麼做。有個不錯的策略是，花一年幫人看家，存下夠多錢支付買房子的頭期款，然後再將房子出租，用這些租金支付房貸。從幫人看家到駭客購屋的過程裡，你可以省下很多錢，又取得會升值的資產，最終還能有穩定的租金收入。假如你很自由，你更可以一路飛到世界各地幫人看家，直到永遠。

交通

「行」的費用大約占家戶預算的百分之十九。交通支出分為三種型式：上班通勤、辦理日常瑣事或履行義務的通勤，以及休假旅遊。先前提過美國人平均一天通勤五十三分鐘，通常是開車。除了那些必須開車上班的人之外，其實我們有很大部分的通勤支出，都是因為擁有汽車的緣故。比起學生貸款，美國人花了更多錢在汽車貸款上，單是二〇一七年第一季的汽車貸款，就超過九百六十億美元。

假如你必須買車，最簡單的省錢方法永遠都是買便宜的二手車。如果可能，請用現金支付，避免貸款的利息。新車平均每個月的貸款是五百一十七美元，而且平均貸款的期間是六年以上。想像一下：用現金買一輛低於兩千美元的二手車，再把每個月省下來的五百一十七美元車貸拿去投資，這樣會有多大的影響。六年後你會存下四萬六千三百六十五美元，再二十年後十八萬七千兩百五十六美元。買舊車而非新車的投資報酬率就是這麼高。

養車也要花錢。假如你一年的里程數大約是一萬五千公里，擁有汽車的平均花費就是每年八千四百六十九美元，包含保險費、油錢、稅金、保養費、停車費，以及其他因為汽車而產生的費用。

全盤考慮上述因素之後，節省交通花費最好的方法就是不要買車。我很喜歡機車，其價格只占汽車的一小部分，油錢也省，騎起來又好玩。最不花錢的交通方式就是步行，其次是騎腳踏車。二〇一二下半年，我搬到離辦公室更近的住處，每天走路上班。我估計在過去五年，因為不開車，我已經省下超過四萬美元。

假如你住在都會區，大眾運輸也是一個好選擇。火車，公車等一個月都花不到幾百塊美元，也不需要保險或保養的費用。而且你不用自己駕駛！你每天能用那五十三分鐘讀一本書，或打個瞌睡，聽廣播，或甚至在網上賣東西賺零用金，或經營副業。

也可結合相同路線的朋友或鄰居共乘，分攤後可能比大眾運輸還便宜。另一個選擇是叫車共乘服務，例如優步（Uber）等。在某些地方，車輛共享可能比擁有一台車還便宜。就連在洛杉磯這個全球最依賴汽車的城市，也有些人完全使用共乘服務代步，因為花費真的很少。

省錢旅遊的藝術

踏出去探索這個世界吧。用很少的錢旅遊，是再簡單也不過的事。雖然省錢旅遊需要準備，但只要花點心思，就能省下很多的旅費。你越常為旅行精打細算，你也會越熟練。過去七年我已經旅行過超過二十個國家，我通常搭乘商務艙，而且常是免費的。

接著我們就來看如何用更少的預算（或甚至免費），在國內與國外旅遊。要節省旅費，重點在於找出被疏忽的漏洞、善用好的時機點、策略性的搜尋、善用航空公司的回饋點數、信用卡的紅利以及其他優惠，來減少或折抵旅行的花費。

先聲明一點：省錢旅遊是一門藝術，也是一門科學，方法不斷演進，各種優惠或漏洞都經常改變。但這也是一種很好的學習，獲得最新情報最好的方法，就是關注網路上的省錢旅行論壇。以下是一些我最喜歡的省錢旅行訣竅。

1. **查詢航班必須避免被航空公司與旅遊網站追蹤**，下次你再次搜尋時，他們才不會顯示更高的價格。航空公司會訂定各種價格策略，並根據你的瀏覽紀錄做調整。你要做的就只是關閉瀏覽器的 cookie 功能，並使用無痕模式瀏覽網頁。

2. **出國挑淡季**。淡季出遊往往能省下超過百分之五十的機票錢、住宿費與其他費用。你可以用 Google 輕鬆查出每個景點的旅遊旺季。我通常會在一個景點旺季的前後一、兩個星期去玩，這樣還是能享受美好的天氣，但觀光客比較少，價格也比較實惠。盡量購買回程在星期三或去程在星期二的班機，這樣機票最便宜。

3. **單程機票通常比來回便宜**。假如找到適合的單程機票，就應該立刻下訂（關掉視窗時，任何交易都可能瞬間消失）。多花一點時間找最便宜的單程機票通常都很值得，你不用限制自己來回都搭同一家航空公司。我經常搭某家航空公司的飛機出國，回國則是另一家航空公司，或從不同的機場起降。

4. **家庭出遊請一次一張分開購買**，因為航空公司特定價格的機票，通常只會有一或兩張，假如你嘗試一次買四張票，你立刻會被往上推到更高的價格區間。雖然一次買一張票很費時，但可讓你省下很多錢，是值得的。記得記下你選好的座位，才可以將同行者的座位安排在一起。你也可以之後回網站，將機票連結在一起，確保上飛機時不會有人被擋下來。

5. **盡量從最大的機場起降**，因為機場越大，價格就越便宜。有時甚至值得先搭公車或火車或開車前往大都市，去搭乘價格比較好的班機。例如紐約市就是全世界搭飛機最便宜的城市之一。盡量發揮創意，尋找從不同城市、機場與航空公司起降的單程機票。

6. **利用網站追蹤票價**。AirfareWatchdog、Skyscanner 與 Hopper 等網站都有追蹤票價，讓在你理想行程的機票降價時立刻察覺。也可以利用 AwardWallet 這種免費服務，追蹤自己所有的里程數與信用卡的點數回饋。

7. **使用像 Expedia 與 Travelocity 等旅遊搜尋引擎**。假如你時間很有彈性，在收到郵件時能立刻出發，你會找到很多瘋狂的價格。你也可以註冊訂閱高級會員郵件，這能幫你獵取與找尋優惠。假如你很常出國旅行或想經常出國，這些高級會員郵報提供的機票優惠與省錢方案，都值得你一看。

若你想用最高階的方式省錢旅行，可以善用信用卡的回饋，讓免費機票的兌換機會增加。這麼做的前提，是必須能對刷卡消費負責，且能每月按時結清餘額。這個方法讓我換到很多張免費的機票。如何善用信用卡累積里程，做法如下：

1. 首先你要用一張卡當基礎。辦一張最優惠的航空里程卡或點數卡，然後集中用這張卡消費，這樣你每一筆消費都能累積里程或點數。這張卡將會是你最常用到的，而且會持有好幾年，所以要找一張回饋最高、能對特定類別加倍回饋點數的信用卡，例如旅行消費乘以三倍。假如你很常出國旅遊，你可以找旅行消費回饋最高的卡片。我的基礎卡需要年費，總共三百五十美元，但贈送三百美元的旅行額度，還可免費使用機場貴賓室，所以我最後獲得的優惠，價值會超過我繳出去的三百五十美元。透過使用這張卡消費，我每年累積至少四十萬點紅利或里程，且兌換五千美元以上免費的國內、外旅行。

2. 接著，開始尋找有新戶優惠的哩程卡，你可以申辦卡片領取首刷禮（一般是四萬到十萬哩程回饋或紅利點數），之後再註銷卡片。你可以花最少的錢獲得這個優惠，通常是拿到卡片的首三個月，刷卡金額約兩千到四千美元。我為了達到門檻，會將所有開支挪到這張新卡片上，直到我取得新戶優惠為止。大多數哩程卡都是首年免年費，所以你可以在拿到優惠後取消使用，且不用支付任何費用。請小心你的信用評分，因為開啟與關閉多個信用卡帳戶可能會暫時降低你的信用，要申請房屋或其他貸款前盡量別這麼做。有些銀行也會規定你最多能向他們申辦幾張信用卡。我每年只申辦三到五張新信用卡，包含個人卡與商務卡。大部分情況下，我這麼做可以額外累積三十萬到四十萬的哩程，約等於每年多出四千到五千美元的免費旅遊服務。

3. 一旦你拿到開卡優惠，大多數信用卡公司都會讓你將點數或哩程移轉到你喜歡的航空公司。有些航空公司提供的哩程轉換比較優惠——一比一通常是你能拿到的最好優惠，意思就是你可以用信用卡一點紅利兌換一哩。哩程轉移完成後，你就可以開始尋找特別優惠，用最少的哩程數買到理想中的機票。但是這些特價優惠的變動很快，而且隨時注意、緊盯論壇的最新情報也有點累人，但你省下的錢也會很可觀。雖然我還算不上是最會省錢的人，但我還是能定期找到一些飛往歐洲的頭等艙來回特惠，通常來回票是五千美元，大約要用十萬哩兌換。我鎖定旅遊目的地之後，會在出發前五個月開始找旅遊優惠。有時候今天可能沒有，但明天它就會出現。

這些做法乍聽之下很瘋狂，但做起來其實很簡單。你需要一點時間學習與實行，但省下的時間與金錢的價值無可衡量，同時又能探索這個世界。不管如何，請記得刷卡不能超過你每月能支付的財力範圍。假如你必須支付延遲繳費的利息，則這些額外的價值就沒有意義。

餐飲

想大幅降低餐飲的開支並不難，但你也要考量省下的錢是否值得你付出的時間。假如你的正職工作或副業可以賺很多錢，就不值得省一點小錢跑到太遠的地方。假如你的每小時真實工資是五十美元，你應該不會為了省下十美元，多花一個小時去購物（除非你真的很喜歡購物，或你有特殊的飲食要求）。收集折價券、在家煮飯或外出用餐也是同樣的道理。當然，價格不是全部，假如你就是喜歡烹飪，購物或收集折價券，做就對了！

省下食物錢的簡單方法包含與室友或鄰居合買或自己種菜（如果你家有這個條件）。雖然後者比較費時，但你也會獲得附加效益，像是花時間在戶外活動與吃得更健康，而且假如你種的菜超過自己的需求，還可以拿來販售或交易其他食物。我以前吃素時，曾經一整年在廚房裡自己種萵苣，一週省下至少三十美元。吃起來又很美味。

另一種節省食物花費的方式是買量販包裝。但記得還是要計算價格。我最近發現有些東西，就單價而言，全食超市（Whole Foods）賣的比好市多還便宜！記得尋找價格標示牌上比較小的數字，也就是商品每一單位的價格（通常是重量單位），然後一對一進行比價。買量販包裝也可以防止通貨膨脹的影響，畢竟很多日常用品的價格都會隨著時間上漲。另一個購買日常用品的省錢方法，是訂閱亞馬遜網站上的促銷服務，選擇一般寄送的訂單，你購買自己喜歡的食物或生活雜貨能省下百分之十的價格。

在家烹調食物比外食便宜又健康，但還是有例外。假如你想外食，還是有很多省錢的方法。你可以加入餐廳的俱樂部會員，尋找餐飲外送APP的新會員註冊優惠，購買一送一的促銷活動，飲料只點白開水（餐廳汽水與飲品的利潤都很高）等等。另一個簡單的省錢方法，就是針對你最喜歡的餐廳，在網路上購買其他人轉售的餐券。這樣可以立刻幫你省下百分之五到二十五的餐費。

最後，你唯一需要的預算就是盡可能省錢，將這些錢用於投資，然後盡可能節省小額的花費，但不剝奪自己的樂趣。就這麼簡單。這就是你唯一需要的預算。

重點複習

1. 你不需要做預算。透過降低三大項支出——居住、交通與食物花費，你每個月就能省下至少百分之二十或更多。

2. 居住支出大約占平均美國家庭預算的百分之三十三。想節省居住支出，你可以搬到比較便宜的住處，或出租空房間或整間房子。其他方法還有免費住宿、幫人看家或駭客購屋。駭客購屋就是你買一間兩到三房的房子，然後將用不到的房間出租，用租金來分擔或完全支應房屋貸款，或甚至賺更多。另一種駭客購屋，你可以買同一棟建築裡不同戶，然後出租以利用租金支付自己的貸款。

3. 盡量走路與騎腳踏車，節省交通支出。假如你不是真的需要一台汽車，就先不要購買。假如你真的必須有一台車，優先買舊的就好。

4. 走出戶外探索世界。花小錢旅行是再簡單也不過的事。旅遊要省錢需要費一點心思，但你只要稍微努力就能省下一大筆預算。你越常去挖掘優惠，你就會越上手。

5. 想節省食物支出，你可以自己種菜，在家煮飯，購買量販包裝，與鄰居以物易物，以及尋找促銷與優惠。

第八章

善用正職工作

在這一章裡，我會告訴你老闆從來不會跟你說的事，並教你如何利用正職工作當跳板，在短時間內賺更多錢。大多數人將正職工作視為一座密閉的高塔：早上準時出現，做好份內的事，午餐時間與同事閒聊，只投注最低必要的精神與時間，然後回家。但這樣並不對。

假如你想賺更多錢，並在最短的時間內達成財務自由，你就必須善用正職工作提供的福利。受雇於人並不是賺錢最快的途徑，但還是有一些你自己創業所沒有的好處。即使你的夢想是自己當老闆，在你實現夢想、不用再煩惱賺錢的問題之前，比較明智的做法是保留正職工作，盡可能善用這份工作提供的福利。

這與你喜不喜歡這份工作無關，而是關於擁有自由與足夠的錢做自己想做的事——不論是做一份薪水較少但你喜歡的工作，或是提早「退休」。不管你目前在工作的哪個階段或從事什麼工作，假如你用創業家的心態去思考與面對，就能大大縮短達成財務自由目標數字需要的時間。

根據你目前的財務情況與你的企圖心高低，要達成你的退休目標，也許需要五年、十年、二十年或更久，所以你必須平衡自己的短期與長期策略。你的目標就是盡可能從正職工作裡獲取最多的錢，然後尋找機會讓這些錢可以隨著時間成長。

你的短期職涯策略，應該將焦點放在增加自己的市場價值（別人願意支付你的薪資），並且最大化你的薪資與利益，包含遠端工作或自己安排工作日程的機會（這會給你更多時間的自主權）。你的長期職涯策略則是建立人脈、培養技能與大量學習，善用可獲得的資訊或人脈，增加自己的價值與學到公司（或其他人）的各種賺錢技巧，讓你應用在以後的全職工作、副業與營利事業上。

短期職涯策略

你的三大短期策略目標，分別是最大化自己的利益、盡可能最快賺到最多錢（才能拿去投資）、給自己一點彈性的時間。以下是如何實行。

最大化自己的利益

三個策略當中以這個最簡單。公司提供的福利可能十分有價值，例如可以讓你擁有更多彈性，或幫你省下或賺更多錢。但前提是你必須充分利用這些福利。福利就像是免費等你領取的錢一般，請充分利用。

公司提供的醫療保險、人壽保險、失能保險通勤福利與401(k)退休金存放配對等等福利可能是固定的，但其他福利——例如你可以利用遠端工作的頻率——也許就可以協商。你也可以爭取額外的休假時間、交通津貼與其他支出的補助。有人成功爭取到公司幫他支付手機通話與上網費，因為這是他工作的工具，因此他一個月省下超過一百五十美元。假如你持續爭取自己的薪資福利，隨著時間你會有很豐沃的報酬。

公司提供的所有保險與節稅優惠，都應該善用。公司提供的保險福利也都該參加，因為雇主可能會負擔一部分的費用（這是免費的錢！）。雖然前面已經提過要如何極大化運用401(k)退休儲蓄帳戶，但我還是要再說一次重點：永遠多存一點！

對公司福利有疑慮時，可以向人力資源部門詢問，他們的職責就是要幫你瞭解與充分運用自己的福利。你可以詳讀公司的員工福利措施，因為有一些優惠你可能不知道（例如公司的分紅制度）或遺漏了。

在你充分運用所有的公司福利後，下一步就是爭取更多更好的福利。在小公司談福利通常比較容易，記住，你的老闆想要留住你，所以可能會對你的福利做合理的調整，以留住你繼續待在公司。

對你人生最有正面影響力的福利，就是遠端工作，以及可以這樣做的頻率有多高。你可能很享受公司的辦公室文化，但你可能也不想整天八小時，整週五天都待在辦公室裡。

或你可能討厭每天通勤，或你發現辦公室環境會干擾自己專心，所以你想盡可能利用遠端工作。雖然完全遠端工作也有缺點，例如部門間的聯繫效率沒有在辦公室時高，但重點還是在於找出與爭取對你而言最好的平衡。

二〇一六年時，有百分之四十三的美國工作人口會在一年中某段時間遠端工作，這是史上最高的數字。目前有百分之三點一的美國聯邦政府人員全時遠端工作。根據二〇一六年蓋洛普的全國工作地點年度調查，每週有三到四天遠端工作的員工，對工作的熱忱最高，所以你可以用這項調查說服老闆：假如能有部分時間在家工作，你的工作表現會更棒。

儘管爭取一週遠端工作三到四天可能很難，你還是可以從少量開始，逐步爭取更多遠端工作的福利。你在遠端工作的可能性，終究取決於你目前在公司的定位、你的績效與你對公司的價值。舉例來說，假如你是助理，就很難在家工作，除非你的老闆也是遠端工作或平常不會待在辦公室。假如你在業務或行銷部門且表現良好，你可能會談到很好的遠端工作機會。你的表現越突出，你對公司的價值越高，你的主管越可能同意你遠端工作。不要害怕開口詢問。這個福利不會花老闆任何成本，且研究證明彈性的工時能增進員工的表現，你的生產力與對公司的價值甚至可能因此提高。

布蘭登是網頁工程師，成功爭取到全時段的遠端工作，讓他可以到處旅遊，擁有幾乎完全彈性的時間，同時還能領到正職工作的薪水，享有公司的紅利與福利。因為不需要通勤或為上班治裝，他省下很多花費，因此更快達成財務自由，在三十四歲時退休。

原本住在芝加哥的德魯從事軟體銷售業，他已經為公司創造兩百萬美元以上的業績。在他受到績效考核時，他表示唯一能讓自己繼續待在公司的辦法，就是加薪十萬美元以及遠端工作（他想搬到洛杉磯與女友同住）。他的公司想賺錢，所以很快就答應他的要求。現在他可以一大早起床帶狗去沙灘散步，而其他同事還卡在芝加哥的冬季寒風裡面通勤。他才剛從日本待了一個月回來。

德魯的例子有點極端，但道理很明顯：假如你對公司很有價值，你就可以爭取自己想要的福利。你的才華越被需要，你越可能擁有更多彈性，即使資歷很淺或很年輕，你還是能爭取擁有更多彈性的福利，只要你表現夠好，公司也想要留住你，公司很可能願意調整，以便讓你滿意，繼續幫公司效勞。你可以爭取遠端工作，為自己存下額外的錢與時間！

遠端工作的機會因工作而異。一般月薪制的工作比較可能實現遠端工作，但有些時薪制的工作（如客服）也可以在遠端進行。假如你是月薪制的員工，老闆在意的就不是你工作幾個小時，而是你有沒有完成任務。假如你能用四個小時完成工作，且不需要整天坐在辦公室裡，你還能利用剩餘的時間做其他事，像是經營副業、補充睡眠、中午和朋友或同事聚餐等等。

有位住在舊金山灣區的程式設計師，他在社群網站 Reddit 上承認，他建立了一套自動化流程，使他每週只要工作兩小時，就能領到年薪九萬五千美元。他的工作內容就是利用程式回覆特定任務或郵件，所以他寫了一個程式為自己代勞。雖然這種做法有道德上的疑慮，但他也確實做好領那份薪水該做的所有事。

最後一個福利，同時也是一種薪資的形式，就是股權，亦即一間公司的所有權。公司可能會分配股權給你，或承諾未來會這麼做，所以假如你繼續留在公司，提升業務成長，公司增值時你也會獲利。成為公司的「所有權人」可能會讓你身價飛漲，但也有可能最後一場空，所以謹慎評估這個機會很重要。

公司能給你的所有權有很多形式，但最常見的就是公司股權。擁有股份就像是持有公司的股票。有些股東權益也會讓你擁有公司經營方向的表決權，以及假如公司賺錢，每年可以分得利潤，但有些股東權益則沒有。

大部分的股東權益都只在你出售、或你的公司被收購或上市時才會有價值。你可能在被錄用或升遷時獲得股權，或是定期由公司發放股權作為酬庸。各種情況都可能發生，所以很難會有一個以一概全的建議，但可以把股權視為一種未來的潛在收益，可能實現，也可能無法實現，一切都要視公司的營運狀況而定。

當然，假如你是谷歌或亞馬遜的創始員工之一，你當然身價不凡，但這些只是特例。大部分的公司終究都失敗，因此一間經營不善的公司，股權就沒有價值。在股東權益上，往往是上層員工比基層員工受惠更多。

而且，很多公司隨著成長會增發新的股票，稀釋了你股票在未來的價值，所以等到你出售股票時，它們的價值已經降低了。

雖然擁有公司一部分的所有權聽起來很棒，但一切還是取決於兩個變因：第一，你相信你的公司會繼續成長，賺更多錢，變得更有價值嗎？你相信你的公司，公司的願景與領導人的能力嗎？用投資人的角度思考：你會投資這間公司嗎？第二，你想繼續留下來等待結果嗎？要從股權上收益，可能需要好幾年的時間。有些公司的股權可以在你離職時一併帶走，有些不行。另外，大部分的股權都是在你工作滿一定時間後授與（一般是四或五年），所以為了拿到全額福利，你必須在公司待滿整個授與期間。

你也許會進入比較小型或剛創立不久的公司，因此股權很有增值的潛力，但睜大雙眼檢視這些機會還是很重要。股權授與和加薪一樣，通常需要你付出一定的時間。但假如你確實相信你的公司與領導人的能力，你也願意留下來，投資時間幫助公司成長，成為所有權人或股東就可能是一個很好的機會。

如何為自己談加薪

要確保你未來的財務情況良好，盡可能爭取更高的薪水是最重要的事。你一輩子能賺多少錢，取決於你每一次獲得的加薪，而且每一次加薪都代表你距離達成財務自由又縮短了幾年的時間。每年只要增加百分之一的薪水，就可以讓你在未來二十到三十年裡，多賺進數十萬美元（如果你有把這些微幅的增額拿去投資與複利）。曾有人研究每年加薪百分之三與百分之四的差異，結果顯示，只要將這個百分之一的微小差額拿去投資股票，在三十年後，會多出五十七萬八千五百四十九美元的收益。大多數人工作的報酬都太低，但很多人卻什麼也沒做。有人統計，百分之八十九的人認為自己值得被加薪，但只有百分之五十四的人計畫在隔年去爭取。

我在公司管理過的員工裡，只有不到百分之十的人曾經獲得加薪或獎金。不管他們是因為害怕、懶惰或其他原因，我還是無法相信大部分人從沒提過加薪這件事。或許對有些人來說，薪水不是他們工作的優先考量，但錢永遠不嫌多。假如不開口，你可能永遠拿不到自己實際值得的待遇。主動爭取加薪，會對你這輩子整體的財富帶來舉足輕重的影響，加快你達成財務自由的腳步。

在職場上，雇主與員工常常存在緊張的關係。身為員工，你想要盡可能領到更多薪水，但你的老闆（或你的老闆的老闆，或在食物鏈頂端的人）則想要用最低的錢留住你。「優化薪資利益」的意思就是：搞清楚你的老闆願意支付給你的薪資上限，然後全力爭取。這是一個持續且永遠讓你感覺不夠完美的過程，但只要有正確的資訊，你就可以大幅提升自己被加薪的機會。而且這是沒有極限的。

假如你想要從正職工作賺到更多錢，那麼你多認真工作、多忙碌、花多少時間坐在辦公桌前、在工作上投入多少心力，這些都不重要。最重要的是，你對公司的價值（也就是你的老闆，與老闆的老闆，對你的看法！）。他們覺得你越有價值，你就越能領更多錢。當然，你正在做或已經完成的很多事情，你的老闆與老闆的老闆其實都不知道。要不要將這些故事告訴他們與展現自己的價值，決定權在你身上。

你必須為自己發聲。老闆只會省錢，不想多付你薪水。當然，你的老闆會想要留住你，就像一位人力資源主管曾跟我說過的，「要讓員工感受到足夠的快樂。」另一位前同事說：「老闆只要支付足夠讓員工願意留下的薪水，讓他們想繼續爭取下一次的加薪或獎勵。」聽起來很無情，但這就是公司賺錢的方法。

計畫如下。拿一個資料夾，凡是關於你的市場價值的資料（也就是你對公司而言的價值），就放進去，例如你在職責範圍之外做了哪些事，例如哪些公司想挖角你。你的目標就是用這個資料夾裡面的資訊證明你值得領更多錢。這個資料匣不必給老闆看，但在協議時將它帶在身邊會有幫助，需要時你就能提出佐證。例如，你可以拿出其他公司相同職位的薪資高於你，證明你領的薪水過低。你也可以拿出一封郵件，上面是其他公司願意用更多薪水聘請你。這些資訊也可以使用在未來你想要找新工作的時候。

這些資訊不僅能幫你準確得知自己值得多少薪水，也能讓你的老闆知道你是有備而來，你的要求有數據上的根據，而且因為你做出這番努力，你很認真看待繼續留在公司這件事。你的協商準備得越周全，條理越清晰，越具有說服力，你就越可能談到越多的薪水。

四個步驟判斷自己是否值得加薪

談到你值得拿的薪水，是關於整個市場、你的公司與你自己，對你的時間的重視程度。

當你看完這些數字與分析整體市場後，你也許會發現，你再也不想用自己的時間，交換現在公司支付給你的薪水了。這就是契機！是你找新工作或創業的契機。你人生中的每一個小時值多少錢？你願意用多少錢換取自己一個小時的時間？在你評估與談判的過程中，隨時將這些問題放在心裡。這不僅是一份工作或薪水，而是你的時間與精力。

這裡有簡單的四個步驟，能幫你弄清楚自己是否應該爭取加薪，以及如何增加你成功的機會：

1. 弄清楚你目前的市場價值（其他公司願意支付多少薪水給相同技能與經驗的人）。
2. 弄清楚你對公司而言有多少價值（你的公司透過你賺多少錢，取代你需要多少代價，你的表現超出公司的預期有多少）。
3. 決定你應該爭取多少額度與適當的開口時機。
4. 開口詢問。

以下仔細說明。這些步驟已經幫助過很多人從正職工作中爭取到更多薪水，還有人獲得八萬美元的加薪！

1. **弄清楚你目前的市場價值**：公司永遠想要保持競爭力，也想雇用最優秀的人才，所以雇主與公司永遠都在紀錄每一位員工的市場價值。你也應該做同樣的事，至少一年評估幾次，因為對你目前職位與你整體技能的需求，隨時都在變化。

你的市場價值，就是另一間公司願意支付你做相同工作的薪水，而且在某一領域如行銷或程式設計，你的市場價值會根據你所在地點對相同職務的供給與需求而改變。隨著你獲得新的技能或擁有更多的經驗，你的市場價值也會增加。對你總體技能的需求越高，你就越有能力也越應該賺到更多錢。而且根據你在哪個城市或國家工作，市場的需求也有很大的差異，所以不論你住在哪裡，你都有潛在的可能，透過在另一個城市利用遠端工作，做相同的事情但領到更高的薪水。

要找出你的市場價值，你必須做三件事。

首先，找出你所在城市中相同職務其他人的薪水。網路上有很多工具都能幫助你查詢，但我自己最喜歡 Glassdoor、LinkedIn 與 Indeed 這幾個網站。記住，你的搜尋要包含自己的職務名稱與其他任何類似的職務。將所有的薪資比較表列印出來，放進你準備談判加薪的資料夾裡。假如你的頭銜很另類，那就用技能分類搜尋，而非職稱。

第二，聯絡你這個產業的獵頭招募人員。大多數的產業都有專門的人事顧問公司和招募專員，負責幫企業客戶招募職缺。你可以用「人事顧問公司（你的產業類別）」搜尋。招募專員一個最大的好處就是，他們領的錢是來自有人力需求的企業，而不是可能的求職者。所以你不用付錢給這些人就能拿到資訊；他們也想幫助你成功配對某間公司的職缺，進而領到那間公司付給他們的酬勞。

因為這些招募專員最熟悉你的產業，也最接近人力市場，所以他們可以根據你的經驗與技能，跟你說你應該領多少薪水。你可以問問這些專員，與你擁有相同技能的人所領薪水的範圍，再將這些資訊印出來，收入你的資料夾。我建議至少詢問二到三位不同公司的招募專員，由他們提供不同的觀點供你參照。

第三，尋找人事顧問公司、產業聯盟和同業公會發佈的研究。大部分產業都有公會，他們會刊登該職業的薪資行情，很多還附帶方便的表格。你只要在Google搜尋「（輸入你的產業）薪資行情」就能看到結果，你可能會找到一篇研究報告作為起點。將這些資料印出來，收進你的資料夾裡。

這樣做也有一個附加優點：假如你想離開原本的公司，你長期與招募專員培養出來的關係，可以為你連結一些很棒（而且又高薪）的工作機會，招募專員也可能會找到某個讓你難以抗拒的職缺給你。二十七歲的布萊恩住在紐約州的雪城，有天他打電話給我，問我要如何在資訊科技業找到高薪的工作。他現行的工作讓他筋疲力盡，而且薪水太低，每年薪水四萬兩千美元，卻得支付五萬美元以上的開銷。我建議他去找資訊科技業的招募專員，評估自己的總體技能有多少價值，看看有沒有更好的機會。他最後問了一間在紐約的人事顧問公司，也幫他找到一個收入九萬美元，而且可以在家遠距工作的職位。布萊恩的生活品質有了很大的改善。而他所做的，就只是去聯絡自己產業中的招募專員。

最後（雖然不一定有因果關係），假如你有興趣去薪資更高的公司工作，不妨先聯絡幾家相互競爭的同業公司，瞭解更多職缺與薪資待遇，這樣對你很有幫助。很多人資主管都願意與你會談，只要他們認為你有可能離開現職，而你又是他們覺得合適的人選。你甚至可以完成全部的面試流程，用其他公司的錄取通知與你的老闆協商加薪。尤其是如果你曾提出加薪但失敗，或你也有離開現職的打算。這個做法很有效。我看過一些成功的例子，有人因此在任職的公司裡爭取到更多薪水。但我也見過失敗的情況，那個老闆最後開除了他的員工，因為老闆不喜歡被指揮的感覺（還好那位員工有得到高額的資遣費，也找到更高薪的新工作）。所以，除非你有離開目前公司的打算，你才應該考慮這個做法。

2. **弄清楚你對公司而言有多少價值**。第二個要計算的就是你對公司而言有多少價值。這點比計算你的市場價值困難一些，但你可以從「質」與「量」這兩點來分析。

首先，計算出公司要花費多少成本取代你。雇用新員工的成本，尤其是領正職薪水的員工，在大多數的產業裡都十分高昂。你可以用公司使用的指標來計算出取代你的成本。一般而言，公司會用薪資百分比衡量法（例如時薪制員工就是薪資的百分之十六），或正職員工六到九個月的薪資。假如你是每年領六萬美元的正職員工，公司取代你就要花費三萬到四萬五美元不等。

而且，你擁有越多經驗與特定知識，你就越有價值。你的老闆應該很清楚取代你的成本與你對於公司的價值，所以你可以在爭取加薪時善用這項優勢。有些老闆可能會立刻為你加薪五千美元以上，假如他們認為你可能會離開，因為他們知道找人取代你的位置，可能要花費兩萬美元或更多，而且他們也不想失去你為公司工作期間累積的經驗與知識。大多數人都值得更高的薪水，卻低估自己對公司的價值，也不敢開口要求加薪，因為他們害怕失去這份工作。事實上，你的公司很可能願意支付你更高的薪水以留住你，讓你為公司創造有形與無形的價值。

接下來，假如你的公司是透過客戶或顧客賺錢，你應該試著計算你的公司因為你賺了多少錢，或你為公司賺進多少錢。假如你在律師事務所、廣告公司或其他按小時計算部分或全部收費的公司工作，計算就很簡單。假如你是一位銷售業務，且知道自己為公司創造多少業績，做計算也不難。

有些職業或產業就不那麼好量化。舉例來說，假如你是老師或是大團隊中的成員，你可能無法用數字衡量你的貢獻。但假如你的公司為特定顧客提供服務，你可以先弄清楚公司就你提供的服務對顧客收取的費率，然後減掉你平均每小時的工資，就能算出公司透過你賺到的利潤。舉例來說，假如你是電機師傅，你的公司收費每小時三百美元，並支付你每小時三十美元的薪水，你的公司透過你付出的時間，賺到每小時兩百七十美元的利潤。對公司來說，投資在你身上的報酬率就很高。

當然，這個計算還沒有加上公司的間接費用支出，包括公司為了營運必須支付的其他開銷，像是支付租金和設備使用費、招募支援人員與提供員工福利。雖然每間公司情況不同，但一個評估的標準，就是在你平均每小時的薪水上加上百分之三十。以相同的電機師傅為例，每小時三十美元的百分之三十等於九美元，所以加上間接費用，你的公司要支付三十九美元的總成本，但他們的費率是三百美元，所以公司每小時淨賺兩百六十一美元，或者說，從你的時間裡賺到百分之八十七的利潤。假如你能為公司賺進比他們支付你的年薪多三到四倍的利潤，你要爭取加薪可能就很簡單。

假如你是銷售業務，而公司給你銷售傭金低於百分之十五到二十五，你就應該爭取加薪。雖然不同產業的銷售傭金會有差別，但我遇過太多只拿到百分之五傭金的業務。這代表你的公司拿到你百分之九十五的銷售業績。假如你是一位優秀的業務，大多數老闆其實都願意支付你更高的傭金（因為假如你離職，公司會損失這些業績）。我強烈建議你談到至少百分之十五到二十五的傭金。假如你現在領百分之十五，試著爭取到百分之二十；假如你現在領百分之二十五，試著增加到百分之三十。

你的公司可能從你身上賺了很多錢。大部分的銷售傭金都能協商，因為這對公司幾乎只有益處，畢竟只要你留下來，公司就能賺錢，你離開則公司賺不到錢。你可以利用這個資訊，為自己爭取更高的薪水，或作為自己創業當老闆的動力，這麼做你就能每小時賺三百美元，而不只是三十美元而已。

二十六歲的維克住在密爾瓦基，在製造業擔任銷售業務。他讀完我一篇文章後聯繫我，說他在去年已經為公司的新業務賺進超過一百五十萬美元，但他的年薪只有四萬五千美元，而且沒有傭金。我推薦他使用本章提到的策略，雖然沒有談成傭金，但他成功讓將自己的年薪提升為十二萬五千美元。雖然在密爾瓦基這種區域，他的市場價值大約是五萬美元，但他其實可以要求多更多。

維克爭取到八萬美元的加薪，看來很多，但這對他達成財務自由目標數字的影響其實更大，因為八萬美元在二十年後就等於多出一百六十萬美元。而且，假如他將增加的八萬美元拿去投資，每年經過百分之七的複利，他可以累積超過八百八十萬美元！我真心希望他有這麼做。另外，假如維多決定轉職到另一家公司，他的薪水很可能會比十二萬五千美元還高，那次成功加薪的影響力又變得更大。一次成功的加薪或獎金升級，都可以讓你提早好幾年達成財務自由。

最後，你要看看自從你進到這間公司後，為公司做了哪些事。你想加薪或獲得獎勵，只是「把工作做好」還不夠，你必須展示自己超出職責範圍的表現，或幫公司在某方面達到超乎預期的成功。

請找出你直接幫公司達成的任何重大里程碑，或任何你承擔超出職責的專案或責任。你如何展示（與具體量化）自己超出職責的表現？你是否洽談到更多客戶，或你是否管理更多員工與背負更多責任？你是否學習新技能以承擔更多責任？你是否為公司轉介新客戶，即使自己不負責銷售？你是否承擔有人離開後部分或全部的工作內容？

列一張清單寫下你做過的事，包括為了工作學習的新技能，或任何你在職責外的成功，以展示你不只是做好份內工作而已。每次你有超出職責範圍的表現時，請用線上文件、紙張或手機記錄下來。在你需要與公司協商時，就能用上這些紀錄。當然，不需要把每件事都提出來；只要挑選一些特殊事蹟，能代表自己多次在各方面超出職責的表現與附加價值。你必須行銷自己的故事。

3. **決定你要爭取多少錢，以及適當的開口時機**。前面說過，用百分比與數字看價格，會大大影響你對儲蓄的認知。同理，這也會影響你的老闆對你爭取加薪的想法。一般而言，假如你用百分比而非數字去談，比較有可能爭取到更多錢。這是因為百分比對我們而言比較抽象。試想：假如你每年賺五萬美元，哪個說法對你比較具體——獲得百分之十的加薪或每年多五千美元？可能是五千美元，因為你（和你的老闆）都可以立刻想像這五千美元能購買什麼東西。五千美元有具體的價值，相較之下，百分之十是一種抽象的概念或表示。百分之十能買到什麼？

為了將你留在公司，你的老闆可能會給你百分之五的加薪，但假如你想爭取百分之十以上，就必須有強力的佐證，例如你整理出來的數據與資料。假如你有其他工作機會當備案，你也能稍微大膽一點。我自己認為百分之十到十五最完美，除非你目前的薪水遠低於你的市場價值與你對公司的價值。假如你發現自己領的薪水真的太少（少百分之二十或更多），你可以帶著研究好的資料去爭取加薪，至少要能談到相同職務的市場行情，且請從薪資範圍的上限開始談。

不是所有公司都願意為員工加薪。即使你開口，老闆也會有各種不能答應的理由，包含「今年公司業績不理想」、「營收在下滑」、「我們預算不夠」等。你可以決定要不要相信這些說法，以及你願不願意繼續用現有的條件工作。

很多員工都不知道要什麼時候提出加薪。你開口的時機對老闆是否會答應有很大的影響。首先，你要看自己目前在公司的定位與職責，定期檢視你的市場價值與你對公司的價值——至少一年檢視兩次。

假如你做好功課決定提出加薪，下一步就是選擇時機。最適合提出加薪的時機是進行年度績效考核期間，也就是公司的會計年度結尾時（假如你不知道時間，可以問人資部門）。另一個適合的時機，就是你的工作負擔增加之時，或你主導的新計畫獲得很大的成功之後。原因很簡單，年度績效考核時，老闆也在思考你對公司的價值。假如你拿出對自己市場價值的調查，你被加薪的可能性會大大提升。公司會計年度結尾時，你的老闆已經在想下年度的計畫，只要公司績效良好，你順利加薪的可能就較大。假如公司績效不好，你要加薪就比較困難，除非公司認為他們真的需要你幫忙提升表現。

另一個開口的好時機，就是因為人員的變動或整合，你的工作內容有大幅改變或份量增加之時。這時候，公司最不希望看到的，就是還有員工想離開，所以他們可能願意付你更多錢讓你留下來。相同道理，假如你發起一個新項目或專案，且十分成功，這也是另一個開口的好時機。請記得善用自己的成就助自己一臂之力。

下一步就是選好日期與時間。隨便挑一個週二下午四點，此時你的老闆可能壓力很大，所以不是一個好時間。週五中午過後（週末前夕）或老闆準備去度假的前一刻，也不是理想的時機。週一早上也不適合，畢竟，有人會真的喜歡週一早上嗎？

研究顯示，提出加薪最好的時機是週五早上。因為這時你的老闆，就跟你一樣，相對比較放鬆與期待週末。心理學研究也顯示我們通常在上午時比較大方。

不管是什麼日期與時間，你都要觀察老闆的心情。你的老闆可能很緊繃、心情很差或在忙其他事。假如老闆必須分心或處於壓力下，他就比較不會留意你說了什麼。請記得找一個你與老闆兩人心情都很好的時間。雖然這些準則能大致幫到你，但最好的機會隨時都可能出現。請記得永遠做好準備。

4. **開口詢問**。你已經決定最完美的時機，也準備好要開口。現在我們要盡量提高成功機率。首先必須決定要用事先預約或路過閒聊的方式。這取決你與老闆的關係、老闆的行事作風與你的行事風格。有些老闆十分嚴謹又不喜歡驚喜，那就應該事先預約。寫郵件告訴老闆你想預約十五到二十分鐘，問他或她有沒有空。假如你的老闆個性比較開放與隨興，你就只要隨意路過，問能不能聊個天就可以了。

接著你心裡要有一個特定的百分比。你提出的額度，至少必須是你所在城市相同職務薪水範圍的前百分之十。假如你幫公司賺很多錢，也有數據資料能佐證，那麼公司應該給你大幅調薪以留住你，所以別害怕提出比理想中更高的數字，如此你才有協商的空間。最壞的情況就只是你的老闆會拒絕你，或給你少於你想爭取的薪水。

開始會談後，先告訴老闆你很喜歡為他與公司工作。先分享你對某個專案或公司經營策略感到十分期待。藉由這麼做，你可以將公司（與老闆）優先放進這場對話。接著，解釋為什麼會提出加薪：「最近因為某事、某事與某事，我的責任真的增加很多」或「最近有招募專員聯絡我，她說根據我的經驗，她能幫我找到薪水有某某數字的工作。」然後開口詢問。你可以說「我真的很想留在這裡，我在這裡也看到很好的未來，所以我希望能有百分之多少的加薪」。不要說太多，也不要過度誇大。

老闆可能會問你一些問題，或說他需要想一想。沒有立刻得到答案也沒關係，但假如你的老闆真的需要時間思考，記得設定期限。「沒關係。那我可以在星期五或下星期一前得到答覆嗎？」有些老闆會想把事情拖過去，這樣的話你就等不到答案了。如果是這樣的話，不如另找工作。假如他們當場提出的不是你想要的答案，你可以讓對話繼續進行，提出更多論點——當然前提是你的老闆有提出還價或拒絕。

大多數員工都不知道他們可能占有優勢，還低估了自己對老闆與公司的價值。假如你問得有技巧，要求也在合理範圍內，你的老闆很可能會欣賞你為爭取加薪所做的努力，以及你願意待在公司的渴望。多數情況下，最糟的可能就只是被拒絕。不要害怕，你可以爭取更多，也不要低估自己付出的時間或你對公司的影響力。

持續評估你的價值

即使你已經談到加薪或找到新工作，你還是應該繼續追蹤你的市場價值、你對公司的價值、薪資與福利，至少一年要檢視幾次。你也應該想想你的未來市場價值——也就是假如你繼續留在目前的位置，未來可以領到多少薪水。舉例來說，假如你是新手平面設計師，但想在五年內當上創意總監，你可以查看有哪些途徑與可以預期的薪水。你也可以尋找你能勝任的類似、但薪水更高的工作，學習新技能以求增加得到這份工作的機會。你會很驚訝，有些工作的薪水比較高，但它們要求的整體技能很類似。假如你不喜歡目前的職業軌道，越早離開越好。提早規劃未來的路徑，你才更有可能真正去達成。

每隔一段時間就做一次這個分析，也可以幫助你留意各種機會，不只是為了加薪，也為了尋找新工作或自己創業。而且隨著時間，你也會越來越懂得評估自己真正的市場價值。

長期策略：技能加上人脈等於金錢

雖然你的短期策略建立在發揮今天最大的價值之上，但在達成財務自由的目標數字前，你還得繼續工作五年、十年或二十年。所以你的長期策略應該專注在建立自己的價值之上，盡可能吸收學習，同時借助導師的幫忙建立自己的人脈與客群，培養有市場需求的技能，讓你一輩子在工作或生活上都能受用。

技能就是未來的資產，換句話說，現在學到越多有價值的技能，未來你的價值就越高，賺的錢也越多。市場的需求越高，你的整體技能越多元，就能賺到越多錢，且擁有越多選擇。建立並結合兩種不同且看似相反的技能，也會為你帶來很高的價值。例如懂得寫程式又懂得行銷，就能賺更多錢；或懂平面設計與分析的技巧，或同時懂 Excel 與銷售的技巧。你的整體技能越多元且越完整，就能賺到越多錢，也越容易發展副業。

比起其他事，你能夠學到的最重要、最有價值的技能，就是銷售。銷售與企業營運，在任何公司都是非常受到重視與高薪的技能組合，而且假如你想發展能賺錢的副業，這個技能也很重要。

許多未來的工作，今天都還不存在（二十年前就沒有數位行銷），但只要建立多元的技能組合，持續學習成長，你就可以在未來發光發熱。檢視你今天擁有的技能，然後開始補足你未來理想工作需要的技能，以及學習你感興趣的新技能。有些技能的需求永遠都存在，像是銷售、溝通、行銷、建立品牌、設計、寫程式與數據整合。

我二十四歲時，獲得第一份能離家獨立生活的工作，進入芝加哥的一家小型數位行銷公司。我決定踏入數位行銷這個領域時，我選擇只應徵小公司的職缺，以便能更接近自己的目標。這是我職業生涯裡一個很大的轉折點。在那一年裡，我從靠全職工作賺取五萬美元的年薪，變成靠副業賺到三十萬美元的收入。我在公司工作的那十一個月，都很早到公司且很晚下班，為的就是認識公司裡每個人，向他們學習不同的職務內容。透過這些交談與往來，我學會建立品牌、撰寫文案、創意設計、網頁設計、前端與後端程式設計、提交企劃案與優化搜尋引擎，以及後來幫我賺進最多錢的一項技能：產品銷售。

雖然我的工作是刊登谷歌廣告，但我盡量待在公司的業務總監身旁，他負責服務那些主動找到我們的顧客，以及聯繫那些有架設網站與數位行銷需求的公司。只要你開始發問，大多數的人其實都很願意幫忙，尤其是你們都為同一間公司工作。幾個月之內，他就開始帶我參加銷售演講，我也在自己的第二場演講中，談成公司有史以來一筆最大也最賺錢的生意！我深深感到著迷，而且，我在那一年裡學到的知識比我一輩子學到的還多，就只是因為我很好奇。

有一個小建議，能為工作與生活帶來很大的好處：每週認識一位新同事，邀他們一起午餐，即使他們的工作內容與你沒有重疊。告訴他們你想瞭解他們的工作內容，也向他們介紹你自己的工作。花一點時間真正去認識人——安排至少一小時的咖啡、午餐或閒聊，才足夠讓你們不只是簡單寒暄。盡可能去認識對方與他們的職務。他們對你有什麼幫助？反過來你對他們有什麼幫助呢？

與這麼多人見面，也會幫助你在看似不相關的事情中找出一些模式。你可能會發現讓公司變更好的方法，連結兩個你認為會相處愉快的同事，瞭解某個新技能組合的價值，發現新的資源，或甚至找出你以前從來沒有看過的賺錢機會。這也會為你開啟建立事業的機會，因為你會發現自己可以如何幫助別人，你的人脈網路也會開始為你建立連結。我因為那些與同事的午餐約會，透過客戶轉介，已經從副業賺到至少二十五萬美元。

你要繼續建立新技能，多問問題，多建立連結，多留意最新的機會。無論全職或兼職，最好的機會大多來自於你現有的人際網路，因為你想在裡面推銷什麼或獲得幫助都相對簡單。有很多最好的職位，都會留給在公司內部有關係或連結的人，而不是透過盲目在線上投履歷的方式獲得。

現在你已經懂得善用正職工作的好處，也準備好將這份工作視為跳板，接著你必須開始透過副業賺錢。這時候你才會真正存到大量的錢，學習到新技能，並開始用自己的方式賺到更多錢。

重點複習

1. 你的全職工作是很棒的收入來源，你應該將這份工作當作跳板，最大化你能獲得福利與薪水的機會，同時建立其他收入來源。

2. 最大化你的福利。詢問人資部門，決定如何最大化你的福利。公司提供的福利大多都值得參加，包含進修課程、不同種類的保險，以及遠距工作的機會。假如你對某項福利不滿意，試著爭取更好的境遇。不爭取自己最大的福利，等於白白浪費掉你原本可以拿到的錢。

3. 最大化你的薪水。你的公司會盡可能利用你的時間來為他們賺進最多錢，所以你可以善用這點作為爭取加薪的優勢。做好調查並將可利用的資料印出來，像是你目前的市場價值、你對公司的價值與任何對手公司的錄取通知。只要有一次加薪，就能對你的職業生涯帶來很大的淨影響。

4. 分析目前市場對你的技能、經驗的需求，弄清楚你應不應該提出加薪。做法很簡單，你可以上 Glassdoor 這類薪資比較網站查詢、聯絡招募專員，或翻閱產業薪資報告。然後，如果可以的話，試著計算你對公司的價值，與取代你公司要付出多少成本（說不定很多！）。記得也要列一份清單，寫下每一件你做過超出職責範圍外的事。

5. 決定要爭取多少額度與適合的時機。假如你提出的是薪資的百分比而不是特定數字，你會比較有可能談到更多薪水。假如你領的薪水遠低於你的市場價值，你其實可以談到百分之二十以上到市場行情之間的額度，你只要善用從網路上與招募專員身上獲得的資訊支持自己的論點。

6. 選出適合的時機並開口。兩個提出加薪的好時機，分別是年度績效考核與你的職務內容有重大變動時。研究顯示最適合提出加薪的時間是星期五早上。理由是因為你的老闆和你一樣，這時候會相對放鬆與期待週末。研究也顯示人在早上與中午前會有比較大方的傾向。

7. 繼續追蹤你的價值與你未來的市場價值——例如，假如你留在目前的職業跑道上，未來你能領到多少薪水。查看你未來三到五年可能晉升的職位，薪水分別是多少。假如你不滿意你找到的結果，盡快轉換跑道。

8. 技能加上人際網路等於金錢。技能是你未來的資產。你的技能組合越有價值且越多元，你就能賺到越多錢。持續建立你的技能與人脈網路，隨著時間你會獲得很大的好處。

第九章
如何展開賺錢的副業

二十五歲的平面設計師麥特住在芝加哥，靠全職工作每年可以賺到五萬五千美元。他很喜歡同事與公司的氛圍，也沒有離職的打算。但有一件事，他大多數的同事都不知道，那就是麥特每年都從自己的副業賺進二十萬美元

三年前他還是學生的時候，在學校公布欄看到代客溜狗的徵人廣告，便開始在空堂時間幫人遛狗賺零用錢，酬勞是一次五美元。他每週帶著十隻大小不同的毛小孩去散步，隨著搬進社區的人越來越多，他吸引到的顧客多到接不完，為了滿足需求，他創立了一間有限責任公司，雇用幾位學生幫忙一起遛狗。現在這家公司為他賺到的錢比他的正職工作多了四倍，而這一切就只是從一個簡單的創業念頭開始而已。

麥特依然維持著與學生時代差不多的生活模式，他還是住在大學時租下的公寓裡，所以存了很多錢。但他把副業賺得的利潤全數拿去投資。在年薪五萬五千美元、每年存下百分之二十的薪水（一萬一千美元）的條件下，假設投資會有百分之七的年成長率，麥特需

要三十三年才能達成財務自由的目標（一百五十萬美元）。況且因為通貨膨脹，三十三年之後這筆錢又不夠他退休了。但是透過副業，麥特可以在三十歲時就存到一百五十萬美元。

在上一章裡，我們說到如何優化你的正職工作。但假如你想快速賺大錢，你還必須拓展收入來源，發展一個或多個副業（正職工作外的賺錢管道）。在這一章裡，你將學會如何挑選、創立與經營有利潤的副業，以幫你更快達成財務自由。

我的副業歷程：兩種兼職的方式

兼職賺點外快，讓你可以出去吃一頓大餐或買幾雙好看的新鞋，這是一回事，但如果你想盡快達成財務自由，你就必須更認真看待副業，跳脫「不斷用自己的時間去換取少量金錢」的思考，改以創業家的心態去思考副業這回事。

創業的心態意味著你要盡可能尋找賺錢的機會，把你賺到的錢全數拿去投資。你必須將副業收入拿去投資，讓這些錢幫你賺錢。你投資的每一塊副業收入，都能減少你達成財務自由目標數字所需要的時間。假如我沒有把幾乎所有副業收入拿去投資，我可能會需要至少二到三倍的時間才能達成財務自由。

兼職的優點在於，為了賺錢，你可以做幾乎任何事。你可以除草、遛狗、剷雪、照顧小孩、送快遞、當私人司機。有時還賺得不少。而為了兼職，你也可以利用網路賺錢，這樣很簡單，連人都不用出現。你可以在線上寫程式、家教、寫部落格、做網購、參加焦點團體訪談或其他無數的可能。但很少有人能將兼職的潛力發揮到極致，亦即賺了很多錢，然後繼續投資成長。假如你有做副業賺錢，卻沒有將賺的錢拿去投資，沒有盡可能去賺更多的錢，你也就等於是在浪費時間而已。

我一直到二〇一〇年才真正開始認真經營副業。以往我透過副業賺到錢，就立刻花掉（這就是我會在二十四歲時破產的原因！），後來我發現了金錢的未來價值，於是深深上了癮。那時我在一間小型數位行銷公司上班，年薪五萬美元，

表 9-1

每月副業收入	年度副業收入	25 倍數（降低你的財務自由數字金額）	30 倍數（降低你的財務自由數字金額）
$250	$3,000	$75,000	$90,000
$500	$6,000	$150,000	$180,000
$1,000	$12,000	$300,000	$360,000
$1,500	$18,000	$450,000	$540,000
$2,000	$24,000	$600,000	$720,000
$2,500	$30,000	$750,000	$900,000
$3,000	$36,000	$900,000	$1,080,000
$4,000	$48,000	$1,200,000	$1,440,000
$5,000	$60,000	$1,500,000	$1,800,000
$6,000	$72,000	$1,800,000	$2,160,000
$7,000	$84,000	$2,100,000	$2,520,000
$8,000	$96,000	$2,400,000	$2,880,000

閒暇的時間我都拿來做副業（大概每週四十個小時），盡可能賺錢，而且做的幾乎都是我真心喜歡的事，比如說：

- 為律師事務所架設網站。我在 Craigslist 網站上找到我的第一個案件，酬勞五百美元，三個月後我用相同的模板，做另一個案件賺到五萬美元！因為一位律師把我介紹給另一位律師，後來我幾乎不太需要做行銷，因為我的生意大多都是口耳相傳而上門的。
- 買賣網域名稱。絕對是我最賺錢的副業。網域就像網路上的不動產，而且我認為其價值被大大低估了。在早期的網域拍賣裡，我可以買到很多社群媒體、法律、金錢與教育主題的網域。我用低於五十美元的價格買到一個網域，然後在一年內用兩千五百美元以上的價格轉賣出去。至少是百分之四千九百的投資報酬。當然，不是所有的網域都能賣到這個價格或賣的出去，但整體而言，這一直是一項很完美的副業，而且我現在也還在經營！到目前為止，我擁有超過八百個網域，而且它們的價值還繼續增加。光是過去三年，一個中等網域的平均價格，就已經從四百美元上升到兩千五百美元。
- 為律師事務所與不動產仲介刊登數位行銷廣告。除了為律師事務所與不動產仲介架設網站，我也透過刊登廣告，幫這些公司找到潛在客戶，最多可以拿到五百美元的酬勞。我也曾經認真思考要拓展這項副業，只是我對這行的興趣不高。

- 承接搜尋引擎優化專案。我非常喜歡優化搜尋引擎，因為優化網站以提升在 Google 的搜尋排名，是一種藝術也是一種科學。搜尋引擎優化對數位行銷就像有複利效果一般，你投入的微小調整與優化，都會隨著時間呈指數成長。這個工作很有挑戰性，競爭激烈，好玩又很能賺錢。雖然比起我剛開始接觸時，搜尋引擎優化現在已經比較像是一種商品，但其需求卻比任何時候都還高，而且假如你又很擅長這件事，就可以賺到非常多錢。這幾年我已經為上百個網站規劃過搜尋引擎優化策略，而且學到非常多，最後也幫我創造出 MillennialMoney.com 這個網站。
- 轉賣復古輕型機車與福斯露營車。我從大學就開始經營福斯露營車和輕型機車的買賣。雖然機車我賣得比較多，但我非常喜歡一九七〇到一九八〇年代的福斯 Westfalia 露營車系列，在過去十年我也收藏了兩輛。它們的價值在那段期間上升很多，而且現在也還在增加！

另外我還做過各種兼職，例如賣演唱會門票、幫鄰居照顧貓咪、轉賣高級辦公椅、寫白皮書（有權威性的報告）、做研究，還有甚至偶爾當保姆。沒有什麼工作是不能做的。

我一直在找賺更多錢的管道，而且我大部分的投資收益也都來自經營副業的收入。值得一提的是，我做過的所有副業，都是我在學校裡沒有學過、不需要大學文憑，也不需要透過別的公司就能進行的。

你有兩種方式可以兼職賺錢：為他人工作，或為自己工作。假如你兼職為別人工作，你的時間會限制你的收入，因為你很難從正職工作下班後，立刻去整晚開車當司機。當然，當司機還是會有彈性和自由，但不管你多認真開車或送快遞，你永遠都受限於自己有限的時間，而且只能賺到「公司願意付給你的酬勞」。換句話說，這些副業沒有發展性。

為自己工作，你可以賺到更多錢，做自己喜歡的事，也會更有掌控力。本章一開始提到的麥特，他如果去別的遛狗公司兼差，那很簡單，每小時賺十美元。但他創立了自己的公司，不只能用自己的時間遛狗賺錢，**也還能用員工的時間賺錢，他再將這些收入拿去投資可以賺更多**。我的意思不是說「到遛狗公司兼職不值得」，你還是可以把每個月遛狗多賺到的小錢拿去投資，這樣還是可以加速你的財務自由。只是為別人工作，遠不及你為自己工作賺的多。

為別人工作時，你無法決定收費標準；假如你自己創業，你就擁有決定權（在市場可以接受的範圍內）。舉例來說，即使你只是幫別人照顧小孩，你自己接案會賺到更多錢，而且也能建立穩定的客源，比你去托嬰中心兼差好多了。你還可能可以調升費用，因為你漸漸獲得客戶的信任，或者是你提供客戶喜歡的附加服務——像家教或為客戶家人準備晚餐。而且你可以拿到百分之百的利潤（扣掉任何支出），不必與雇主分成。假如你真的想賺更多錢，你可以雇用其他保姆為你工作，從他們賺到的每一塊錢裡抽取利潤。重點就是，為自己工作，你會更能掌控自己能賺到的金錢、時間與創業的機會。重點在於：你要不要？

被動收入：金錢與時間的衡量

假如你想兼職賺錢，必須先評估自己願意投入多少時間，因為你擁有多少時間，會決定你能從事什麼類型的副業。有些副業的起步需要時間，假如你有一個很棒的發想，可以做成一款手機應用程式，但你不會寫程式，要落實這個發想就需要很多時間。但若你想在傍晚或週末幫人遛狗，那只要能走路就能做。

這不代表假如你正職很忙，就沒辦法兼職。這只代表你應該依據目前擁有的時間，找到難度適中的兼職，再慢慢找出更多時間。

假如沒時間兼職，那請再想想，你每週花了多少時間看電視、看球賽、和朋友出門、玩電動或發呆。我的意思不是說你不能做自己喜歡的事，只是你只要檢視自己一週的每一件事，不管你有多忙，我能保證一定可以找出多餘的時間，假如你真的很想多賺錢的話。打開行事曆，看看自己還有哪些空閒的時間。記住，你今天投資更多的時間，都是為了明天更多的自由。

克里斯是我社群裡的成員，他有個很棒的副業想法，但找不到時間去做。他是個大忙人，除了在馬拉松比賽擔任領跑大使、領導一個跑者社團之外，還參加各種非營利組織、當志工教書、與朋友打籃球，且正在訓練參加鐵人三項，同時他的全職工作每週要上班五十五個小時，還要扶養兩個小孩。答案很簡單：克里斯必須放掉一些責任（當然不會是他的小孩！）。於是一切又回到找出優先順序與取捨。

經營副業最大的優點，就是可以按照自己的步調，但記住你也應該視自己有多少時間，調整自己的期望。你也要知道，你的副業可能需要很多時間起步，但之後就不用那麼多力氣去維持了。剛起步時你每週六都得工作，不代表以後每個週末都這麼忙。我看了克里斯的行事曆，竟然每週幫他找出八個小時來經營副業。

只留下最重要的事。假如這件事不能帶給你快樂，你也不是「非做不可」，就把它刪掉。當然，我不是說你應該把全部時間拿來兼職，我只是要說假如你想兼職，你可以用這個標準來找出更多時間。決定權在你身上。而找時間的方法，可以從生活中的五個面向進行。

早上

我完全無法早起，但我從不把這當成藉口，甚至後來早上變成我一天中最有生產力的時間。我發現，早上多出來的一到三個小時是很黃金的工作時間，因為不會被其他事打亂。你不用早上四點起床這麼瘋狂。我大概是五點半到六點之間起床，開始精神飽滿的上工，這種時段很安靜，我可以看看日出，先把注意力放在自己與副業上。你可能會覺得，二到三個小時不是很長的時間，但在你的另一半與小孩起床前，高度專注的二到三個小時足以完成很多事。一週你就多出十到十五個小時，這是很多的時間了，足夠開展一項成功的副業。重點在於你要保持高度專注——關掉電視、社交媒體及任何干擾，然後專心工作。規劃好早上的時間。認真看待這段時間，你每天早上的投資都會隨著時間產生加乘的效果。

傍晚

第二適合經營副業的時間就是傍晚，雖然挑戰比較大，因為你忙碌一整天可能已經累了。你可能無法每天晚上都有時間，但每週幾個晚上的時間，累積起來就很可觀。你可以把打電動或和朋友出去喝一杯的時間拿來經營副業。不妨在幾週或幾個月前就先把這段時間預留在行事曆上，比較容易確實執行。你越把自己與副業放到優先位置，達成的也越多。假如你熬夜的生產力非常高，那也可以。假如不是，也不要勉強。保留精力與妥善管理是關鍵。

週末

週末是經營副業的黃金時間。不要浪費。說真的，我二十四歲的時候，每個週六浪費了太多時間和朋友早午餐喝酒，這樣不只很花錢，也佔用我很多時間，而且我每次回家後總要再睡個午覺才有精神！等於週六為了吃一頓早午餐，會花掉自己七到八個小時。後來我把吃早午餐的頻率，從每週末降低到每二到三個月一次，週六早上七點就起床帶小狗去散步，接著專心工作到下午兩三點。然後接下來就休息，禮拜天也休息。

週六變成我一週裡最有生產力的一天。當然，我可以休息或和朋友出門，但我覺得經營副業更有意義。每週末至少花八小時經營你的副業，加起來一年就會超過四百個小時。假如你真的很喜歡自己的副業，就不會有工作的感覺，也不會覺得犧牲了週六的時間。況且又不是叫你每個週六都在工作，即使一個月兩個週六也能帶來很大的影響。

休假，病假或遠距工作時

當你想經營副業又不想犧牲正職工作，可以每隔一陣子跟公司請特休假或病假，然後把時間拿來利用。這些休假都非常有價值，若你需要一整天的時間專注在副業上，就該這麼做。有人的副業有了重大進度時就會向公司請病假，像是新網站、課程或播客正式上線時，或要進行一項重要的行銷計畫時。請病假這一天，你要很早起床，盡可能發揮這一天最大的生產力——工作八個、十個甚至十五個小時，讓你時間的投資報酬率達到最高。我也知道很多人會善用遠端工作的優勢，同時經營副業，畢竟老闆只在意他們有沒有完成工作。利用這些休假經營副業，可以大大推進你的進度。

零碎的時間

接著就是所有零碎的時間，十分鐘、二十分鐘或一個小時的零星片段。你也可以善用通勤或午餐時間，還有你旅行途中、坐在Uber裡、等待預約的時間。假如你能保持專注，這些零碎的時間累積起來也很可觀。不管是在計程車後座用手機發一篇部落格文章，或是在空檔時打幾通電話，都要善用這些時間經營副業，或用二十分鐘深呼吸舒緩壓力，這可能是花的最有價值的時間之一。不管你如何運用你的零碎時間，記得要有目的。盡可能把握每一分鐘。

我知道你很忙，但你還是可以利用空餘的時間賺更多錢。重點在於下定決心，找出方法，怎麼做對經營副業有最高的投資報酬率。不要浪費時間，專注於做出能讓你有所進展的決定，捨棄其他對你沒有幫助的事情。對自己誠實。重點不在你有多努力，而是在你如何運用你的時間。沒有人會督促你有沒有認真。你必須自律。

就因為你的時間有限，所以最能賺到錢的副業，應該要帶來被動收入——也就是說，你不用主動做任何事就能賺到錢。這就是為什麼創業可以賺錢，因為你睡覺的時候，員工會幫你遛狗、當保姆或任何其他工作。被動收入的優點在於這完全顛覆了傳統的概念（必須用你的時間換取金錢）。

但能變成被動收入的副業可能很難，畢竟天下沒有白吃的午餐。能創造被動收入的副業，往往需要大量的草創時間，以及一個紮實的行銷策略。建立被動收入來源的一個好方法，就是販售一種只要花很少時間就能創造、但可長久存在市場、且不需要額外多做努力的東西。範例包含建立線上課程、在亞馬遜網站販售直運商品、開發手機應用程式、寫一本書、設計一款服飾等。還有一些是半被動收入，像是經營部落格，因為你透過之前發表過的文章賺錢，但不用再做更新。我大多數經營部落格的收入，都來自兩、三年前發表的舊文。

這類事業對提早退休很有幫助，因為你可以建立被動收入事業，賺到足夠或超過你每月生活開支需要的錢，讓你可以「提早」退休，或至少暫時休息幾個月或幾年，去追尋夢想。別忘記，任何每個月持續且穩定的經常性收入，不論金額多寡，都可以降低你的退休所需的財務自由數字，甚至還可以支應你每個月全部的生活開支。

如何評估某個副業，有多少機會創造被動收入呢？考慮的焦點要放在「人類永遠存在的需求」之上，不要管一閃即逝的熱潮。舉例來說，人永遠需要吃飯、睡覺、帶小狗散步、找保姆、請人除草、從甲地到乙地旅遊。我們永遠想要被娛樂，想要學習，想受到啟發。

但任何一種事業都可能面臨挫敗，所以除了租金收入，要建立長期永續的被動收入來源非常困難。世界變化很快，需求變化也很快；今天我們買的東西，明天就不需要了。很多線上事業曾經賺到大錢，最後全都完蛋，因為 Google 更新了演算法，使這些網站不再出現在搜尋結果裡，或 Facebook 更改了他們的動態消息，某些廣告消失了。當然，這些被動收入來源，可能可以讓你到世界各地旅遊一整年，但要支應往後一輩子的生活就沒這麼簡單。

被動收入確實可以幫你更快達成退休所需的財務自由數字，因為你不只多出這些錢可以投資，你需要花的時間也比較少，所以你可以把剩下的時間拿來用其他方法賺錢（或單純休息放鬆）。

副業與創業的稅賦優惠

擁有副業會帶來另一個好處，就是很多經營的支出可以扣抵稅賦。你花了一百美元架設網站與印名片，都能作為個人所得申報的扣除額。你為了副業出差開會，或與潛在的客戶或合夥人吃午餐，這些費用都可以從應納稅額中扣除。隨著你的副業不斷成長，更融入你的日常生活，成立有限責任公司對你會有很多課稅上的優惠。雖然你不一定要成立正式公司才能扣除這些開銷，但比起當作一個「事業」，把副業當作一種「興趣」時，你享有的扣除額度與種類還是比較有限。

這就是你應該成立公司作副業的原因。假如你已經到了做副業能賺到錢的這個階段，花點錢成立一間有限公司，是非常值得的。

為副業成立公司有很多好處，像是可以開立銀行的企業帳戶，申辦信用卡支應開銷與建立公司的信用。成立有限公司也可以提供你更多法律上的保障，幫你區別與保障你的個人資產與公司資產。你可以付自己薪水，管理薪資支出，並享有更多減稅的優惠。這也是一個建立品牌與發展事業的契機，因為對於潛在客戶來說，公司具有更高的正當性。所以假如你計畫認真看待你的副業，最好就是成立一間有限公司，以公司的名義處理你所有的事業支出與收入。而且，這也會讓繳稅變得更簡單！

以上就是評估要不要經營副業時，可以考量的想法。接下來我們就要來說明這個過程。

用這個架構來評估副業

雖然你可以賣任何東西，但最後你還是只能專心販售一項產品或一種服務。在探索各種新的賺錢想法時，請別忘記，想法這種東西到處都是：在 Uber 創立的四年之前，我就有類似的想法，但為什麼我沒有發大財？因為想法本身沒有任何意義，除非你有能力、有意願去執行。所以你在想著要做什麼副業時，請務實思考你的時間、技能與動機，看看你自己適合什麼樣的副業。

當你採用以下的架構找出想法後，就請開始執行，不要過度思考。過程中你會一面修正。還有，不必非要堅持想法——假如某個想法行不通，永遠可以試下一個想法。我列了四個步驟，可以幫你選出未來的副業。

1.分析你的熱情和技能。

為了找出一個新的、你可以經營的副業，你應該先想想自己對什麼有熱情，以及自己擁有什麼技能。做自己熱愛或喜歡的事，賺錢會簡單很多。你不只比較容易持續下去，也比較不會感覺像是在做苦工。當然，你可以把這些事當成興趣，只是單純好玩，但假如你可以透過興趣賺錢，何樂而不為呢？

想想你熱愛什麼，以及能不能靠這件事賺錢。莎曼珊白天是數位行銷公司的客戶經理，晚上或週末她就手做一些很漂亮的捕夢網，放在網路上一個賣五十美元。她做的一個捕夢網最近登上了知名雜誌，使她的訂單急速增加，已經排到六個月後了。此刻的她就很適合思考，是否要升級事業，雇人幫她一起製作捕夢網。這是莎曼珊甜蜜的煩惱——她做自己喜歡的事賺到錢，而且她也有機會把興趣發展成事業。

你真的喜歡音樂嗎？或許你該多參與演出，販售你編製的曲子，結交朋友，參加表演增加曝光率，行銷自己或成立經紀公司，或創立唱片公司或音樂部落格。亞當很喜歡音樂，所以他創立一個名叫 Run The Trap 的部落格，一個月帶來四千美元的收入，讓他可以辭掉數位行銷公司的全職工作，追尋自己創立一間音樂經紀公司的夢想。他曾經幫一些藝術家登上科切拉音樂節（Coachella），或是到世界各地巡迴演出。現在亞當可以環遊世界，過自己夢想中的生活，而且還賺很多錢。他正穩定邁向在三十五歲時達成財務自由。這一切的開始，就只是一個簡單的部落格兼職。

你喜歡寫作嗎？吉姆在二〇〇五年創立了Bargain-eering.com個人財經部落格，他按照自己的步調，慢慢開始賺錢，一邊經營一邊瞭解部落格這個產業。最後他賺到足夠的錢，可以把經營部落格變成全職工作。五年後，這個部落格被一間上市公司用三百萬美元收購，他也立刻達成財務自由，那年他三十四歲。

你喜歡寫程式嗎？布蘭登身為一名電腦程式設計師的同時，在二〇一〇年兼職開發了一款旅行用中英翻譯的iphone手機應用程式。從這款應用程式上市後，他每個月都能賺到五百美元的被動收入，持續好幾年，這幾乎不花他任何時間，而且布蘭登把所有副業收入都拿去投資，也幫助他在三十二歲時達成財務獨立。

你真的很喜歡旅行嗎？也許你可以成立一間私人客製旅遊公司，幫別人預訂客製假期或提供諮詢，幫助那些正在規畫夢幻之旅的人。你也可以教別人如何省錢旅遊，或經營旅遊部落格，或兼職行銷你居住城市裡你最喜歡的景點。布萊恩凱利（Brian Kelly）在網路上叫做The Points Guy，他因為熱愛旅行開始寫部落格，發表造訪景點的評論與划算的旅遊方案，建議別人如何使用信用卡紅利或航空公司點數兌換免費機票。現在他每年靠旅遊與寫評論賺進數百萬美元，最近他的部落格也被收購，根據消息是兩千五百萬美元。三十五歲的他，現在任何時候都可以退休。

你熱愛人際互動嗎？泰勒是一位科技業的銷售業務，很喜歡與別人互動，所以兼職成立一間人事顧問公司，幫朋友介紹另一些朋友公司裡的職缺。他的酬勞很高：成功引薦時，可獲得該員工第一年薪水的百分之二十。所以假如他引薦某個人，薪水是十萬美元，他就能賺到兩萬美元。這代表泰勒可以每個月多賺五千到一萬五千美元，而且非常輕鬆。後來這份事業很成功，現在是全職經營，賺到的錢也能輕鬆支應他每個月的支出。

現在有越來越多人請泰勒介紹工作，也有更多公司相信泰勒能幫他們找到好人才。他把事業經營得有聲有色，而且他可以在世界上任何地方工作，這是他完全善用的優勢。幾個月前，他在尼泊爾的聖母峰基地營裡工作，然後又搭噴射機到香港參加派對。

你必須思考自己的技能。最好的副業是那些你本來就有能力做的事。思考你具備的每一項技能與你喜歡做的事，看看有無潛力幫你賺錢。你可能已經擁有一些可以用來賺錢的技能，只是你還沒有發現。你也許會認為「技能」必須是某種你能用在工作上，或你受過正式訓練，或你在學校學過的東西。其實你有很多能用來賺錢的技能。舉例來說，雖然你不是保姆或幼教老師，但你可能很懂得也熱愛與小孩相處，何不考慮兼職幫人照顧小孩，或成立一間白天的托育中心呢？別把自己的技能視為理所當然，像是開車、洗衣服、打掃、烹飪、景觀設計等。這些說不定都能幫你賺錢。

另一個兼職的有效方法，就是將你在全職工作中學到的技能和專業，用在副業上接案賺錢。我認識很多全職的律師、會計師、網頁程式設計師、數位行銷經理、編輯、文案與設計師，他們都用正職的專業兼職賺錢。這是一種賺外快的好方法，同時也能幫助有需要但支付不起大型法律事務所或數位行銷公司高額收費的人。

在動工之前，你得確認你的公司沒有利益衝突的規定，沒有限制你另外在外面工作。很多公司只接受「非競爭產業」的兼職，也就是你兼職服務的產業，與你公司服務或所屬的產業不能重疊，對象也不能是公司的競爭者。假如你的雇主真的有嚴格的兼職政策，可以和公司談談你為什麼想兼職，為什麼這和公司利益不會有衝突。公司可能會有條件同意你，假如沒有，你也應該認真考慮換一份不會限制你賺錢的工作。

在思考能經營什麼副業時，你可以專精於一個特定的領域。雖然這麼做會限縮你的客群，但擁有專業領域的市場，好處還是多於風險。雖然我可以為任何人架設網站，但我大多只服務律師事務所與房仲公司。在我的全職工作裡，我也只與大學合作。如果只專注幾個特定的利基，你比較容易獲得轉介，建立人脈連結，成為那些產業裡的專才。很多人都太貪心，不願放過從任何地方找客戶的機會，但你的客群越集中，你的目標市場越有財力，你就能賺到越多錢。

我認識最會賺錢的顧問，全部都有自己的利基，他們也都很努力要成為該領域裡的專家。我認識一位數位行銷專員，他的客戶全部都是加拿大的牙齒矯正醫師；他全心投入，這些醫師也都屬於同一個協會，他在這個利基裡，身為一位數位行銷專家，也經營出非常賺錢的事業。

不管你挑選什麼樣的客群利基，不管你是一對一諮詢服務，團體諮商或訓練，或是線上課程，你的技能組合越有價值且需求越大，你在副業裡能賺的錢就越多。

你想學習什麼新技能？副業也能讓你在經驗不足的事項上，學習到新技能與尋求新職業。只要你可以為自己的技能加值，又符合目標客群的需求，就可以行銷自己的服務。當然，你不可能販售自己完全不瞭解的東西，但你只需要懂得比付錢給你的客戶還多，就可以邊做邊學。最能鼓勵你學習新事務的，就是一個會付錢給你的客戶了。

這就是我學習架設網站的方式。我已經知道基本的 HTML 語法，接著我觀看 YouTube 上的免費影片，學習架設 WordPress、Drupal 與 Joomla 管理系統的網站。我只學了幾個星期，就開始收費做這件事。現在 YouTube 上幾乎什麼都學得到，很多產業也不要求你有學位或正式訓練。現在有很多免費或便宜的線上課程，涵蓋各種主題，學習和掌握新知識又更簡單。

這些便利的資源還不能保證你成功，你還要再加上兩個因素：好奇心與專注力。世界的趨勢是終身學習。你學得越多，賺得也越多。永遠不要停下學習的腳步。

不論你想學什麼，你都可以去找需要這項技能的人，銷售你的服務，且繼續補足還不完整的知識。這是一種很好的方式，可以幫你建立技能與經驗，嘗試出新的職業軌道，卻不一定要重回校園，也不必全心投入作為正職工作。

想想你熱愛的活動——任何你熱愛的事物。你的興趣，你的熱情與你的技能。尋找你在全職工作裡面與除此之外的技能。

你可以用任一種技能賺錢嗎？

你可以開設課程教其他人嗎？

你可以找到客戶嗎？

拿一張紙或打開線上表單，畫出兩個欄框。如下表。在第一欄裡，寫下你全部的興趣與熱情，在第二欄裡，寫下你的技能。接著縮小技能的範圍，把不喜歡的技能劃掉。假如你發現兩個欄位有重疊，就從這些地方開始著手，結合你現有的技能與興趣。假如清表上無任何重疊，先從你的技能開始著手，然後努力培養你想用熱情賺錢需要的技能。我們用接下來的例子說明。

二十六歲的凱爾是工程公司的行銷經理。他的正職工作薪水很高，但這不是他真正的熱情，他也不想

表 9-2

嗜好／熱愛的事物	技能
設計	Excel 軟體
電子音樂	寫作
旅遊	文案
跑步	編輯
志願課業輔導	臉書廣告操作
烹飪	Photoshop 軟體
閱讀	戶外求生計能
定點跳傘	
登山	
傳統手工釀酒	

永遠在那裡上班。他想創立一個能賺錢的副業，做一些自己喜歡的事。他的夢想是創業當老闆，他就能更常出國旅行，所以他的目標是找到一個有潛力發展為正職工作的副業。表 9-2 是凱爾的興趣／熱情與他的技能。

從這兩欄表格裡，可以看出凱爾的興趣與技能的相似，這也有利於他挑選潛在的副業。舉例來說，凱爾喜歡設計又擁有 Photoshop 與文案的技能，所以他可以自由接案做設計，對象可以是當地公司，或透過網路上的接案平台來尋找，接著利用客戶正面的轉介拓展他的事業。他也可以結合其他的熱情，例如接小型釀酒廠的案子做設計。還有一些地方也能看出重疊，像是凱爾對爬山的熱忱與他低空跳傘的戶外求生技能，和他對設計的興趣與行銷的技巧。假如他的登山技能很棒，他也可以帶領登山團，或創立（與行銷）自己的公司，規劃登山活動與短程旅行。

除了原有的技能，凱爾開始發展他的事業時，也會學到更多技能，像商業設計、契約與談判，讓他之後能自己做行銷。副業最大的好處之一就是你在賺錢的同時也學習，培養出更多能賺錢的技能。記住，技能是你未來的資產，也會讓你變得更有價值，在未來擁有更多賺錢的方式。

2. 評估你副業的賺錢潛力。

現在你已經知道要做哪些副業了，下一步就是縮小範圍，找出最能幫你賺錢的副業。

我們必須從市場需求開始看。市場對你服務或產品的需求越高，你就能賺越多錢。市場需求又取決於供給與需求，或想要購買的人數（消費者）與提供銷售的人數（競爭者）。

以本章一開頭的麥特為例，他能賺到錢是因為需求很高，而且還在成長（很多新搬進社區的住戶都有養狗），而且供給很低（該地區提供遛狗服務的人很少）。麥特就在這裡發現了商機。

麥特也知道，在社區裡面的其他競爭者都跟他一樣，都是單人接案。假如社區裡有很多幫人遛狗的公司，他就沒機會了。不過他的周遭沒有任何勢力相當的競爭者，他又擁有優勢，勝過想打入社區的外來公司：他認識很多住戶，這些人也會把他介紹給其他需要遛狗的人。

開始任何事業前，都應該分析並瞭解市場需求。假如沒有人需要你提供的東西，或有太多人也提供相同的東西，你就賺不到錢。

遛狗這類性質的副業，主要的競爭力就是價格，在這種情況下消費者一定會選擇最便宜的。所以，隨著更多競爭者加入市場，每個兼職遛狗的人最後能賺到的錢越來越少。當然，還是能找到一些除草、剷雪或當保姆的工作，但要在這些市場裡競爭與建立事業，難度就高很多。

當市場的競爭太激烈，就賺不到錢，除非你有辦法提供其他競爭者沒有的服務。所以你必須想辦法增加價值，在競爭者中脫穎而出，讓人願意付更多錢購買你的服務。例如，成立一間遛狗公司，提供在早上更早或晚上更晚的遛狗時段，或者你可以拉長遛狗的時間，提供寵物美容、寄宿或訓練課程等（假如你有這個技能）。

供需法則有一個例外：關係。已經與你有關係的人，願意支付更多錢購買你的服務。商業經營講求的就是關係。假如他們信任你，就會跟你買東西。這就是為什麼你想發展副業時應該從你的周圍開始，或在線上社團裡經營一些關係。不論你想從事什麼副業，如果銷售對象是你自己所屬的人際網路或熟識的人，就會比較簡單。因為重點就在於客戶轉介與口碑。

這就是為什麼麥特提早一步行動的優勢很重要。他已經先在社區裡打下關係。假如你能第一個進入市場，且支持者也越來越多，你就能建立其他公司難以複製的人脈關係。這就是麥特成功的關鍵——他看見商機，他善用現存的人際轉介網路，他立刻行動去拓展更多關係。

當然，現在麥特的社區也有其他遛狗公司打進來了，但透過口耳相傳與簡單的行銷，他的生意還是供不應求。任何人只要幫忙轉介新客戶，麥特就提供一次免費的遛狗。他需要的就只是原本的客戶將他轉介給其他潛在的客戶，例如透過在地社區或大樓公佈欄宣傳。因為這項服務的需求很高，他的信譽也很好，他也不需要做太多行銷。

你也要留意，忙碌的人通常願意付更多錢，只求有人代勞。所以假如你（或你的客戶）

可以說服某些大忙人幫他們解決問題，那麼大忙人在雇用你之前，也不太會去比價。很多只是靠著提供簡單的服務就賺了大錢，因為他的客戶都是有錢但分身乏術的人。

考慮副業的選項時，也要思考客群是哪些人。假如你覺得某個副業能賺錢，那就行動，開始嘗試去銷售。市場會告訴你是否有需求，因為結果不是有人買就是沒人買。大部分的副業都不需要雄厚的資本，可以直接去做，看後續如何發展。不要花很多錢在一項新副業上，也不要還沒開始就先買昂貴的工具。一開始時最小投資就好，用少許的時間換取新的賺錢機會，這樣才不會損失。

假如你想在線上銷售商品或服務，事前的線上調查很重要。假如你還沒有線上的客群或社團，那就先建立一個客群社團，否則沒有現成的客源，就很難在網路上賣東西。建立社群與人際網路時，可以寄簡易的問卷給這些人，評估他們的興趣，並測試商品或服務的可行性。傾聽別人對你的構想給予什麼回饋，與他們是否願意花錢購買，你會學到很多。

不論在網路或現實生活，徵詢意見的另一個優點就是這些人與你有了互動，他們可能會對你的東西產生興趣。只要你開始尋求別人的回饋，有意願購買的人就會自動出現。假如這些人信任你，也會將你的服務或產品推薦給其他有需要的人。

請教該領域的成功前輩也很值得一試。去找有經驗的前輩，盡量向他們學習，這樣會省下你好幾年的時間。很多年長一輩的成功創業家都很樂意和你喝一杯咖啡或吃一頓午餐，分享自己的經驗。你甚至可以去潛在競爭對手的公司應徵，當幾個月的實習生，學習該公司的業務。

另一個分析市場需求的好方法，就是利用Google搜尋結果。倚賴Google搜尋的人太多了，你可以從搜尋結果上面獲得有效數據，分析世界上任一地方的市場需求。假如你想在紐約州的雪城成立一間遛狗公司，你可以查看當地有多少人曾經在Google搜尋過「遛狗」或「徵人遛狗」。檢視搜尋數量每年的變化。需求是增加或減少？雖然你不可能得到全盤的數據，但網路上有一些免費工具，提供的資訊也已經夠你參考。你可以搜尋「Google關鍵字規劃」（GoogleKeyword Planner）。

除了分析Google搜尋數據，你也應該花時間查看每一項副業可能面臨的競爭對手。做好競爭分析很重要——不只會讓你知道競爭對手是誰，還會告訴你對手如何收費，有什麼特殊的產品或服務，如何行銷他們的產品與產品等。我也建議你偷偷向對手買東西，到他們的網站填寫線上諮詢表或打電話，問他們如何提供服務與收費的標準。盡可能取得最多的資訊。對於經營自己的副業，這些都是很有用的情報。這樣可以讓你弄清楚該如何收費，以及如何突顯與競爭對手的差異，使自己脫穎而出。

假如競爭對手很多，市場已經太過飽和，你就要去找競爭比較少的副業。或者誠實思考：自己有什麼獨特的價值或差異性？為什麼客戶應該向你購買，而不是向其他人買？當然，不是每種副業都必須發展成大型的營利事業，但你還是應該瞭解，假如競爭對手很多，要銷售產品也更難，賺的錢也會比較少。在競爭已經非常激烈的市場裡，要找到潛在客戶會更難，成本也更高。

假如你想從事的副業沒有競爭對手，原因可能是這個東西沒有市場，或者剛好被你找到超過一百分的好點子，此時你擁有先進者優勢。不管這個想法是什麼，你越熟悉競爭對手，你就越容易行銷與銷售你的服務。你的每個競爭對手之間有什麼差異？他們的服務有什麼不同？為什麼有些人收費比較高？你能提供什麼獨具的服務？這些事前的準備，能幫你制定出更好的價格策略。

3. 如何收費，拿下你的第一筆交易，且盡可能拿到最高的報酬。

你可以收取多少費用，基本上取決於以下六個條件：

- 從事這項工作需要的技能，或相對於其他競爭對手你的技能等級。
- 市場需求。
- 你的競爭對手如何收費。
- 附加價值（你是否提供任何額外的服務或好處）。
- 知覺價值（根據你的信譽，或你的產品或服務對顧客而言有多少價值）
- 目標客群的支付能力（一般而言，有錢的個人與公司可以支付你更高的價格）。

把產品或服務賣給比較有錢的人，通常也會賺到比較多錢。

接下來讓我們進一步來瞭解。首先，你的技能組合對應的需求越多，你的服務就能收取越高的費用，因為這項工作只有少數人能完成。你架設網站可以收取的費用高於遛狗，而如果你是特別優秀的程式設計師，則相同的服務你的收費也可以高於其他同業。

第二，你提供的服務需求越大，就能收取越高的費用。雖然遛狗很簡單，但很多人都需要別人幫忙遛狗，所以在很多地方遛狗需求都很高。但需求還是會因市場而異，也就是會因為特定地點而情況不同，所以在不同的城市與社區，遛狗的需求也可能差異很大。

第三，你可以如何收費，取決於你的競爭對手如何收費。你只能收取比競爭對手高一點點的費用，而且還必須附加很多額外的價值。通常推出新產品或服務時，一開始你的訂價會比競爭對手低，以吸引想找便宜商品的顧客。不過，你對自己的服務定價過低也有風險，因為未來很難拉升價格。所以，你還需要與客戶溝通，讓他們知道你與競爭對手的區別在哪裡。

第四，盡可能附加更多價值，但前提是你的客戶或顧客能看見，這些價值才有意義。要賺更多錢，不是看你有多努力，或你做了多少事，或你工作有多忙；而是要盡量最大化服務的知覺價值，並且最有效率（用最短的時間）的完成工作。客戶覺得你的服務越有價值，你就能賺到越多錢。因為買方最大，**買方的想法最重要**。

最後，有錢的公司或個人比較有可能對你的服務支付更多的酬勞。在越富有的社區，遛狗能賺到的錢也越多。一間公司規模越大，也就越有資源能支付你的服務。舉例來說，我曾經為一間小型律師事務所架設一個五百美元的網站，過了短短幾個月，我用相同的模組，為一間大型律師事務所架設一個五萬美元的網站。我架設五萬美元的網站，其實花的時間更少，但規模越大的公司，可運用的資源也會越多，一個好的網站能為他們帶來的效益也越大。我對兩間公司提供相同的價值，但支付五萬美元的客戶認為我提供的價值比較高。定價是一種藝術兼科學，但你可以根據競爭對手的收費與現實，大致評估出市場願意支付的價格。假如你一直被拒絕，商品賣不出去，你就要降低價格，或接受你競爭力很差的事實。

有些副業比較賺錢，所以決定你每小時的目標費率很重要。第六章我們學過如何計算自己的每小時真實工資，而你也要把副業設定一個目標工資去達成。在你寫下創業想法與分析潛在競爭時，也要同時寫下你可以從這個副業賺到多少錢。假如你認為在全職工作裡，你的時間價值每小時二十美元，若你的副業不能賺更多，也至少要等於這個工資。

我坦白說：大部分人經營副業，尤其是剛起步時，對自己提供的服務或產品收費都太低。別降低自己的價值。當然，你可能想利用誘人的價格吸引第一批客戶或顧客上門，但完成最初幾筆生意後，你就應該調高價格。

本書的目標就是幫你在最少的時間內賺到最多錢，所以，你應該將價格定在自己認為有點高、你的顧客也認為有點高（但又沒高到乾脆不買）的價格上。我的某位老師曾說，「客戶沒有回絕你的價格，就代表你價格開的太低。」

不論提供什麼服務或產品，你都應該把價格定在市場願意支付的上限。價格太高，沒有人會買，價格太低，可能也會賣不出去（因為顧客認為你提供的價值或品質可能很低）。價格太低，顧客也可能會多到超出你的負荷。五個顧客每人付你兩萬美元，會勝過五千個顧客每人付你兩百美元。兩種情形你都賺到十萬美元，但是管理五個顧客遠比五千個簡單。

你的定價必須要能控制供給與需求。假如你固定一個月架設三個網站，但你這個月只想架設一個，這項服務的需求就會增加，此時你可以試著讓價格變成兩倍或三倍。假如需求非常高，你就處於優勢位置，可以開出任何你認為顧客願意支付的價格。

另一種收費標準，是依照你帶來多少利潤，然後收取利潤成長的某個百分比。假如你幫別人賣一項產品或服務，你就可以依據你多創造的利潤或收益，然後收股某個百分比。假如你對自己的服務有信心，你可以建議只有在你為客戶賺到錢時，他們才支付你酬勞，你賣的越多，就能賺到越多。

我接過一間藍芽耳機公司的案子，雙方談好，我幫他們做的廣告所帶來的利潤，有百分之二十歸我。結果連續大賺錢好幾個月，最後他們乾脆自己刊登廣告！假如你從事廣告、行銷或銷售，也很有信心能增加客戶的收益，這種定價模型絕對值得考慮。雖然風險比較高，但報酬也比較多，而且各憑本事，沒有上限。

拿到你的第一筆交易：要去哪找客戶？這取決於你銷售的產品或服務種類，但一般簡單的方法，就是針對你之前調查與分析市場需求的同一個社群內（不論線上或真實生活中），去找第一個客戶。原本就認識你的人，通常比較願意向你買東西。

另外，不管別人是否認識你，你還有一個方法能大大增加成交的機會：分享自己的故事。行銷任何產品或服務的核心就是分享你的故事。我們都是人類，而銷售就是建立連結。顧客越能認同或同理你的故事，也越相信你提供給他們的價值與服務。「關於我們」將會是你網站上最重要的一頁。

當然，不論你的商品是什麼，你都需要一個好的網站。別擔心，你可以用 WordPress 架站軟體，在一個小時內輕鬆完成一個網站。網站品質越好，顧客的知覺價值也越高，要銷售產品也會越簡單。你的目標是與潛在的顧客分享自己的故事，讓這些人認識你、認同你。你可以分享：自己為何開創這個事業、靈感哪來的、為什麼你對這件事有熱忱、你創立這間公司的目標或使命等等。你也可以分享一些與顧客建立關係的故事，以及你從經營這項事業裡學到什麼。你分享的故事越私密，就越能扣人心弦。你應該查看競爭對手的網站，寫出更勝一籌的「關於我們」。很多網站的「關於我們」都很沉悶，展現你的特質與熱情就會佔有優勢。

不要擔心自己能不能吸引到很多顧客。你只要專注於找到第一位客戶，完成第一筆交易就好。縱使你推出的是史上最佳產品或服務，但最有可能的現實會是，前幾位客戶、前幾筆交易最難。這不只正常，實際上更對你有利，因為你可以按照自己能掌握的步調，慢慢發展副業。新興事業最壞的情況就是承接過量的顧客，卻無法處理這些需求。

找到第一位客戶或賣出第一件產品雖然很難，但只要做得對，前幾位顧客將會是你事業生涯裡最有價值的客戶。一開始放慢腳步，能幫你增加事業成功的潛力。

首先，永遠要讓最初幾位客戶感到物超所值。盡可能附加最多價值。盡量讓這幾位顧客滿意（即使會花你很多時間），因為你需要這幾位初始客戶幫你轉介。有了好口碑，要做到第二筆交易就比較簡單。而且有滿意顧客的推薦，未來的顧客也比較容易上門。我在Craigslist徵才網站上找到一位芝加哥律師，架設我的第一個網站，後來透過他的推薦在接下來兩年繼續接案。因為他這一位客戶的評價，我賺進超過三十萬美元的收入。他是我的第一位客戶，也帶給我最大的價值。

你最初的幾位客戶，也能對你的產品或服務提供寶貴的建議，幫助你精進與改善。請記得詢問你的顧客喜歡哪些部分，哪裡還需要改進。別忘了提供一些小獎品當作誘因——用免費的贈禮換取顧客分享自己的經驗！你的產品或服務越好，顧客越開心，你就能賺越多錢。滿意的顧客會跟其他人分享他們滿意的經驗，不久你就會建立起轉介網路，幫你做口碑行銷。

其次，也可以找那些沒有利益衝突的公司當合作對象。舉例來說，假如你經營除雪的副業，你就可以找附近沒有提供剷雪服務的除草公司或景觀設計公司，與他們建立夥伴關係，做一些交換（不論是金錢或其他方式），讓他們把你的服務推薦給他們的顧客。借力於其他人的人際網絡，可以快速幫你創立或拓展自己的副業。只要接觸任何一個網路，都可能大大提升你的事業規模。

4. 何時可以擴大規模

假如你已經穩定出售產品與服務，且在過去六個月都有賺到錢，或假如你服務或產品的需求急遽成長，那你就應該考慮擴大這個副業。假如需求超過你能負荷的範圍，或假如需求很穩定但你不想親力而為，你就應該考慮雇用其他人幫你工作。假如需求很低或成長很緩慢，就不要雇用新人，免得公司出現一堆閒人。

藉著雇用員工，你賺錢的模式會從「出售自己的時間」轉變成「利用其他人的時間」。你的團隊做得越好且越有效率，你就能向客戶要求越高的費用，你也會賺到越多錢，而不用額外多做什麼事（甚至可以少做）。你越善於分配工作，你的工作就越少，拓展事業的速度也會越快。

假如你真的決定將規模升級，還是可以依照自己的步調。事實上，我建議慢慢開始，先進用一、兩位派遣員工，不要立刻投入資源支付全職員工的薪水與福利。盡可能降低間接成本（員工成本），直到你已經能掌握事業的經濟狀況與成長機會。真的要雇用全職員工時，請挑選那些「相信你的人」，也就是對這個機會與事業很感興趣的人。真正喜歡這個工作且相信你的理念的員工，比起只是看著時間等下班的員工，會帶來更多價值與好處。

他們不只更願意努力，也更願意在你發展時跟隨你，齊力幫助公司成長。

我也建議你認真思考真正想要的生活：為了賺錢，你願意做哪些取捨。從個人兼職者轉變成創業者的過程真的很辛苦。我們已經提過，創業的挑戰很多，雖然你還是老闆，但必須雇用與管理團隊，增加銷售以支應日漸茁壯的團隊人數，這樣比起只要管理好自己，會為你的生活帶來更多壓力。

有了員工，你的責任會升到一個全新等級：不只要為自己的生計負責，也要為你的員工與他們家庭的生計負責。這是很大的責任。

這對我來說是很巨大的轉變。從員工變成雇主的責任比我預期多很多，也讓我無法做自己喜歡的事（架設網站，行銷產品，在數位行銷市場最前端與人競爭），反而要花大部分的時間處理行政與管理的工作，像處理員工複雜的情緒，畢竟在辦公室裡與同事相處的時間比家人還多。

但研究顯示，即使工作時間較長，自己當老闆還是比較快樂，因為你為自己工作，有創新的自由，你也比較願意面對挑戰與拓展事業。擁有個人事業最大的優點，就是可以隨心所欲。你可能想發展一個大型且賺錢的事業，或可能想打造一個「生活型態事業」，也就是這個事業能配合你理想中的生活型態。生活型態事業講求找到金錢與時間的理想平衡，也能讓你更快達成目標數字，且產生穩定收入支應你每個月的生活開銷。

麥特評估他應該可以把遛狗的事業擴大兩倍，但他不願意用更多時間換取管理的工作。他已經找到理想的平衡，能同時管理正職工作與副業，也還有時間與女友去旅行。他也還朝著在三十歲前存到一百五十萬美元的目標前進。

別忘了，副業也是一種時間與金錢的取捨，你要決定今天願意用多少時間，換取明天能投資更多的錢。沒錯，你必須做犧牲，但犧牲的多寡由你決定。假如你的目標是達成財務自由，記住，你今天花在賺錢上的時間，可以幫你在未來換到更多時間。

有時候你也要學著說不。你不可能每天晚上看 Netflix 或出門聚會，同時又讓自己變成百萬富翁。我認真投注在副業時，有時必須婉拒朋友的邀約，但我還是能找到時間與好友待在一起。我只是同時兼顧兩件事。有時我甚至付薪水請朋友來幫忙。選擇權在你身上，但我很確定只要你開始利用副業賺錢，看著自己的事業成長，你應該不會覺得那是一種犧牲。

重點複習

1. 你必須拓展收入來源，發展一種或多種副業——在正職之外幫你賺錢的事業活動。副業的優點是，幾乎做任何事都能賺錢，有時還能賺到很多。而且通常只要一點投資就能開始，想嘗試各種構想也很簡單。

2. 利用副業作為資本可以加速投資的成長。拿去投資的每一塊副業收入，都能縮短達成財務自由目標數字需要的時間。任何工作都值得。多投資的每一塊錢，都能幫你更快達成財務自由。

3. 兼職賺錢的方法有兩種：幫別人工作，或為自己工作。幫別人工作，能賺的錢永遠會受限於你一天擁有多少時間。為自己工作可以賺更多，可以做自己喜歡的事，也更能掌握自己的金錢與時間，掌握發展事業的機會。

4. 你必須評估你實際願意投入多少時間，因為你有多少時間，會決定你能從事的副業種類，與你能賺到多少錢。

5. 最賺錢的副業要能帶來被動收入——也就是，不用主動做任何事就能賺到的錢。被動收入完全顛覆你必須用時間換取金錢的傳統觀念。你可以建立一項有員工或只有個人的被動收入事業。

6. 你可以建立被動收入事業，賺到足夠或超過你每月開銷需要的金錢。這會給你更多彈性與更多潛在機會快速達成財務獨立。

7. 副業評估架構

- 分析你的熱情與技能。
- 思考自己喜歡做什麼，檢視自己的技能。你可以用興趣或技能賺錢嗎？你可以開課教其他人做這件事嗎？你可以在社區裡販售你的商品或服務嗎？
- 評估你各種副業的賺錢潛力。
- 弄清楚如何定價，拿到你第一筆交易，盡可能拿到最高的金額。有六個因素會決定你能賺到多少錢：

  a. 從事這項工作需要的技能，或你相對於競爭對手的技能等級
  b. 市場需求
  c. 競爭對手的收費
  d. 附加價值（例如，你能提供的任何額外服務或好處）
  e. 知覺價值（根據你的信譽，或顧客認為你的商品或服務擁有多少價值）
  f. 顧客的支付能力（一般而言，比較有財力的個人和公司能支付更多）
- 將重點放在建立起一種生活型態事業，且知道要何時與如何擴大規模。

第十章

快速成功的投資策略五步驟

投資是最終極的被動收入，可以加速你達成財務自由。這就是你以錢滾錢的方法，且不用付出任何時間。

本章教你的簡單投資策略，是為了讓你盡快達成財務自由的目標數字。而且不必管你現在賺多少錢、現在有多少投資經驗。不過要留意，這個策略是針對美國人而設計，其他國家或環境必須因地制宜，但原理是相同的。

很多人都認為投資很可怕或很難懂，所以乾脆不投資，要不然就是投資錯誤或投資太少。也有人花很多錢聘請財務顧問，去管理其實自己就能輕鬆管理的投資。

不要被絢麗的投資策略或複雜的語言所迷惑。你的重點不是要成為投資魔法師，而是要盡快以最有效率的方式讓錢成長。等待得越久，就浪費越多時間與金錢。前面已經一再強調，每一天的複利都很重要。你應該從今天開始。真的，你不一定要懂每一件事才能開始投資。

讓我澄清一個普遍的錯誤觀念：投資不是投機。投資的時候，你知道自己有合理的機率將本金拿回來，或看著本金成長。而投機時，只是依賴運氣獲得報酬。還有，投資時可以控制很多變因，這些因素會影響你是否賺錢或者限制你的投資表現。

本章的策略基礎，是五個你能直接影響的重要概念：

1. 最小化風險。
2. 最小化花費。
3. 最小化你投入資本的稅額。
4. 最大化報酬。
5. 最小化提領時支付的稅額。

雖然投資有風險，你也無法控制市場、經濟或股票的表現，但本章簡單的投資策略，能幫你在可承受的風險等級內獲得最高報酬，最大化成功的機率。

你可以投資各種東西，像是藝術、紅酒、商品、貨幣、虛擬貨幣、網域、家具、收藏品、事業等等，但本章暫不討論實體資產（如藝術品、紅酒）與投機性的金融商品（如虛擬貨幣）。

永遠不要投資不瞭解的東西。搞懂要用多少風險去交換多少報酬之前，不要投資。如果朋友、家人、財務顧問或某個你剛認識的人告訴你「快點去投資某某東西」，那就千萬別去。跟風，或看起來太美的投資（像是保證每年有百分之二十的報酬率），都要小心。專注於簡單的金融商品就好，這些東西能隨著時間帶來穩定的報酬。你投資組合的核心應該是股票（實體公司的股份）、債券（你借給某人的錢）與不動產（房地產）。

你當然可以雇用財務顧問來管理你的投資，但我們先前說過，你越能掌握自己的財務生活，就能賺越多錢。而且實際上，你一個月只需要花不到一個小時，就能管理好自己的財務。

財務顧問、信託財務顧問與自動化投資顧問

假如你需要協助，可以雇用一位「純收顧問費」的財務顧問，用幾小時的時間幫你開立好帳戶。請與計時或按件收費的顧問合作，不要委託那些按照「資產管理總量」（assets under management，AUM）收費的顧問。依照資產管總量收費，你的顧問會收取你一定百分比（一般是百分之一到三）的資產管理費，不論他們有沒有幫你賺到錢，而且這些行政費用會隨時間帶來負面的複利效果，你投資的總長期價值也會因此減少。

而且，你也要確定這些信託財務顧問能夠確實依法以你的最佳利益為優先，而不是以他們自己的利益優先。有些人會向你推銷各種金融產品，即使這不符合你的最佳利益，只因為他們能賺取傭金。你可以參考 XY Planning 網站，這是一個按時收費的財務顧問社群，其中也有一些人是提早退休的理財專家。

另一種選擇是收費低廉的自動化投資顧問，利用演算法投資你的金錢，督促你管理。我自己測試過一些機器人投資顧問，但它們能做的，你自己都能輕鬆做到。假如你還是需要別人幫忙管理投資，Vanguard Personal Advisor Services 或 Betterment 或 Wealthfron 這些機器人投資顧問公司，都是很好的選擇。只是你也要留意收費與你得到的服務種類。我個人最喜歡 Vanguard 的服務，因為他們收費較低，而且有任何問題時，也能隨時找到財務或稅務顧諮詢。

本章投資策略的設計，可幫助你將賦稅、風險降至最低，最大化報酬與抵抗通膨的能力。基本上就是我自己使用的投資策略，只是再加上一些我達成財務自由至今，不斷體會到的調整策略，再增添一些已達成財務自由者的寶貴建議。

以下的投資策略要按步驟實行，若再搭配盡可能提高儲蓄率、盡可能投資最多的錢，則你快速達成財務自由目標數字的機會也會倍增。這也是你能用一輩子的策略。

請留意：本章提到的內容都是截至二〇一八年止的資料，各項規定若有變動，可以自行查詢。

第一步：短期與長期投資目標

依據你短期（五年內）或長期（五年後）的金錢需求，應該採用不同的方式投資。大部分的錢都應該用於長期投資，這樣才能支應你一輩子的生活。

短期投資

因為股票市場在五年之間的波動可能很大，假如你在未來五年內想買房子、重新整修廚房或規劃一次期待已久的義大利夢幻之旅，你必須把錢放在波動比較小的投資裡。雖然比起風險比較高的投資，波動小的投資成長較慢，但損失也會比較少。

大多數人的短期投資，就是把錢存進銀行，隨時可以取用。假如這麼做會讓你安心，也不失是一個選擇，但大部分帳戶一年的成長都不到百分之一，加上通貨膨脹（一年成長百分之二到三），你的錢其實是在減少。

留一些錢做現金形式的投資永遠都是安全的做法，發生緊急狀況時，這些錢就是常見的緊急備用金。傳統見解會建議你在簡單的儲蓄帳戶或貨幣市場基金裡，存下能支應至少六個月生活開銷的現金，可以因應緊急需要（或突然失業）。假如你認為自己的工作穩定，也有其他現金收入來源（比較不用仰賴單一工作），或假如有其他方式能獲取現金，你也許就不必存六個月的緊急預備金，可將多餘的錢拿去投資股票或債券。

我自己留在手邊的現金一直都少於兩個月的生活開銷，因為我想盡可能把錢放在股市成長。但我會覺得安心，也是因為我有各種收入來源，又懂得如何策略性使用信用卡（我的每月現金收入能支應信用卡消費），足以因應緊急情況。請記得，你投資越多錢，錢成長也越快。

另一個安全的短期投資選擇，是把錢放入定期存款帳戶。美國此刻的定存利率大約是百分之二。定存會強迫你不能動用這筆錢，一般期限是一到五年，所以假如真的有急用時，你就沒有提領現金的彈性。不過，你還是可以採用階梯式定存法，也就是把儲蓄分成多張定存單，有某筆錢到期的話就可以運用，或再投入另一筆定存。

更好的選擇，是將你的短期投資投入債券。債券是公司、中央或地方政府需要用錢時，所發行的一種債務形式。這是一種固定利率的借貸。買債券時，就是以固定的利率在特定的期限內，借錢給債券發行人。因為利率固定（也就是發行人設定好之後，利率不會隨時間改變），債券被視為固定收入投資，所以只要發行人沒有拖欠債務，你就能有穩定收益。

高品質債券（借貸人擁有高償還能力，例如美國政府）比起股票，在傳統上被認定是風險較低的投資，因為債券的利率不會像股價般變動。

假如想投資債券，你不需要大費周章直接購買債券，可以輕鬆選擇債券基金（同時有很多張債券，能分散風險與維持一定期望的報酬率）。你可以查看Vanguard公司發行的「全債券市場指數基金」（Total Bond Market Index Fund），他們投資各種組合的投資級（或稱高品質）債券。這支基金包含百分之三十的企業債券與百分之七十的政府債券。債券基金風險低，但潛在的報酬比大多數儲蓄帳戶都高。這至少能幫你對抗通貨膨脹（或可能打敗通膨）。從二〇一二到二〇一七年，Vanguard的全債券市場指數基金，每年的投資收益大約是百分之二到三。你在稅後帳戶裡有債券基金的投資時，這些錢能自由領取。你只需要再針對投資收益納稅即可。

假如你想冒一點險，可以投資由股票與債券組成的基金，例如Vanguard的「衛斯理收入基金」（Wellesley Income Fund），這個組合投資約百分之六十的債券與百分之四十的股票，所以你能獲取更高的報酬（風險也高一點）。二〇一八年衛斯理收入基金的獲利是百分之十點二；在過去三年是百分之六點四五；在過去五年則是百分之七點三一。這當然勝過大多數活存帳戶不到百分之一的利率。如果你有穩定且安全的現金收入，千萬不要閒置你的錢，除非你打算幾年後就要退休，且需要依靠投資收益過活。你朝提早退休的目標前進時，也應該把六個月生活開銷的現金額度，提升到十二個月。

長期投資

不管你何時開始投資，你大部分的錢都應該拿來做長期投資（三十年以上），因為你得讓錢繼續成長，才能靠這些錢生活一輩子。「買進」與「持有」就是長期投資的真諦。既然你的投資期限比較長，就不必擔心短期的波動，因為有更多時間能彌補損失。最適合做長期投資的市場就是股市。

本章接下來的投資策略，都是針對長期投資而設計。

第二步：你需要投資多少錢

你現在已經知道，儲蓄率越高，就有越多錢可以投資，就能越快達成財務自由的目標數字。請想清楚，你每天、每月、每季與每年能投資多少錢。設定一個基數——一個你每段時間在每個帳戶裡要投資的底線數字。

不論是從薪資提撥某個百分比存進勞退基金，或每月從銀行帳戶匯出某個數額到你的投資組合，盡可能把這些存款設定為自動存入。但請記得，自動化只是開始。別設定好就置之不理。試著將你的投資基數盡可能往上推，像是提高你的薪資提撥比例，或增加你拿去投資的副業收入。

試著慢慢提高投資率，至少每三十天增加一個百分比（相信我，增加百分之一，你肯定是無感的），且每六個月重新評估。只要保持這個習慣，你每年至少能多存下百分之十二以上。假如百分之一對你很簡單，試著增加百分之二、百分之五。你投資更多，儲蓄也會更容易。很多存錢專家（包括我）都覺得最難的部分是從零到百分之二十，但到了百分之二十的投資率時，你會真正看見錢開始成長，你也會受到激勵，從百分二十增加到百分之五十也會更簡單。

假如你覺得自己對數字比較有感，對於百分比沒什麼感覺，那就盡可能每天都投資更多錢。二〇一一年的時候，除了原本自動提撥的比例，我開始嘗試每天多投資五十美元到自己的退休帳戶。等我賺更多錢之後，我就盡量每天投資，有時一天兩百美元，我不會捨不得，我也喜歡看著帳戶餘額成長。請記得，即使每天多一美元也能帶來改變。每天督促自己盡可能投資。這些投資都是為了在未來的你自己！

表 10-1 是一個簡單的試算表範例，可用來規劃、追蹤你的儲蓄率。在範例裡可以看見某人的儲蓄目標是在年底存到一萬八千三百六十美元，等於是百分之二十五點五的儲蓄率。但他其實可以存到兩萬一千一百美元，也就是百分之二十九點三。利用這個簡單的試算表，或者是我設計好能幫你追蹤資訊的線上工具，都能督促你存下更多錢。

你可以在網站 https://financialfreedombook.com/tools 上找到這個試算表可編輯的版本。

表 10-1

	一月	二月	三月	四月	五月	六月	七月	八月	九月	十月	十一月	十二月	總計
收入													
全職工作收入	$5,000	$5,000	$5,000	$5,000	$5,000	$5,000	$5,000	$5,000	$5,000	$5,000	$5,000	$5,000	$60,000
兼差收入	$1,000	$1,000	$1,000	$1,000	$1,000	$1,000	$1,000	$1,000	$1,000	$1,000	$1,000	$1,000	$12,000
總收入	$6,000	$6,000	$6,000	$6,000	$6,000	$6,000	$6,000	$6,000	$6,000	$6,000	$6,000	$6,000	$72,000
投資帳戶，有稅賦優惠													
Tax-Advantaged													
勞退基金 401(k)	$900	$900	$1,200	$1,200	$1,200	$1,200	$1,200	$1,200	$1,200	$1,200	$1,400	$1,500	$14,300
Roth IRA	$200	$500	$500	$400	$500	$500	$500	$500	$500	$700	$700	$700	$6,200
SEP IRA	$50	$50	$50	$50	$50	$50	$50	$50	$50	$50	$50	$50	$600
無稅賦優惠													
Brokerage Account	$0	$0	$0	$0	$0	$0	$0	$0	$0	$0	$0	$0	$0
目標儲蓄率	20%	21%	22%	23%	24%	25%	26%	27%	28%	29%	30%	31%	26%
每月目標儲蓄金額	$1,200	$1,260	$1,320	$1,380	$1,440	$1,500	$1,560	$1,620	$1,680	$1,740	$1,800	$1,860	$18,360
每日目標儲蓄金額	$40	$42	$44	$46	$48	$50	$52	$54	$56	$58	$60	$62	$50
實際儲蓄金額	$1,150	$1,450	$1,750	$1,650	$1,750	$1,750	$1,750	$1,750	$1,750	$1,950	$2,150	$2,250	$21,100
實際儲蓄率	19%	24%	29%	28%	29%	29%	29%	29%	29%	33%	36%	38%	29%
儲蓄達標／未達標率	-1%	+3%	+7%	+5%	+5%	+4%	+3%	+2%	+1%	+4%	+6%	+7%	+3%

第三步：決定目標資產配置

接著你必須決定你的目標資產配置，就是你的投資帳戶裡，擁有的各項資產（例如股票、債券與現金）百分比。這是你最重要的投資決策，因為你的目標資產配置，會決定你投資組合的風險與報酬等級。不論選擇哪種資產配置，你都必須在全部的投資帳戶中，控管與維持這個配置。

一般而言，股票的投資風險比債券高，所以你投資組合裡的股票越多，風險就越大，也就是價值的波動會更大。債券的波動比股票小，這代表它的風險較低，但獲利的潛力也較小。現金就是現金本身，所以價值不會成長太多，而且通貨膨脹會使得現金的價值下降。

股票佔百分之百的投資組合風險最高——比起股票佔百分之六十與債券佔百分之四十，或股票佔百分之四十與債券佔百分之六十的組合。假如股票市場下跌，你投資越多債券，你的投資組合下跌也越少；但你投資越多債券，股票市場上漲時，你的組合增加的價值也較少。

一般的建議是，你應該讓你的債券配置與年齡相符（也就是，假如你三十歲，債券應該佔投資組合的百分之三十），但這種資產配置建議會誤導你，因為這是假設你會在六十、七十幾歲退休，對你不一定適用。而且這樣會讓你的風險太高，報酬還可能最小化。

你的投資期限越長，你的目標資產配置承受的風險就應該越高，因為你有更多時間能安然度過短期的升降，且參與長期投資帶來的潛在獲利。以下是兩個你能遵循的簡單規則：

1. **距離退休越遠，且想要投資越久才開始提領這些錢，你就應該接受越多風險，所以股票配置百分比也應該越高：**例如百分之百的股票，沒有債券，或百分之九十的股票與百分之十的債券。

2. **距離退休越近，越快需要開始靠投資收益生活，就應該承受越少風險，所以債券配置百分比也應該越高：**例如百分之七十的股票與百分之三十的債券，百分之六十的股票與百分之四十的債券，或百分之四十的債券與百分之六十的股票。

假如你距離退休還有十年或以上，我建議你現在投資百分之百在股票上。你距離退休還有五年時，就要根據市場表現，重新調整資產配置，採取更保守的策略。你退休後（也就是說，你想完全依靠投資帳戶的收益生活時），根據你需要用這些錢多久，你應該將重心從資產配置，轉為賺取穩定且低風險的收入。但假如你不打算完全退休，就可以維持風險較高的投資組合，繼續讓資本在更高的報酬率下成長。

我現在三十三歲，我也維持股票佔百分之百的投資組合，原因是我還在賺錢，也相信股市的長期成長。假如我沒有任何額外收入，我可能會改成較保守的配置，例如百分之七十的股票加百分之三十的債券。這裡沒有一成不變的規則——隨著你投入越多錢與改變計畫，你的目標資產配置也會改變。

例如克莉絲蒂和布萊斯分別在三十一與三十二歲達成財務自由，目前在三十歲中段的他們，採取較保守的作法，把投資改成百分之六十的股票加百分之四十的債券，好讓賺取固定的收益。不論股票市場怎麼變動，他們的投資配置都能獲得三萬到四萬美元的股利與固定收入，同時保有投資的資本。他們選擇安穩，而不是成長潛力，但因為他們有百分之六十的股票投資，所以還是能在股市上漲時獲利，只是報酬率會比我的低。

表 10-2 是一張資產配置的建議表，根據年齡與距離退休的年數而不同。雖然我建議你以「距離退休還有幾年」作為基準，但我還是加入基準年齡的資產配置建議。假如你才剛起步，年齡也會是一種很好的參考點。

這些都要調整到你覺得最合適的配置，也請記得，你接近退休，就應該開始調整資產的配置。你要如何分配資產，決定於你能接受多少風險與報酬。為了幫你決定你的目標資產配置，表 10-3 是不同的配置百分比在過去一年、五年、十年與二十年的表現。股票投資的標的是 Vanguard 全股票市場 ETF（美股代號：VTI），債券投資的標的是 Vanguard 全債券市場 ETF（美股代號：BND）。

你會發現，過去十年間，股票佔百分之百的投資組合，比起債券佔百分之百的投資組合，每年的收益多出百分之四點五四。在去年，同樣股票佔百分之百的投資組合，比起債

表 10-2 資產配置建議表

資產配置推薦（目標是達成財務自由所需的金額）									
年齡	所需時間（年）	股票	基金	現金	年齡	所需時間（年）	股票	基金	現金
20	5	100%	0%	0%	35	5	70%	20%	10%
20	10	100%	0%	0%	35	10	80%	20%	0%
20	15	100%	0%	0%	35	15	80%	20%	0%
20	20	100%	0%	0%	35	20	80%	20%	0%
20	25	100%	0%	0%	35	25	80%	20%	0%
20	30	100%	0%	0%	35	30	90%	10%	0%
20	35	100%	0%	0%	35	35	90%	10%	0%
20	40	100%	0%	0%	40	5	60%	30%	10%
25	5	100%	0%	0%	40	10	80%	10%	10%
25	10	100%	0%	0%	40	15	80%	10%	10%
25	15	100%	0%	0%	40	20	80%	10%	10%
25	20	100%	0%	0%	40	25	90%	10%	0%
25	25	100%	0%	0%	40	30	100%	0%	0%
25	30	100%	0%	0%	45	5	60%	30%	10%
25	35	100%	0%	0%	45	10	70%	20%	10%
25	40	100%	0%	0%	45	15	80%	20%	0%
30	5	100%	0%	0%	45	20	80%	20%	0%
30	10	100%	0%	0%	45	25	100%	0%	0%
30	15	100%	0%	0%	50	5	60%	30%	10%
30	20	100%	0%	0%	50	10	60%	40%	0%
30	25	100%	0%	0%	50	15	60%	40%	0%
30	30	100%	0%	0%	50	20	70%	30%	0%
30	35	100%	0%	0%	55	10	60%	40%	0%
30	40	100%	0%	0%	55	15	60%	40%	0%

券佔百分之百的投資組合，獲利多出百分之十七點五四。你當然不能保證收益都會是如此，但你挑選自己的目標資產配置時，這些數據還是很好的衡量基準。

決定好自己的目標配置後，應該在全部的投資帳戶中維持這個配置，例如全部帳戶裡的全部配置平均起來，達到股票百分之六十與債券百分之四十的配置。控管資產配置最簡單的方法，網站 https://financialfreedombook.com/tools 可以找到免費的手機應用程式，追蹤自己的淨值投資。

資產配置的再平衡

依照目標資產配置設定好（或

表 10-3 過去十年每種目標資產配置的基金／股票表現

		年化報酬率			
股票	基金	1 年	3 年	5 年	10 年
0%	100%	3.62%	2.18%	2.04%	4.18%
10%	90%	5.37%	3.07%	3.39%	4.63%
20%	80%	7.13%	3.96%	4.74%	5.09%
30%	70%	8.88%	4.85%	6.09%	5.54%
40%	60%	10.64%	5.74%	7.44%	6.00%
50%	50%	12.39%	6.63%	8.80%	6.45%
60%	40%	14.14%	7.52%	10.15%	6.90%
70%	30%	15.90%	8.41%	11.50%	7.36%
80%	20%	17.65%	9.30%	12.85%	7.81%
90%	10%	19.41%	10.19%	14.20%	8.27%
100%	0%	21.16%	11.08%	15.55%	8.72%

調整好）你的投資後，不論你繼續投入更多錢投資，或市場如何波動，都應盡量維持你的配置，以確保自己在可接受的風險程度上獲得最大的收益。

重新調整資產配置率，這個動作叫做「再平衡」，應該每季調整一次（一年四次）。例如，由於市場變動或自動投資，原本目標百分之六十與百分之四十的配置，因為股票呈指數升值，大大勝過了債券，現在已經變成百分之八十的股票與百分之二十債券了。

再假設你投資十萬美元，百分之八十（八萬美元）是股票，百分之二十（兩萬美元）是債券。在未來幾月，股市的平均報酬是百分之二十，等於你最後會有價值九萬六千美元的股票。同時，債券的平均報酬是百分之三，所以你會有價值兩萬零六百美元的債券，總投資組合是十一萬六千六百美元。現在你的配置變成股票佔百分之八十二點三，債券佔百分之十七點六，已經偏離百分之八十與百分之二十的目標配置，承受的風險也稍微增高。

這就是為何一年四次的再平衡很重要。你只要賣掉手上數量過多的資產（也就是前述例子裡的股票），再用這些錢購買你必須擁有的資產，重新調整回到原來的目標配置。就此例而言，你也能選擇買更多債券。很多情況下，增加買入其中一項資產來維持平衡是較好的做法，因為你能投資更多錢，也不會因為出售資產可能被課稅。

第四步：評估投資的費用：盡可能減到最低！

投資的各項行政費用，會大大影響以下三者：你投資的成長速度、在特定時間內能賺多少錢、你需要多少年才能達成財務自由。

任何持有或管理你資產的公司，都會收費，而且常會產生多層的費用。你付的費用越多，能複利的錢就越少。投資的百分之零點五到百分之一看似不多，但隨時間也會聚沙成塔。請記得，複利是雙向的，所以每一筆百分之零點一的費用，也會年復一年產生負面的複利。你越年輕，費用的影響也越劇烈。

最近我與一對夫妻聊天，兩人都是律師，每週工作七十小時以上，經常旅行，小孩則留在家裡讓保姆照顧。我們開始討論投資時，他們說自己雇用了一位財務顧問，每年抽取資產的百分之一作為帳戶管理費（投資賠錢時管理費當然照收）。

聊天過程中，他們也承認自己不太瞭解投資的內容。「但我們有賺錢，」他們強調：「而且我們也很滿意顧問的服務，他是我們大學時期到現在的摯友。」

雖然我不知道這對夫妻完整的理財經歷，但我知道他們至少有一百五十萬美元的投資，他們現在大概四十歲初，所以我用表 10-4 解釋，在實際情況下，投資費用對他們投資組合的影響。假設他們最初投資十萬美元，接著每年增加資本七萬五千美元，維持二十五年（他們距離六十二到六十五歲退休還有二十五年）。我們來看結果：

基金一：直接投資股市指數型基金，費用百分之零點零四。

基金二：投資主動式管理基金（費用百分之一點二），加上財務顧問費（百分之一），總費用百分之二點二。

你會發現，就因為百分之二點二的投資費用，會使他們在這二十五年，損失高達百分之二十九點二的投資收益。假如他們投資簡單指數型基金（這種費用較低），比起與財務顧問合作與投資主動式管理基金，在退休時他們會多出一百四十九萬零兩百八十四美元！假如他們能多留意一點點，投資費用較低的共同基金，自己管理投資，就能夠多擁有一百四十九萬美元這筆可觀的財富。

即使沒這麼多錢可投資，微小的收費差異還是可能讓你損失好幾十萬美元的收益。退休後，投資費用的影響也很大，因為假如你靠投資收益的百分之三到四生活，每年賺到平均百

表 10-4

基金 1	基金 2
投資價值（扣除費用後）	
$5,178,096	$3,687,812
費用損失	
-$33,325	-$1,523,609
費用損失百分比	
-0.6%	-29.2%
費用儲蓄（基金 1 減基金 2）	
$1,490,284	

分之七的投資收益，再扣掉另外百分之一的費用，結果只剩百分之二到三的投資獲利。

假如你有投資帳戶，我鼓勵你現在、馬上就去確認費用，查看你的投資結單與你所投資每支基金的公開說明書。然後填入表 10-5 的年度費用表格。請留意你被收取多少百分比的資產管理費，以及有無任何額外的手續費。

表 10-6 是虛擬某個人投資與費用的範例，你的表格完成後就像這樣。

表 10-5 年度費用表格

	帳戶	投資	顧問公司行政費	投資行政費或費用率	財務顧問費用
1					
2					
3					
4					
5					
6					
7					
8					
9					
10					
11					
12					
13					
14					
15					

請記得，再微小的費用差異都能隨時間帶來巨大的影響，**所以任何超過百分之零點三的費用都要重新評估**，因為可能可以找到其他類似但收費較低的投資選項。

第五步：選擇正確的投資標的

接下來我們要挑選費用低的投資，以求使得課稅的影響降到最小，並讓報酬最大化。

理論上你能去買很多個別股票與債券，分

表 10-6 投資與費用的範例

	帳戶	投資	顧問公司行政費	投資行政費或費用率	財務顧問費用
1	401(k)	Vanguard VTSAX	$200/year	0.04%	
2	401(k)	Fidelity Magellan	$200/year	0.67%	
3	401(k)	T Rowe Price PREIX	$200/year	0.23%	
4	Roth IRA	Vanguard S&P 500	free	0.04%	
5	Roth IRA	Vanguard VTIAX	free	0.11%	
6	Roth IRA	WBI Tactical	free	1.10%	
7	Brokerage	AMZN	$7.95 per trade	N/A	
8	Brokerage	FACE	$7.95 per trade	N/A	
9	SEP IRA	Vanguard Target 2045	free	0.16%	
10					
11					
12					
13					
14					
15					

散投資組合，但最簡單的方法就是買共同基金或「指數股票型基金（ETF）」這種搭配成套的投資。你可以一次投資多種股票與債券，不用個別購買這些產品。

共同基金與ETF的目的都是分散風險，兩種基金也都提供股票型組合、債券型組合或股票混合基金的組合（混合型基金）。這些基金一般會依照主題或產業分類——也就是投資組合的內容，通常都會有特定類型或屬於特定產業。共同基金與ETF很相似，但共同基金一天只由基金公司報價一次，而ETF的操作比較像股票，其價值在一天內都可能有波動。持有這些基金的費用通常也很相近，不過ETF一般比較容易管理，且沒有最低投資門檻。

大部分公司會推出五到三十種共同基金與ETF，包含美國與國際股票基金，債券基金，混合型基金（股票加債券），目標期限基金（混合型基金的一種，隨著你越接近傳統退休年齡，投資策略通常也會越保守），與特定商品基金，例如黃金或現金。

申購指數型基金：美股為例

買股票時，就是買下實體公司一部分的所有權。這代表你實際擁有該公司的一小部分。這間公司賺錢或被看好公司未來會升值時，股價就會上升。對該股票需求越大，相信該股票的人越多，其價格也越高。假如情況相反，對該股票需求減少，股價就會下跌。股票流通在國際上不同的交易所（基本上是多個股票網路）。這種投資策略將股票分成兩類：國內（美國境內的公司）與國際股票。

假如你看相對短期的股市變化，你可能會認為投資股票很像賭博。但長期而言，股票已獲證實是極穩定的投資。雖然整體股市每天之間的波動可以很大，投資股票也一定有風險，但隨著國家發展，財富成長，公司的價值（與股票）也會繼續成長。

一九八七年十月十九日，美國股市下跌百分之二十二點六一，是史上最大的單日跌幅。一九九三年五月十五日，美國股市上升百分之十五點三四，是史上最多的單日漲幅。這些都是單日內的大幅波動。但在過去一百年，整體美國股市的平均年成長率是百分之七點三。以下的圖表可以看出股市每日的波動，但隨著時間，整體趨勢一直在往上升。

可惜的是，很多投資人不做長遠思

道瓊工業指數平均：追蹤美股 1900—2017 年

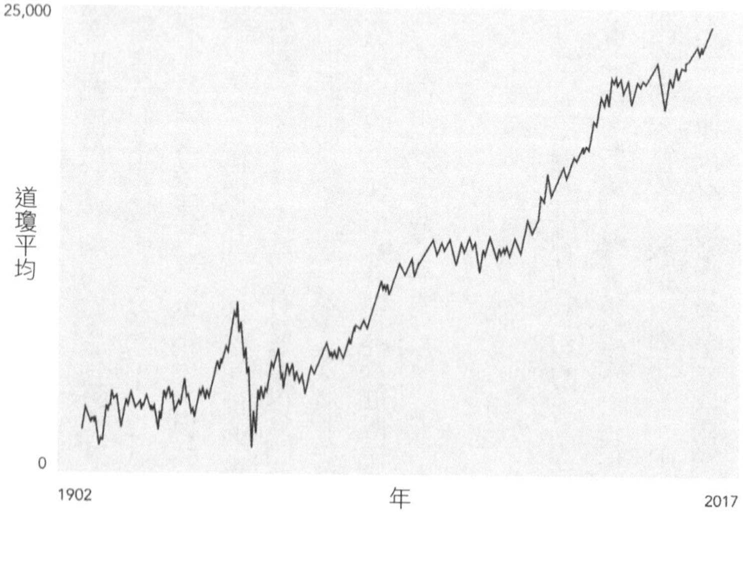

考，只想短期獲得最大利益。股票一下跌他們就賣出，這麼做當然也確保一定會賠錢。

個別股票的價值波動也可能很大，不論是短期或長期而言，這可能會讓你在相對短時間內大賺或大賠。假如你在一九九七年買了五千美元亞馬遜公司的股票，現在的總價值至少會有兩百五十萬美元，因為在此期間，亞馬遜已經從每股十八美元上升到超過一千兩百美元。但因為買股票投資的是一個事業，事業都有可能經營不善，你也就可能會全盤皆失。安隆（Enron）能源公司的股票，從公元兩千年九十點五六美元的高點，跌至二〇〇二年一月零點六七美元的低點。持有該公司股票的股東，最後集體損失七百四十億美元。

就算你很會挑選股票，但情況依舊對你不利。你做了一大堆研究、分析，想要得到高於股市的成長獲利，其實這些時間與精神是不值得的。研究顯示，平均而言百分之九十的主動投資，經過十五年後表現都還不如整體股市。

所以與其到外面投資一支或一些股票，還不如嘗試找出下一個亞馬遜，透過投資一個能大範圍分散風險的美股組合，就能打敗百分之九十的主動投資人。你投資的標的是整體股市時，就更可能獲得與整體市場相同的長期收益，亦即我先前一再提到的數字，過去一百年每年平均百分之七點三的獲利。

幸好，進行分散風險的投資組合，做法很簡單，你只需要買一種你全部的投資帳戶都能申購的投資基金。為了讓你的投資盡可能有效率與有效，以美國為例，你可以投資一支簡單的基金，持有大範圍的美國股市股票（稱為全股票市場基金），或另一種，持有美國前五百大公司的一小部分股份（稱為 S&P 500，或標普 500）。全股票市場基金透過投資超過兩千支美國股票，來追蹤美國股市的表現。S&P 500 基金也很類似，不過只追蹤美國前五百大公司的股票。

全股票市場指數型基金因為涵蓋各種類型的股票，所以可以建立分散風險的投資組合，而且因為採被動式管理，這些基金一般管理費都很低，也具有稅務效率（兩者都能增加未來的報酬）。投資指數型基金，你也可能獲得股票發放的股利（現金支付），產生穩定的投資收益。

雖然全股票市場指數型基金能分散更多風險，因為它投資更多公司（小型、中型與大型），但 S&P 500 也有分散風險的功能，而且美國前五百大公司產生的利潤與成長，佔整體市場極高的比重，也反映了百分之七十五的美國股市。很多公司都提供追蹤美國股市的指數型基金，有些還提供兩種級別（一般投資與優級投資），根據你投資多寡，一種費用較高，一種較低。

目前美國市場費用最低、最熱門的指數型基金，包括 Vanguard 全股票市場指數型基金（VTSAX）與 Vanguard 全股票市場 ETF（VTI），兩者都持有美國前兩千八百大公司發行的股票；還有 Schwab 全股票市場指數 ETF（SWTSX）；BlackRock 旗下 iShares Edge MSCI 美國最小波動率 ETF（USMV）；以及 Fidelity 全市場指數型基金（FSTVX）。很多公司也會推出 S&P 500 基金，像 Vanguard 500 指數型基金（VFINX）；Vanguard 500

優級指數型基金（VFIAX）；Schwab S&P 500 指數型基金（SWPPX）；與 Fidelity Spartan 500 指數型基金（FUSEX）。

不管是選擇全美國市場基金或 S&P 500 基金，都是好選擇，兩種基金的長期投資收益也會很接近。以 Vanguard 500 指數型基金（VFINX）與 Vanguard 全股票市場指數型基金（VTSAX）為例，可以從表 10-7 看出，在過去一年、三年、五年與十年的報酬都非常接近。

假如你目前有投資，請問你的投資組合比起全股票市場基金或 S&P 500 基金，表現如何呢？要得到最新的表現比較數據，只要搜尋 Google，或使用 Vanguard 線上工具，就能比較任兩種基金的表現。

你是少數能在過去一年、三年、五年或十年擊敗大盤的人嗎？雖然你可能在某一年的期間「擊敗大盤」，但你很難持續五年以上的表現都優於大盤。

表 10-7

	Vanguard 500 Index Fund (VFINX)	Vanguard Total Stock Market Index Fund (VTSAX)
1 year (as of 12/31/17)	21.79%	21.17%
3 years	11.38%	11.08%
5 years	15.75%	15.55%
10 years	8.49%	8.72%

社會責任型指數投資

雖然全股票指數型基金的報酬率很難被擊敗，但這也有相對的代價。我對全股票指數型基金有個疑慮就是，它涵蓋了許多公司的股票，這裡面有些公司可能存在勞工剝削、環境破壞與破壞健康的問題。舉例來說，你買一支指數型股票時，你可能在助長大型菸草商、大型製藥商，或者違法雇用童工的公司。

我年紀越長，也越重視投資的社會責任，所以我陸續把一些投資轉換成專為社會責任投資設計的基金，例如 Vanguard 的 FTSE 社會指數型基金（VFTSX）。以 ETF 而言，iShares MSCI KLD 400 社會 ETF（DSI）會是一個好選擇。

雖然你可能會犧牲一些報酬，且這些基金的費用也比全股票指數或 S&P 500 基金還高，但你晚上可能會睡得更安穩，因為你知道自己只投資在世界上做好事的公司，或至少不做壞事。社會責任型投資已經越來越簡單，因為也有更多類似基金定期推出，但不論哪一種投資，你都要確實做好功課，瞭解自己是用什麼交換到這些報酬。

除了投資美國股票指數型基金，假如你覺得美股未來表現可能不好，為了分散風險，可以考慮投資一小部分的國際股票指數型基金。國際股票一般認為風險較高，確有分散風險的功用，因為國際市場的表現歷來都與美股市場不同。在投資組合裡加上一支國際股票指數型基金，長期而言可能會有更大的成長潛力，但我建議你對國際股票指數型基金的投資，不要超過投資組合的百分之五，這是很低的比例，很多投資顧問會建議你不超過百分之三十。

建立你自己的全股票市場基金

假如你找不到全股票市場基金，當然可以模仿全股市基金的持有比例投資其他基金。換句話說，你可以混合不同規模公司的股票，自己創造分散風險的投資組合，就像是你持有一支全市場基金的情況。雖然設計自己的分散風險投資組合會花一點時間，但做法很簡單，你會達到分散風險的最佳配置，花的時間也完全值得。

在美國公開交易的股票可以分成三類：大型股票基金（公司市值超過一百億美元）、中型股票基金（公司市值在二十億到一百億美元之間）與小型股票基金（公司市值在三百萬到二十億美元之間）。你可以一種類型投資一支基金，建立類似擁有一支全股市指數型基金的投資組合。做法上我建議你讓大型股票基金佔百分之四十，中型股票基金佔百分之三十，小型股票基金佔百分之三十，此配置最能幫你分散風險。

也可以考慮投資市政債券基金，這由各地的政府發行，有很好的稅務效率，也能帶來穩定的收益。你可以透過一支市政債券 ETF 投資這些債券。這些基金很受提早退休人士的歡迎，適合想賺取固定數額收益的人。

我的投資組合

下面的表 10-8 中，可以看出我在二〇一〇到二〇一五年期間持有的大部分股票與儲蓄率，這五年讓我的存款從二點二六美元變成一百二十五萬。雖然我強烈建議你專心投資指數型基金，但你可能會想買一些你信任的公司股票。我是從小錢開始，不過這段期間內我還在個別股票上過度投資，因為我相信亞馬遜、臉書（Facebook）與蘋果等公司的長期成長潛力。

我是 Facebook 的前兩萬名用戶，當時還是大學生，所以他們股票首次公開發行我沒錢投資。雖然我相信這些公司的理念，也相信他們的股票會增值，我還是無法參與這些公司的成長。為了平衡持有個別股票的風險，我最近開始另外投資指數型基金。重點就是利用全股市指數型基金作為基礎，根據你能接受的風險與報酬等級，建立自己的投資組合。以上這一段我想表達的是：請留意你的零星股票投資，假如你才剛入門，投資個別股票的比

表 10-8

投資	2010	2011	2012	2013	2014	2015
指數型基金						
Vanguard Total Stock Market Index Fund (shares)	520	4894	6903	9821	12552	14616
price per share (as of last day of year)	$31.57	$31.30	$35.65	$46.69	$51.60	$50.79
Total Value	$16,416	$153,182	$246,092	$458,542	$647,683	$742,347
Vanguard Total International Stock Index (shares)			1892	2785	3218	3449
price per share (as of last day of year)			$25.05	$28.01	$26.00	$24.24
Total Value			$47,395	$78,008	$83,668	$83,604
個別股						
Amazon (shares)	30	200	200	300	300	400
price per share (as of last day of year, adjusted for splits)	$180.00	$173.10	$250.87	$398.79	$310.35	$675.89
Total Value	$5,400	$34,620	$50,174	$119,637	$93,105	$270,356
Facebook (shares)			800	900	900	1070
price per share (as of last day of year, adjusted for splits)			$25.91	$54.65	$78.02	$104.66
Total Value			$20,728	$49,185	$70,218	$111,986
Apple (shares)	100	100	100	300	300	400
price per share (as of last day of year, adjusted for splits)	$41.46	$52.05	$69.00	$74.57	$104.86	$101.70
Total Value	$4,146	$5,205	$6,900	$22,371	$31,458	$40,680
Total Income	$43,000	$294,000	$233,000	$248,000	$239,000	$271,000
Savings Rate	53.49%	40.68%	55.97%	68.10%	57.45%	60.48%
Total Invested Each Year	$23,000	$119,610	$130,402	$168,895	$137,317	$163,901
Total invested in Portfolio	$23,000	$142,610	$273,012	$441,907	$579,224	$743,125
Total Percentage Growth	12.88%	35.34%	36.00%	64.68%	59.89%	68.07%
投資組合總計	**$25,962**	**$193,007**	**$371,289**	**$727,743**	**$926,132**	**$1,248,973**

例別超過自己資產淨值的百分之五。

下頁表格中我沒列出的部分，包括我在這段期間投資賠錢並賣出的股票（總損失不超過五千美元）、我的比特幣（Bitcoin）投資（具高度投機性，我不建議在虛擬貨幣上投資超過自己百分之一的淨值），以及我投資的不動產。

結論

投資越多，錢滾錢的速度就越快。假如你以固定的速率儲蓄，存下第一個十萬美元需要的時間會最長，但接著複利會開始加速，從十萬美元存到二十萬美元需要的時間會變短，從二十萬美元存到三十萬美元又更短，一路到一百萬美元以上。假如你每個月多存百分之一，複利的速度會更快。每一塊錢都能帶來影響，請堅持下去。

雖然你的財務自由數字，現在看似遙不可及，但只有從現在就開始，每天往前一點，才有可能達成目標。假如擔心自己不瞭解投資，還在觀望的話，請開始行動。提早開始比等待完美的投資還重要。假如你還坐在旁邊等待「對的進場時機」，那只是在浪費時間。因為你做不到，專家也做不到，沒有人可以做到。投資的效益，要在長期才會顯現。

在投資過程中，你會快速學習與釐清方向。你會犯錯。我也會。我們都會。你會從錯誤中學習。最簡單的起步方法就是利用自動管理。大部分管理投資帳戶的公司，都能輕鬆幫你完成自動化投資設定——你可以依設定好的日期自動買入共同基金的股份、ETF、股票與債券。投資ETF的優點是你幾乎能用任何投資帳戶申購，且費用低，大多數也沒有最低投資門檻（所以你可以用五美元開立一個帳戶，每天投資一點錢進去）。

但自動化還不夠。本書先前討論過，你將財務管理自動化之後，會固定存入一定比例，所以你可能會有一種「存的已經夠多了」的偏誤感覺，導致沒有盡量去存下最多的錢。「存夠多」與「盡可能存最多」的差異真的很大。

還記得本書一開始提到的長輩崔佛斯嗎？他在自己的勞退帳戶裡自動存入百分之五的薪資，維持了好多年，他覺得這樣就足夠了，所以也沒有每月增加儲蓄。既然他一直保持百分之五的儲蓄率，所以必須工作比想像中更久的時間——可能還要多二十到三十年。

我們越來越忙，生活不斷變化，優先順序會改。假如想獲得最好的投資報酬，你必須結合自動與人工投資管理。這種混合式投資管理法的操作如下：

1. 盡可能增加你自動存入投資帳戶裡的資金比例。
2. 盡可能提早將所有額外的副業收入與獎金拿去投資。

舉例來說，你的勞退基金可能會自動存入你薪資的百分之六，你不需做任何事就會有這百分之六的存款。但我建議隨著時間盡可能提高提撥到上限。另外，最好每一到三個月增加至少百分之一的儲蓄率。這麼做有時簡單，有時就比較難。請不要鬆懈。強迫自己儲蓄才能存到錢。獲得加薪或獎金時，盡可能拿去投資。幫鄰居照顧貓賺到六十美元也請拿去投資。這只需要幾分鐘，且只要打一通電話就完成了。

也可以進行「微型投資」（microinvesting），利用像 Acorns 或 Digit 公司開發的手機應用程式，幫你將購物後的零錢存入投資帳戶，或將你的帳戶存款拿去做小額投資，作為上述策略的補充。但這類應用程式只能視為在主要的自動與人工投資策略外，一種能幫你存更多錢的輔助方法。有些人會認為，單靠這些「投資工具」的投資並不足夠。

別太容易滿足。每天投資越多，就能越早達成財務自由。假如財務自由對你很重要，你就會找到時間去執行。今天投資的十塊錢，都能幫你在未來提早好幾天、好幾週，甚至好幾個月達成財務自由。你現在額外多投資這一點，一定能幫你買到未來的時間。

很多人都走過這條路，包括我在內。雖然我無法預測未來（尤其是股市的表現與稅務政策、稅率的改變），但根據我的經驗與多年的研究，我很有信心這個策略能幫助你，使你的投資績效勝過世界上百分之九十的投資人，並以最快的速度達成你的數字。

重點複習

1. 投資是最終極的被動收入形式，可以加速達成財務自由。這就是你以錢滾錢的方法，且不用拿任何時間做交換。

2. 這個策略是建立在五個你能直接影響的核心概念上：

- 最小化風險
- 最小化花費
- 最小化你投入資本的稅額
- 最大化報酬
- 最小化提領時支付的稅額

3. 投資組合的核心應該是股票（實體公司的股份）、債券（你借給某人的錢）與不動產（房地產）。這些是最簡易、最可靠的投資，且能幫你賺進很多錢。

4. 假如需要幫助，可以請一位「純收顧問費」的財務顧問，花幾小時幫你開立好帳戶。你應該只與按時或按件收費的顧問合作，而不是按照「資產管理總量」（assets under management，AUM）收費的顧問。

5. 第一步：區分短期與長期投資目標。

- 根據你短期（在未來五年內）或長期（五年後）需要這筆金錢，你應該用不同的方式投資。大部分的錢都應該用於長期投資，也才能支應你一輩子的生活。
- 短期投資的標的應該是現金、定存或債券。
- 長期投資的標的應該是股票與債券。

6. 第二步：決定你需要投資多少錢。

- 你已經知道，你的儲蓄率越高，你就能投資越多錢，越快達成目標數字。坐下來思考你每天、每月、每季與每年能投資多少錢。設定一個基底——你每段時間在每個帳戶裡要投資的底線數字。

7. 第三步：決定你的目標資產配置。

- 接著你必須決定你的目標資產配置，就是你的投資帳戶裡，擁有的各項資產（例如股票、債券與現金）百分比。你的目標資產配置，會決定你投資組合的風險與報酬等級，也是你必須做出的投資決定中，最重要的其中一個。

- 決定你目標資產配置的最佳方法，就是根據你還有多久才會開始動用這筆錢。
- 假如距離退休還有十年或以上，我建議你現在投資百分之百在股票上。
- 決定好自己的目標配置後，你應該在全部的投資帳戶中維持這個配置。重新調整你的配置率以符合你的目標配置，這個動作稱為「再平衡」，你應該每季調整一次（一年四次）。

8. 第四步：評估你目前的費用（與盡可能減到最低！）。

投資的各項費用，會大大影響你投資的成長速度，在某段特定時間內你能賺多少錢，與你需要多少年才能達成財務獨立。

9. 第五步：選擇正確的投資標的。

- 你買股票時，也買下一間實體公司一部分的所有權。
- 個別股票的價值波動也可能很大，不論是短期或長期而言，這可能會讓你在相對短時間內大賺或大賠。
- 研究顯示，平均而言，百分之九十的主動投資，在經過十五年後，表現都還不如整體股市。

- 為了讓投資盡可能有效率與有效，你應該投資一支簡單的基金，持有大範圍的美國股市股票（稱為全股票市場基金），或另一種，持有美國前五百大公司的一小部分股份（稱為 S&P 500，或標普 500）。
- 假如你找不到全股票市場基金，你可以投資其他基金，模仿全股市基金的持有比例。

10. 自動化還不夠。結合自動化與人工的投資管理法操作如下：(1)盡可能增加自動存入投資帳戶裡的資金比例；與(2)盡可能提早將所有額外的副業收入與獎金拿去投資。

第十一章

不動產投資

投資不動產不只是使投資組合多樣化且分散風險的絕佳方法，同時也是比股票更好的投資，因為可以用房貸（也就是別人的錢）買房子，還能享有很多稅收優惠，例如在美國，售屋所得的收益可以扣除五十萬美元免稅（在夫妻合併申報的情況下）。另還有很多其他現金與稅收優惠，都會在本章說明。這些優點使不動產變成一種很好的投資。

投資不動產完全合法——太棒了。駭客購屋能幫你大大減少生活中最大項的支出：居住。你也能買下數棟房子，再用房租抵貸款，每個月多賺幾千美元。你可以支付百分之三的頭期款買第一間房子，在幾年內將它變成一個價值數百萬美元的不動產投資組合。

你可以買房再賣房賺差價，也可以買入並持有，用出租的租金作為穩定的現金收入，支應生活開銷，說不定更可賺取足夠的錢償還房貸，或投資更多房地產。如果這樣的話，你就能用不動產為帶來充足且穩定的現金收入，支應一輩子生活到老的花費。很多投資人都利用不動產，作為加速達成財務自由的方法。至於怎麼做呢，以下就是方法。

為何要投資不動產

不動產投資也有風險，價值就像股價，無法保證永遠會上升，這點很重要。在某些情況下不動產可能大幅貶值。不過幾年之前，美國社會才經歷一次不動產大危機，有超過一千萬名屋主「溺水」，亦即要清償的房貸比房價還高。但發生主因還是因為銀行貸款給太多沒有償還能力的人。

整體來看，不動產投資的波動比股市小，且自從二〇一〇年的低點後，房市的復甦也十分良好。在二〇一〇年到二〇一六年間，美國房價平均增值百分之四十三，增值原因一般是社區改善或需求增加，或房屋翻新。都會區的不動產增值幅度尤其高，目前全球有百分之五十四的人口居住在都市（在美國是百分之六十二點七），到了二〇五〇年，預測都市人口會增加到百分之六十六。

本書先前說過很多次，納入通膨與股利計算，歷來股市每年以大約百分之七的報酬率複利，相對之下不動產每年平均約增值百分之三到五。乍看之下，不動產投資好像比傳統的股票投資來得差，但不動產有一些股票不具備的優點。首先，可以用別人的錢（銀行或貸款人）買房子。例如駭客購屋模式，用房客的房租抵銷、完全支應你每月應支付的房屋貸款，或甚至還有剩。

你也能利用買賣不動產作為副業，有時很快就能賺到很多錢。這會讓你有一些現金入帳，但買賣的真正價值在於，你能利用中間的獲利投資更多不動產，且不用繳稅。依照美國〈國內稅收法典〉（IRC）載明的「1031 交換條款」（1031 exchange），可以賣出自己投資的不動產，利用獲得的利潤買入新的不動產再投資，延後這筆錢必須繳稅的時間。1031 交換可以持續一直做下去，只要你賣出不動產的獲利能繼續用於投資不動產——不能拿去買賣股票！等你過世時，你做 1031 交換產生的納稅義務也會終止，不會留給你的繼承人。

這是不動產投資相對於股票投資的一大優點。投資股票時，你的投資組合只能依照資本與複利後的獲利，呈現某個百分比成長。但投資不動產時，你的投資成長是根據房屋的增值，而且你不用一開始就投入全額資金，所以你的錢會成長得更快。這就是槓桿原理，假如你合法利用這項優點，就可以用別人的資金賺到很多錢。沒錯，你還是要還錢給銀行，但重點是，你不必投入這麼多錢，卻可以賺回更多。假如頭期款是一萬美元，你的投資獲利會比你一開始支付十萬美元還多。

舉例來說，一棟二十萬美元的房屋，頭期款是一萬美元，現在增值到二十五萬美元。在你投入原來一萬美元的頭期款下，已經多出價值五萬美元（或五倍，或百分之四百）的報酬。假如你買了二十萬美元的房屋，頭期款是十萬美元，現在增值到二十五萬美元，則你投資的十萬美元，就只能產生百分之五十的報酬。百分之五十的報酬比百分之四百要低很多。所以大部分情況下，頭期款越低，投資報酬率就越高，因為你投入的資金更少，但還是能網羅全部的利潤。

這就是投資不動產比投資股票更有用的原因。假設你有一萬美元的資金，你可以買一萬美元的股票，也可以用這一萬美元當頭期款買一間房屋。假設你把一萬美元投入股市，接下來三年成長率百分之三十，然後這一萬美元的股票價值就是一萬三千美元，即使扣掉百分之五的資本利得稅，還是有一萬兩千七百美元——以只有三年而言是很高的報酬。但假如你用那一萬美元支付百分之五的頭期款，買入一間二十萬美元的房屋，經過三年增值五萬美元（在都市或受歡迎的房市裡不無可能），則一萬美元的頭期款，現在就能產生至少五萬美元的利潤。還有一個附加優點，假如這間房子是你的主要自用住宅（也就是你在過去五年裡居住滿兩年），這五萬美元就不用繳稅（一個家庭最多可抵五萬美元，或個人最多兩萬五千美元）。你可以用這些獲利支付另一間房屋的頭期款或甚至好幾間房屋，全部都免稅！

另一個用貸款買不動產的極大好處，就是你的第一間與第二間（假如有的話）自用住宅，在最多七十五萬美元的房貸內，全部的利息都能用來抵稅。除了房貸利息可以抵稅，你也可以從聯邦所得申報中，扣除最多一萬美元的財產稅與州稅。

很多人會覺得最好頭期款交多一點，或在房子裡住久一點，投資才值得。其實不是。你可以用房價百分之一到五不等的金額當頭期款，購買第一間房子。亦即房價二十萬美元的房子，頭期款在兩千到一萬美元之間。在美國大部分都市，租屋與買房達到兩平的時間點（也就是租屋與買房的錢一樣多的時間點）是二點一年。這代表假如你打算在一間房子裡住至少二點一年，你用買的就很合理。雖然評估租或買的計算器很多，我覺得最好用的兩個分別是《紐約時報》與 Zillow 網站。

假如你買了一間房子，你可以將空房出租，抵銷一些房貸，甚至賺錢。如果你慢慢提高租金，或是你的資產升值，你可以將多餘的現金拿來投資新的不動產。幾年內你就會有五個或更多資產，全部都能為你帶來現金流，本身也能增值。

買比租更有彈性

你可能會覺得買房子就代表自己必須在一個地方落地生根，但這是落伍的想法。投資不動產講的是發揮創意，運用房子幫你賺錢，過著想要的生活。從這一點來看，買房間數比較多，或買好幾幢不動產，會比租房更有彈性。因為你擁有這項資產，你永遠可以隨時調整安排，以符合當下的生活模式。

假如你想存錢且免費住在你的房子裡，那麼你可以把房間都租出去，自己睡在地下室的沙發上。我聽過有個房東本人住在廚房的置物櫃裡。或你可以住最小的房間（或公寓，假如你擁有很多戶），出租較大的房間和公寓。假如你日後想升級居住環境，你還是可以住進最好的房間或公寓裡。

假如你想搬家或搬到另一個城市，你還是可以留下這些資產，賺取現金流並繼續升值。假如你已婚或有小孩，且有兩戶或三戶相連的房子，還可以打通成一棟大別墅。或假如你買一間房子，一年後不想住了，你可以將它出租以支付房貸，找另一個地方住。買了不動產並不代表你必須堅守在原地——你只是多了一項資產可以增值與賺錢。

投資不動產另一個好處是房地產屬於有形資產，可以用這些資產抵押貸款，讓你有更多現金可以運用，不管你是想再融資或用房屋部分淨值貸款再投資或買入更多資產。再融資兌現的最大好處之一，就是你換得的現金可以免稅！這是在不用出售已升值資產的前提下，利用資產兌換現金的絕佳方法。

如果真的想賺大錢，你可以重新貸款，提領升值的部分，用這些現金買入第二筆不動產。接著重複步驟買入第三筆、第四筆或第五筆不動產，很快你就能打造價值數百萬美元的不動產投資組合。

如何用最少的頭期款買一個自己的家

想要買下自己的第一間房屋，你必須存夠頭期款的金額，並符合申請房貸的資格。房貸指的就是銀行或貸款人借給你去買房子的錢。你已經知道，用別人的錢增加自己的淨值是投資不動產最大的優點之一。雖然向銀行或貸款人貸一大筆錢聽起來很恐怖，但房貸其實是「良性貸款」，因為你可以用這筆錢買到一項能創造現金流與增值的資產。你也可以用房貸買到價格低於價值的房子，賺得的資產立刻就高於你支付的金額。假如你信用良好，你也不用一次支付很多錢，你的頭期款可能可以介於百分之一到五之間。

房貸有兩種常見的類型——「固定利率房貸」（FRM），其利率在貸款期間維持固定；與「調整型利率房貸」（ARM），其利率在一段時間後會隨著特定市場因素上升或下降。你能拿到什麼樣的利率與貸款類型，大部分決定於你的信用評分。信用評分越高，利率越低。利率的高低取決於很多因素，不同貸款人也可能相差很大，所以貨比三家很重要。我在挑選自己的第一筆房貸時，不同的貸款人利率差距竟然超過百分之二，這代表在貸款期間，多出的利率差會讓我多繳數十萬美元。

固定利率房貸一般限期十五到三十年。期限越長，每月應付款項越低，但支付的利息越多。三十年期的房貸利率通常也比較高，因為銀行借錢給你的時間較長，所以承受你無法償還風險的時間也越久。

大部分美國人都用三十年期的房貸，前幾年要支付很多利息——大約是總額的百分之八十。假如你每月能負擔的還款金額比較高，請選擇十五年期的房貸，因為你最初付的利息會較少。

調整型利率房貸的風險較高，因為你的利率只有在約定期間（通常是五年）保持固定，之後就會隨市場的現行利率上升或下降。調整型利率很像投機行為，因為你無法預測五年後利率是如何，但假如能拿到很好的利率，並計畫在五年內賣出你的房子，這就會是很聰明的選擇。如此一來，在你售出房產前短期揹負房貸的期間，你會支付較少的利息。

不論你選擇哪類型的房貸，都不一定要固守原本的償還期限。你隨時可以像其他的貸款機構重新貸款，取得更低的利率。假如利率下降，你就能降低支付的利息，或者是從十五年期轉成三十年期，減少每月還款金額。

我們之前提過，重新貸款的另一個好處是假如你的房屋還有淨值，且你想繼續增加不動產投資，通常可以再重新貸款，用這些資金買其他不動產。不過因為重新貸款需要費用，所以你必須要在居住期間支付更低的利息，彌補這筆費用，你再貸款才合理。假如你不打算在一間房子裡住超過三到五年，再貸款就沒必要，但假如你打算居住或出租且繼續付房貸五年以上，這麼做就能省下很多利息支出。

你買得起多少錢的房子？

買房子的花費加起來很可觀，但不必害怕。一般會建議，你每月的償還金額，加上稅與管理費，不應超過每月薪資的百分之四十。雖然我是很積極的投資人，但百分之四十對我而言還是太高。我認為百分之三十或更低才安全。你不應該當一個「有房子住的窮人」，薪水全都拿去繳房貸，沒有餘錢能投資或日常花用。無論你多喜歡一間房子，都不值得你投入全數資金。假如你真的這麼做，會承受很大的風險，代價不只是你的錢，更還有你的房子。

你也應該確定自己有穩定的工作或其他持續性的收入來源（不包含這間房子的租金）。所以，你應該買一間你「真正」買得起，而不是貸款機構「覺得」你買得起的。多數情況下，假如你有良好的信用評分，貸款機構核給你的貸款額度，可能會超過你的貸款需求。銀行會盡量多貸款給你，他們才能賺到更多利息，但長期而言這對你有害。別上當。你應該買的房子與應該申請的貸款，必須符合「每月房貸金額不超過每月薪資的百分之三十」這個條件。

另外也請留意買房子與身為所有權人的其他費用。房貸只是你欠銀行的部分，還不包財產稅（假如你住在精華地段，你的每月支出會大幅提高）與管理費（大樓或社區委員會支應公共支出的費用）。這些費用加起來也不少，所以精確算出你在這間房子上每月應支付的總額很重要。表 11-1 的範例是在芝加哥買一間三十萬美元房子會有的支出。

不管你收入多高，有些城市或地區的房價就是很貴，這時需要一點創意。例如你可以支付很低的頭款（介於百分之一到五），或者找一些室友分擔你房貸的部分或全部。美國很多都市如紐約、西雅圖的房價都很高，但隨著你收入增加，或假如你能找一群朋友一起合資，或靠爸靠媽，這些都會區域其實才是投資不動產的理想地區，因為都會區的房價通常升值很快。

頭期款一定要付到百分之二十嗎？假如你找到一間很有增值潛力的房子，但現在沒有足夠現金，也找不到優惠的房貸利率，可是你又相信這筆投資能獲得更高的報酬，此時就不必堅持非要準備到百分之二十的頭款。百分之二十的頭款是常見的迷思，千萬別讓這個迷思害你錯失一個好物件。

我朋友史考特住在洛杉磯，過去四年都在為了百分之二十的頭款存錢。在這期間，洛杉磯的不動產價格大幅攀升，他現在已經完全買不起了。但假如他在四年前先支付百分之三的頭款，他就能立刻進場買入，住在理想的房子裡，且從增值中獲利。且根據我看過的數據，

表 11-1

一次性費用	
貸款手續費	$1,000
稅金	$2,400
搬遷費用	$3,000
合計	$6,400
經常性費用／每月費用	
清償本金	$1,256
清償利息	$721
房地產稅	$420
管理費	$600
修繕	$200
合計	$3,197
年度總計	$38,364

增值的幅度非常大——當時他看的任何房子都能輕鬆增值四十萬到五十萬美元。所以他現在不僅還在租屋，還失去買房與賺大錢的機會。現在他完全負擔不起——只因為他想等到存夠百分之二十的頭款。

請留意，在美國依照規定每個人都只有一個「主要自用住宅」的物件能用低於百分之二十的頭期款取得（且你只能擁有一間主要自用住宅）。任何非自用的不動產投資都可能需要百分之二十到二十五的頭期款。

就主要自用住宅而言，假如你能以低於百分之五的利率去貸款，就應該將本來要用來支付頭期款的現金（即使你有足夠的現金）留下來投資股票，用銀行的錢買一間會升值的房子。假如你的貸款利率高於百分之五，你就應該盡量支付到百分之二十。但無論如何，假如你會因為買房而變成房奴（沒有足夠的存款作緊急備用），或別處有更高的投資報酬請別一開始就支付百分之二十的頭期款。另外，你買不動產的頭期款「永遠不要」超過你資產淨值的百分之三十。

假如你是首購族，請務必確認自己居住的地方有沒有首購族的優惠貸款方案。例如芝加哥就提供很多方案給第一次購屋的人，其中一項是幫你支付頭期款的百分之二！別浪費任何錢——永遠記得確認有無適用的方案。

我在芝加哥買第一間房子時，我付了百分之五的頭期款，且獲得小額的首購優惠。假如我一直等待，直到存夠百分之二十的頭期款，可能至少還要再一年，那麼我不只可能會錯失理想的房子，價格還可能會上升百分之二十。雖然房價很少急遽升值，但支付低頭期款，快速進入市場，利用剩下的現金做報酬率高於房貸利率的投資（例如股市），依然是比較合理的選擇。

過去五年中，我的不動產已增值超過二十五萬美元，所以假如我等到存夠百分之二十的頭期款，我也已錯失賺進數十萬美元的潛在機會。我事前能知道自己的房子會升值這麼多嗎？當然不能。或許我很幸運，因我知道當時芝加哥房市在下跌，所以我知道當時能買到好價格。我在冬天芝加哥房市淡季購入這間房子（誰會想冒著芝加哥的寒冬去看房呢？），而且我買的房子很獨特（一棟工業風建築裡的閣樓，也是國家級歷史景點）。住在裡面的氛圍很好。

假如你的房貸利率很低，就能輕鬆用銀行的錢購入與持有不動產。例如，我的房貸是十五年期固定利率二點六二五，利率算很低。我就能將原本要用來支付房貸的現金，拿去投資股市獲得高很多的報酬。因為去年股市大好，這些資金已經獲利百分之二十三。也因為我的房貸利率很低，我會將多餘的錢拿去投資，而非趕著還清貸款。不過，假如我決定退休並從此靠投資收益生活，我就會將房貸完全繳清。

再說一次，你要算清楚，做出正確決定。上述我說的情況可能發生，是因為在過去八年房貸利率處於歷史低點，且股市成長迅速。回顧一九八〇年代，房貸利率約為百分之十到十二，當時盡快還清貸款就比較合理，因為其他投資的報酬很可能不會這麼高。

投資不動產的兩種方法

投資不動產主要有兩種方式：買入再賣出（即轉賣）不動產，或買入且長期持有。雖然本章的重點在購買與持有不動產，我們還是來看看這兩種策略如何能幫你達成你的退休目標。

買入與轉賣不動產的意思是，買入一項不動產，然後在幾年內（或甚至幾週內）賣出。有時房屋需要修繕，有時不用，但策略在於尋找價值高於價格的房屋，或經過翻修就能大幅增值的房屋。買賣不動產是很好的副業，幾乎任何城市或鄉鎮都有好的交易。雖然有些城市比較難找到划算的交易，因為同時在找房的競爭者太多，但你只要持續尋找，找到時準備好下手即可。

轉賣房屋能幫你賺更多錢，你可以用來買更多不動產或投資更多股票。前面已經說過，美國的稅法有 1031 交換條例，使你能持續在免稅情況下以利滾利，用這些資金買新房子。你也可以買入多戶數或公寓大樓出租。

正如買股也該長期持有，買入並持有不動產是較有效的策略，比起買入再轉售，能更快幫你達到財務自由，因為你能建立一個每月持續帶來現金流的投資組合，透過房租收入支付貸款與每月生活費，同時擁有一個會隨時間升值的資產組合。你大部分的利息及很多與出租不動產的相關開支都能節稅，例如更新、修繕與管理費等。而投資股票就沒這些好處。

如果你想盡快達成你的財務自由數字，那麼現金流比升值更重要（因為每月租金收入能支應你每月的生活費，卻不必動用你任何的投資）。而且，現金流比升值可靠，因為你的房客必須繳房租給你，但升值決定於很多因素，都是你無法控制的市場供給與需求。

根據你的財務自由目標數字與每月生活費高低，你不一定需要擁有很多不動產，才能為你帶來足夠的租金收入支應每月生活。假設你一年的生活費是六萬美元，每個月等於五千美元。你可以把預期的每月生活費加上至少百分之二十五，當成你的目標租金收入。這筆錢包含不動產管理的相關支出——修繕或委託管理公司的費用等。

為了支應每月生活費，你的不動產數量應該要能產生「五千美元乘以一點二五等於六千兩百五十美元」的每月租金收入。這可以是一間每月賺進六千兩百五十美元的房子，或是五間每月分別賺進一千兩百五十美元的房子。

提高每間房子的租金，也能達到相同效果。在美國大部分市場裡，租金通常每年漲價百分之三到五，但假如該社區的需求很高，漲幅會更大。只要有人願意承租，你的租金要多高都可以。

表 11-2 的範例是你在十年內分次買入五筆不動產，能如何為你創造每個月六千兩百五十美元的現金流，以及這些龐大的資產淨值與增值如何增加你的個人淨值。

表 11-2 範例：五個不動產物件的投資組合，每月產生五千美元現金流

年度	物件數量	債務／貸款	每月債務、稅金及鑑價費用	租金收入	每月現金流	不動產價值	資產／所有權
1	1	$200,000	$2,000	$2,000	$0	$250,000	$50,000
2	1	$190,000	$2,000	$2,100	$100	$260,000	$70,000
3	2	$380,000	$3,500	$4,200	$700	$475,000	$95,000
4	2	$365,000	$3,500	$4,500	$1,000	$500,000	$135,000
5	3	$565,000	$5,600	$7,000	$1,400	$700,000	$200,000
6	4	$780,000	$8,400	$10,400	$2,000	$1,100,000	$320,000
7	5	$980,000	$10,100	$12,900	$2,800	$1,450,000	$470,000
8	5	$940,000	$10,400	$13,700	$3,300	$1,480,000	$540,000
9	5	$880,000	$11,400	$16,700	$5,300	$1,520,000	$640,000
10	5	$840,000	$12,100	$18,350	$6,250	$1,550,000	$710,000

在範例中，你在過去十年買了五筆不動產，且因為你各項資產的租金收入都提高，你的每月現金流也增加。另外，隨著不動產增值與你的整體債務減少，你持有的不動產淨值與所有權也增加。這只是十年間的變化。假如你繼續持有不動產，你的租金收入與所有權也會持續增加。假如你在未來決定兌現，你可以賣出不動產，獲得資產升值的利潤。但比較理想的長期策略還是保留不動產，讓租金收入與淨值無限期成長。

就這個例子來看，假如你能買五間以上，或買到升值更快的房子，你會更快達成目標每月現金流，更快實現財務自由。五間房子聽起來很多，但大多數人都能輕鬆管理，每週只花不超過五小時。也可以外包，找一間好的管理公司或管理人也很簡單，這些公司會收取每月租金的百分之七到十，作為財產的管理費（包含找承租人、規畫修繕等）。只要有優良的管理公司配合，你甚至不用住在相同城市——很多不動產投資人都是這樣。你可以住在峇里島（生活費用相對低），利用你在美國的不動產輕鬆賺取被動收入。

先前曾說過，沒有人能預測股市或房市（自稱做到的人都是騙子）。但你還是能購買有價值的不動產，並擁有較大的增值機會。舉例來說，鄰近大學的房子就是好的投資，因為學生需要地方住宿；坐落在精華區特殊或很有特色的歷史建築、熱門度假聖地的房子也是很好的物件。一般而言，越搶手的不動產升值幅度也越大，或至少在市場趨緩時還能維持價值。

第一間房子會是你人生中最重要的投資決定，假如多花一點時間找到好的物件與價格，隨著租金增加與房屋升值，可以快速賺到很多錢。

雖然一開始會很挫折，但投資不動產就像投資股票，其實並不複雜。但你應該只投資你瞭解的標的，承受能承擔的風險。這點與投資股票相投。越瞭解市場與區域性質，眼光就會越精準。你可以自己獲取市場知識，透過在線上追蹤房價與查看目標社區的物件，也可以外包委託不動產仲介，憑藉他們對各區域的瞭解幫你找到好的交易。

隨著累積更多經驗，你就能購買更多房子，或甚至整棟公寓。雖然本章不討論購買整棟公寓（聽起來也有點瘋狂），但其實比想像中簡單。在芝加哥，可以找到一百萬美元左右的六戶數公寓（包含已出租的單位），並用百分之十五到三十的頭期款買入。請留意，美國規定，任何超過四戶的建築都屬於商辦大樓，必須辦理商辦貸款。但只要你收的租金能支應房貸，那麼你不只能貸到款項，還能當房東收租，且持有一項會升值的資產。

尋找夥伴，一起拓展不動產投資規模

假如你剛好很喜歡投資不動產，拓展投資事業最快的方法之一，就是尋找「合資夥伴」，也就是找其他投資人來投資你的不動產。與人合夥有三大優點。首先，

可能取得更好的貸款條件。第二，有經驗的不動產投資人可以教你很多，也能更快適應市場變化。假如你持續投資不動產，市場變化可能會改變你的投資方向。舉例來說。如果房價升的太高，你可能必須重新選擇投資標的。

第三，有經驗的投資人通常也有優秀團隊，擁有更好的資源——例如修繕公司、稽查公司、資產管理人、律師與其他協助你投資不動產的相關資源。假如這些人投資你，他們會分享這些資源，以保護與確保他們的投資能獲得最大的報酬。

雖然你不能預測或掌握不動產是否升值，但你能控制例如成本與現金流。與有經驗的不動產投資夥伴合作，會讓這些事變得更簡單，且讓事業成長更快。假如你想尋找一位投資夥伴，請一定要找投資經歷比你長、資產比你多的人。盡可能與最資深的投資人合作。但要找到合資人，你也必須證明自己已經成功投資還在增值的不動產，且能帶來現金流。

希望你已經準備買入第一間（或第二間）房子，開始利用投資不動產賺錢。一位資深投資人說過：「買入不動產才賺錢，而不是賣出時。」你必須盡可能找到最好的投資標的。以下提供一些要領，可以增加找到好物件的機會。

九個要領幫你找到完美的投資標的

1. 建立一套投資不動產的遵循標準。

你想投資什麼類型的不動產？在哪個地段投資？設定投資標準能幫你鎖定目標，進而成為某類或某地段不動產的專家，你會更容易找出好物件。多數成功的投資人都設有範圍，只投資他們瞭解的區域。無論你投資的是個人套房、單戶住宅、移動式商用不動產、公寓大樓或甚至停車場，假如你有利基且堅守自己熟悉的領域，做好投資會簡單很多。

2. 設定預算，且預先取得房貸或貸款的核准。

我建議你先拿到房貸的核准再開始挑選物件，你才會知道自己有多少預算。而且，這樣能讓不動產仲介知道你是認真想買，只要你找到喜歡的物件就容易快速成交。拿到核准函很簡單，你只要提交一些文件給貸款機構，對方就會核給你某個額度。你應該至少請四間銀行報價，以找出最好的貸款利率。

3. 尋找能立刻帶來正向現金流，能高價出租且有增值潛力的不動產。

你應該只投資能立刻帶來正向現金流的不動產（也就是能收取夠高的租金，至少能涵蓋房貸、稅與其他預期的管理支出）。假如入手後會立刻虧錢，這項不動產就不值得投資。

雖然不是所有市場都適用（尤其是房價高的市場），但不動產投資人常用「百分之一法則」來判斷某物件能否立刻帶來正向現金流。你要找的不動產，其預期每月租金至少要是不動產價格的百分之一。例如，假如一個物件開價二十萬美元，而這個物件每月可收到兩千美元的租金，那就算符合百分之一法則。假如你收不到這麼多租金，那麼你很可能也無法支應貸款與其他必要開銷。你可以上網看附近類似的物件都以多少價格出租，以便估計這幢不動產能收到多少租金。假如你再保守一點，不妨用百分之二當標準。你買來出租的不動產，租金除了支應房貸外，還應該有足夠的餘額，可以應付其他開銷或作為緩衝，因為你的房子可能會有幾個月待出租的期間。

最好能買在升值潛力最高、租金會持續上升的地區。鄰近公共設施、市中心或大學的社區，租金在未來會提高。正在轉型的地區、有很多待售屋的高齡屋主、匯集很多年輕買家與小家庭的地區也是如此。尋找藝術家、音樂家、文青與學生的出沒地，他們通常會選擇新潮的社區與獨特的物件，在未來五年增值的幅度也最大。很多地方的房市循環都可以預測。你買的區域，應該是大多數人在五年後還願意居住的社區。如果財力夠，就買在需求永遠會持續增加的蛋黃區，例如紐約的曼哈頓、洛杉磯的威尼斯運河區或舊金山的北灘。

4. 找一間好的不動產仲介公司，幫你完成繁雜的事。

好的不動產仲介公司會是你無價的資產。他們熟悉市場，瞭解你的標準，也能第一時間把握好的物件。但雖然仲介很多，在我的經驗裡優秀的還是很少。好的仲介公司會以你為出發點找物件，而不是以他們自己的業務需求。找一位好的仲介就像找一位好醫生——他們與你配合愉快，且能優先考慮你的最佳利益。你可以從瀏覽像 Zillow 網站上的評價著手，安排幾次面談。大部分仲介都很樂意與潛在的客戶見面。準備一份你的問題清單，請他們告訴你二到三件他們最近為客戶媒合的不動產投資交易。你應該問的是過去客戶在目前的投資績效，不要只看房仲的成交數量。

5. 在買氣不高時買入不動產。

大部分房屋的買賣都在春天進行，但這也是房價最高的時候。找到好交易的方法之一，就是反其道而行，例如一座城市冬季很冷，你就在冬天買房。在十月到十二月間買的房子，升值的幅度會比在一年中其他時間買的房子還高，因為競爭較少，售價相對只能較低。而且，有時賣家在一年較不景氣的時間賣房子，他們也比較擔心賣不出去，所以較願意在價格上妥協。另一個買房的好時機是年底，這時候賣家與銀行會比平時渴望成交。

6.尋找法拍或短賣（short sale）的交易。

法拍屋通常是屋主無法再償還貸款，所以由銀行決定拍賣。假如你有耐心，可以找到很好的交易，但請留意，有些法拍屋的屋況很差。有時候找到一間非常便宜的法拍屋，那背後通常有原因，投資前一定要全盤考察。短賣通常是貸款機構（一般是銀行）虧錢賣出手上的房子。因為銀行是所有權人，交易期間可能拉的很長，但還是值得你花時間。你不妨出價，這樣也不會有損失。你可以瀏覽像 Zillow 或 Trulia 等網站，或找一位不動產經紀人，尋找法拍與短賣的交易。只是你要準備好及時出手，因為好的物件常常稍縱即逝。

7.實地勘查生活圈。

勘查生活圈的簡單方法之一，就是在附近租一間公寓或房子，你可以上網站 Airbnb 或 VRBO 查找。這個地方在週末是什麼樣子？在晚上呢？走路能到哪些地方？這些都不是看過幾次房子就能找出來的答案。不論你買房子是自己住或出租，都應該先實地勘察生活圈。假如你喜歡住在那裡，其他人也會喜歡。記得帶朋友、家人或另一半一起前往，以獲得更全面的意見。

8.尋找經驗豐富的驗屋公司。

不論一間房子看起來多完美，一定都存在缺點，業務也不需要讓你知道缺點是什麼。

這就是為什麼購買前驗屋很重要。而驗屋公司不是每家都品質良好。找驗屋公司時，應該做詳細的事前調查，別一味相信Google的搜尋結果。

請尋找有多年經驗的驗屋團隊，請他們給你看一份近期驗屋的樣本報告。不是所有的驗屋團隊都會檢查每一個購屋時應注意的事項。例如，很多驗屋公司都不會檢查蛀蟲問題，但這卻有必要。你自己也要同時在場，請驗屋員具體指出問題在哪裡。盡可能發問，你才不會買完房子後發現必須支付一大筆修繕費。

你甚至應該提出驗屋的附帶條件，假如你發現不喜歡的地方，就能捨棄這筆交易。或至少減價，假如你發現任何必須花錢處理的問題。很多賣家都願意協商，尤其是若你發現有些地方必須進行大型的修繕。

9. 做好拒絕成交的心理準備。

不良的不動產交易比較多，好的不動產交易比較少。所以買不動產就像買股票，要控制自己的情緒。很多人買不動產的時候都不夠理性，但你要給自己足夠的心理建設，要找到最好的不動產，而且永遠準備好放棄交易——假如這個不動產不符合你的標準：可能是太貴，需要太多修繕，或單純感覺不對。到簽約的前一刻你都能拒絕，假如你覺得這不是最好的選擇，就勇敢說不。

就像任何投資，不動產投資一定也有風險。但假如你遵循上述準則，支付能負擔的頭期款，利用駭客購屋減少買房的支出，你就能最小化風險。不論你對建立自己的不動產投資組合有多積極，投資不動產都會讓你擁有很多彈性，幫你賺很多錢與快速達成財務獨立。

重點複習

1. 投資不動產是豐富投資組合與分散風險的絕佳方法。在很多方面來說，也是比股票更好的投資，因為不動產升值較快，你的錢也會跟著增加。
2. 投資股票時，你的投資組合只能根據你的資本與複利後的獲利，依照某個百分比成長。投資不動產時，你的投資成長是根據房屋的增值，而且因為你不用一開始就投入全額資金，你的錢會成長得更快。
3. 想要買自己的第一間房屋，你必須存夠足以支付頭期款的金額，且符合申請房貸的資格。房貸指的就是銀行或貸款人借你用來買房子的錢。
4. 一般會建議你的每月償還金額，加上稅與管理費，不應超過你每月薪資的百分之四十。雖然我是很積極的投資人，但百分之四十對我而言還是太高。我認為百分之三十或更低才保險。

5. 投資不動產主要有兩種方式：你可以買入再賣出（即轉賣）不動產，或買入且長期持有。

6. 假如你剛好很喜歡投資不動產，拓展投資事業最快的方法之一，就是尋找「合資夥伴」。

7. 以下是尋找完美投資標的九個要領：

- 建立一套投資不動產的遵循標準。
- 設定預算且預先取得房貸或貸款的核准。
- 尋找能立刻為你帶來正向現金流，能高價出租且有增值潛力的不動產。
- 找一間好的不動產仲介公司幫你完成最難的部分。
- 在買氣不高時買入不動產。
- 尋找法拍或短賣的交易。
- 實地勘查生活圈。
- 尋找經驗豐富的驗屋公司。
- 做好拒絕成交的心理準備。

第十二章
一輩子不缺錢：如何善用投資收益

時間往前快轉，你已經達成提早退休的階段，你現在已經不一定要上班了，本書所說的你都掌握了，你的財務狀況也完美了。

過去四年間，你努力存下了百分之五十以上的收入，也很聰明地投資。依照你的計算，假如股市在未來三年跌幅不超過個位數，你應該就能順利在五年後或更短時間內退休。

你越來越接近提早退休，你也更能掌握自己的每月開支，現在你已經成功優化自己的財務，所以你花的錢足以讓你感到快樂，也擁有一切自己需要的東西。你能夠利用最佳的預期支出調整你的財務自由數字，你也快要達成財務自由的目標了。這時你開始計畫你的退場策略，認真思考三件事：

1. 你的現金流策略（也就是你如何支應每月開銷），來自於你的收入、投資收益與現金。

2. 如何確保你能靠投資收益支應未來的生活。
3. 你接下來的規劃（也就是任何你想做的事）。

靠投資過生活的策略有一個最高宗旨：讓錢永遠夠用。假如你做錯決策，那就得回去上班賺錢了。如果這個慘狀發生在你四十五歲那年，總比你在七十五歲時才沒錢而得去找工作要來得好。靠投資生活一輩子，講求準確的科學計算，且你的策略必須隨著時間改變。不過還是有一些原則和對策，能大幅提升成功的機會。關鍵在盡可能堅守你的財務自由數字。這不是「一次達標，永遠達標」的事情，請記得每一季（一年四次）重新計算你的財務自由數字（別擔心，這只會花你五分鐘）。

雖然我還沒退休，但我已經計畫好如何退休了。你今日雖然有一套看來最佳的提領策略，隨著你更接近退休，或更接近靠投資收益過生活的時刻，你應該花點時間研究新發展的策略。本章的重點當然是提早退休的退休金提領策略，但我也會介紹一個架構，讓你在開始動用投資收益來過生活時參考使用。

計畫現金流策略，調整資產配置

越接近退休，就要開始規劃如何應付未來的生活開支。你的策略取決於你需要多少錢，以及是否須立刻開始提領投資收益，還是是能仰賴某個收入來源（像租金收入）。假如你需要靠投資收益支應生活費，那麼股票與債券應該要轉為更保守的配置，以便倚賴債券或其他類固定收入資產的收益。

提早退休常見的資產配置是百分之六十的股票加百分之四十的債券，或百分之四十的股票加百分之六十的債券。這類配置可以讓你參與股市長期的成長，但也擁有債券帶來的固定收益作為生活費。選擇較保守的配置時，假如你利用固定收入資產支應生活，就不必動用股票投資，可以讓錢繼續成長與複利。有些提早退休的人將所有錢都拿去投資股票，以求最大化長期的成長，因為他們只需要提領不超過百分之三到四的收益，就足夠支應每月開銷。可是你還是要決定自己可以承受多少風險，以及是否更喜歡有穩定的固定收入來支應生活。

盡量用副業或被動收入來支付生活開支

請優先動用不動產租金收入、副業收入或被動收入來源，作為每月生活費，次一步才再考慮動用投資獲利。

這樣做的原因，我們先前已經說過了：不動產租金、副業或任何其他收入，都可以降低你必須從投資裡提領出來的錢。舉例來說，假如你每月有兩千美元的租金收入（被動收入），生活費是五千美元，這時只需要從投資收益裡提領三千美元就可以生活了（等於降低了百分之四十的提領）。就因為這筆每月兩千美元的租金收入，使得你每年在投資帳戶裡多存下兩萬四千美元，讓它繼續成長。假如你能用副業收入支應每月開銷，就能靠副業生活一輩子，不必動用到投資收益。這就是在全職工作外經營副業最大的好處。

根據投資績效與股市表現調整你的提領率

你現在已經知道，假如你的投資至少有預期年支出的二十五到三十倍，而且根據研究，百分之三到四的提領率都算是安全範圍（已加上通膨調整），這樣就可以大大增加「一輩子不缺錢」的可能。不過，在提早退休人士的圈子裡，如何評估安全提領率還是眾說紛紜，所以你接近退休時，也應該更留意資訊的更新，到時候可能會出現新的研究與提領建議。但根據目前發表的所有研究，百分之三到四的提領率（這是保守估計），不只能確保你不必動用到本金，還能確保投資的錢能繼續成長。

無論如何，請盡量提領「最小需求額度」，盡可能讓錢繼續投資產生複利。根據所謂的「報酬順序風險」（sequence-of-returns risk），你的投資在退休後五到十年的績效，對你能否延續財富有很大的影響。舉例來說，假如你退休後股市立刻下跌百分之三十，且你全部的投資都是股票，等於你剛退休就少了百分之三十的錢，這也很可能低於達成財務自由所需的數字。你的任務就是安然度過退休後的前五到十年，不要動用到本金。

假如股市在你剛退休的前幾年跌幅太大，此時還是有很大的機會，在接下來十年內補回損失。況且研究顯示，即使是歷史上最差的股市，百分之三到四的提領率（已加上通膨調整）與正確的資產配置，大多數時候都能有好結果（擁有一輩子夠用的錢）。假如股市在前一年下跌太多，你可以延後一到兩年退休，先補回你必須提領的額度。無論如何，你都要盡量減少從投資裡提領的錢，讓錢繼續複利增長。就算股市一年上漲百分之二十三，你還是應該提領最低需求額度就好，讓剩下的錢繼續成長。

你也可以用正確的提領策略，使得報酬順序風險最小化，包含在你退休的前五到十年，將部份投資轉為固定收入（債券）支應生活，同時將剩下的錢留在股市繼續成長。如此就能保有一份不受股市表現影響的收入。

也可試著運用現金與固定收入投資來當生活費，不足的部分再從股票提領。這麼做不論股市好壞，都能留下最多錢在股市裡成長。如果某幾年裡股票下跌，那麼你應該只依靠固定收入與現金支應生活；股市上漲時，你就能動用投資收益。

百分之三到四的提領率是很保守的提領策略，只要你在退休後的五到十年內保持理性，過了這段時間，你的投資組合在接下來幾年就能輕鬆變成兩倍，或三倍、四倍。或者你也能增加支出，花更多錢。舉例來說，假如預期每年支出是五萬美元，退休前有一百二十五萬美元的投資，計畫提領百分之三到四當成生活費，在接下來三十多年，你的投資組合很可能會成長到五百萬美元或更多。隨著財富增加，你能提領的錢就超過了五萬美元，等於越老能花的錢越多。畢竟，五百萬美元的百分之四等於提領二十萬美元！但為了讓錢永遠夠用，你還是只要提領最小必要額度就好。

盡可能保持最低收入與最大化利用扣除額

收入越低，投資收益要繳的稅就越少。如果你能讓收入低於所得稅與資本利得稅的最低繳稅門檻，甚至可以不用繳稅。一旦你決定開始靠投資生活，就盡可能減少收入來源，只留下必要的收入，以免交太多稅。這個做法聽起來好像很麻煩，其實不會，等到你快要達成財務自由時，你已經知道從投資裡提領每月生活費的節奏，可以確保你每年繳最少的稅。支出越少，稅賦負擔也越低，財富也能延續越久——這也是減少生活支出的一大好處！

扣除額也能有效減少（或完全免除）你提領時必須繳的稅。截至目前，美國的夫妻合併申報標準扣除額是兩萬四千美元，你還有很多東西也能扣除，如撫養小孩、合格股息、醫療支出與商業支出等。你應該盡可能學習如何優化稅務，或雇用一位以時薪計價、專精於提早退休策略的會計師，教你稅務優化的各種稜角。稅務優化聽起來也許很無聊，但你（或你的會計師）越瞭解稅制，你就能繳越少稅，留下越多錢繼續投資，讓越多錢繼續成長，使財富延續越久。就像其他金錢管理策略，稅務優化也會隨時間變得越來越簡單。

你接下來要做什麼？

如果你打算提早退休，就得計畫一下，接下來的時間要怎麼運用。當然先花一點時間放鬆，但為了健康起見，還是可以做些事。只是此時對「工作」的定義已經變了，它可以是經營一種喜歡的副業，可以是追尋自己的使命或全新的事業，可以是投入社區服務，或者是到世界各地旅遊、鍛鍊身體或任何一直想做的事。請記得，「退休」的定義由你決定。這就是自由。

有很多提早退休的人，經過一番努力終於退休後，卻只感覺到「好，那我接下來要做什麼？」前半生辛苦工作，終於達成退休目標，這時你需要新的事物讓你保持衝勁。

很多因素，例如個性、賺錢、你是否喜歡自己的工作等，都可能影響「退休」這個轉變的難度。盡可能提早計畫，做出做安心的安排，去做自己一直想做的事，花點時間探索新事物，讓自己成長與蛻變。

自由充滿開放與不確定性。但只要保持心胸開闊，人生就會過的無比精采。

重點複習

1. 一旦決定退休，就必須擬定正確的提領策略，確保錢永遠夠用。
2. 盡可能提早規劃投資提領策略，以最小化提早提領的罰款（在五十九點五歲前開始提領稅務優惠帳戶），及最小化應稅帳戶必須繳納的稅金。
3. 盡可能用副業或被動收入支應生活。
4. 最大化利用扣除額。
5. 假如你決定提早退休，你要找出各種能填補時間的事物，擁有夠多的興趣讓自己保持忙碌。理想上，退休後應該有一個目標，例如一項讓你有熱忱的計畫、深刻的使命、環遊世界或某件你一直想做的事。自由無邊無際且充滿不確定。只要保持心胸開放，人生就會精采無比。

第十三章

四個原則增加理財成功的機會

讀到這裡，你已經學到能幫自己賺到最多錢的心態與框架；你已經學會如何追蹤你的資產淨值，計算你的財務自由數字，並將它分成階段性的小目標；你知道如何計算儲蓄率，看見錢的未來潛力，獲得加薪，而且利用全職工作當跳板找出有利潤的副業；我也告訴你如何投資不動產，如何最小化投資產生的稅金與費用，以及最大化你的投資報酬。

每個人都想快速致富，或許你做得到，但這本書不能幫助你快速變有錢，而是會幫你加快變有錢的速度。不論你需要五年或二十年去達成你的財務自由數字，遊戲的規則對每個人來說都一樣：少花錢，多賺錢，最小化繳納的稅金，盡可能投資。

之前說過，要建立創業家心態，講求的是善用時間，竭盡所能找出賺更多錢的方法。我從二〇一〇年才開始認真理財，全副心力都放在盡可能用最快的速度賺到一百萬美元，以求在未來四十年不必繼續做著自己不喜歡的工作。幾年後，我發現自己有機會在五年內實現目標。但要達到這一點，需要的不只是一個好計畫而已。

雖然你已經清楚瞭解達成財務自由的策略，但唯有你拿出行動，這些策略才有意義。在本章裡，我們要來學習如何運用你在日常生活中學到的所有知識，

優化未來的財富框架。以下四個準則就是這個框架的基礎，能大大增加你在賺錢與人生其他領域上成功的機率。

1.立刻開始行動

請記得，這本書的目的，是將你的金錢與時間予以極大化，所以你要盡快開始執行本書的策略。不要再浪費時間了。現在就開始行動，就是今天。無論是提高存入勞退基金的額度、計畫爭取加薪、展開副業或只是多存五美元，去做！現在！

「開始行動」比「做出完美的決策」更重要。選擇眼前「已經夠好的」，比起等待完美的時機、完美的工作或完美的想法都重要。不要花力氣過度分析，不要等到做好萬全準備才開始。你可以邊做邊學，況且你並不是第一個走上財務自由旅程的人，你可以向其他人學習，可以向我學習。你永遠都會學到新知識。

無論看過多少書，上過多少課，還是無法取代實際行動。相信我，你擁有越多經驗，就越能根據可預期的結果，做出決定，使得你更容易看見賺錢的機會，投資也會變得更簡單。這樣會讓你沈著面對風險，知道什麼時候應該接受風險，也更有能力判斷什麼時候該

答應，什麼時候該拒絕。

我失誤過很多次，你一定也會。關鍵在於，別讓這些事變成阻礙。繼續堅持。請你現在就放下這本書，登入你的銀行帳戶，截取你今天的帳戶結餘畫面；印出來掛在浴室裡或衣櫥上或一個每天都能看到的地方。然後請上 futureme.org 網站，用這個免費工具讓今天的你寄信給未來的自己。

請回答以下三個問題，寫信給一年與五年後的自己：

1. 財務自由，對我來說代表什麼？
2. 能讓我快樂的事情是什麼？
3. 一年後我想在哪裡？五年後呢？

三十三歲退休的艾妮塔就做過這件事。她寫信給未來的自己，讓自己在達成財務自由的過程中保持前進的動力，未來回首這些信，她也發現自己已經往前走了多遠，達成了多少成長。請記得，五年後的你很可能與現在的你截然不同——你的目標、優先順序與夢想都會隨著時間改變。

這就是你的起點。一年後你再回顧，將會驚訝自己已經走了多長的路。八年前我面臨破產，且對這本書裡的知識一無所知。但僅僅過了一年，我的儲蓄率從零增加到約百分之六十，收入來源從單一變成七個，我也存下超過十萬美元。

以下是八件你可以在今天立刻開始行動的事：

1. 提高至少百分之一的勞退基金提撥率。試著提高到法定上限。
2. 檢視公司提供的員工福利，確保你已經完全善用這些好處。
3. 分析你目前的市場價值，開始為加薪收集籌碼。
4. 寫下五個新的副業構想。
5. 認識三位有趣的新朋友，與他們吃一頓午餐或喝一杯咖啡。
6. 假如目前租房子住，請計算買房子是否更合理，算出需要多少錢。
7. 假如有自己的房子，請開始找能出租的不動產。
8. 建立一份線上試算表追蹤儲蓄率，或學著使用線上工具做輔助。

2.保持專注，學會說不

賺錢很容易，浪費時間也很容易。

我們花數小時漫無目的地上網，或一口氣追劇一整個週末。人都很會浪費時間。但請記得，時間是你最珍貴的資源。盡可能把握時間。

不論你花多少時間坐在桌子前，或你寄過多少郵件，或你開會過多少會議，或你完成多少事；假如你的方向不正確，就無法創造價值。

假如你想在金錢（與人生其他領域）上成功，就必須拒絕任何與你無關的事。誰最在乎你的時間或金錢？只有你。你要小心保護它們。假如你只會逆來順受，那麼生活將會毫不留情耗盡你的時間與金錢。這個世界就是這樣運行的。如果你不抵抗潮流，就會被捲走。「拒絕」是我學過最難、但也最重要的事。我現在還是在學習。

你花越多時間專注在能幫你賺錢的事情，花越少時間在其他地方，就會越有效率。朋友約你下班後去喝酒，但你可以把時間拿去做副業，這次婉拒邀約，能讓你距離達成目標又更進一步。若朋友約你週二晚上一起看Netflix，但你還沒完成當天的副業進度，那就更應該婉拒。你的婉拒，長遠來看，其實幫了你們兩人一個忙。

當然，你不能每次都拒絕（你也不想這麼做），但你用今天多投資的時間交換明天五到十倍的時間，這就是一種機會，而不是犧牲。請記得，今天的一美元可能是二十年後的十美元，你今天兼職一小時的價值可能是未來二十或三十小時（或更多）的自由。

請留意你的時間，以及你覺得重要的事。學會區分重要與不重要的事，學會用更覺察的心來取捨事情。以下是十種拒絕雜務、立刻開始專心的方法：

1. **檢視待辦事項**。清單上是否有不符合你的目標、不重要、不用今天做的事？

2.**檢視行事曆**。有什麼可以取消的約會嗎？

3.**查看行事曆，每天至少花五分鐘思考自己的財務**。我建議將它當作早上起床後的第一件事，變成每天早上的習慣。

4.**檢查行事曆，訂好時間做你最喜歡且能讓你快樂的事，那些與賺錢無關的事**。這個動作不等於漫無目的浪費人生。無論是讀一本書、與朋友打籃球或任何想做的事，都要規劃出確切的時間。生活永遠都有方法能阻礙你去做自己想做的事。

5.**假如郵件太多，請重設新的個人信箱，只讓親近的家人與好友知道**。過度倚賴用郵件經營關係，是大多數人浪費時間的最大原因。

6.**將手機調成飛航模式，電腦也不連接網路**。這就是你的專心模式。

7.**將約會與電話集中在一週內特定幾天的特定時間**。我通常會有整整一天一夜不接任何電話。請記得在處理任何事前，要先留時間給自己。

8.**取消任何有可能干擾自己目標、對自己沒幫助的訂閱項目、課程或約定**。

9.**假如你有另一半，安排時間與他們討論你的新規劃，請他們一起參與**。這可能需要時間。別勉強。請有耐心。以討論人生目標為橋梁，再延伸到金錢的話題。你可以上網站 https://financialfreedombook.com/tools 找到溝通技巧的小卡，引導你們的對話。

10.**下次有人請你做某件事時，先想想這件事是否符合你的個人目標或專業領域目標**。假如不清楚，就應該要拒絕。

3.持之以恆

這本書裡的策略不能幫你一夕致富，但假如你有恆心，這些策略能幫你慢慢變有錢。這就是為什麼持之以恆很重要。

成功建立在日常習慣上。每天花幾分鐘控管你的財務，試著賺更多錢，增加儲蓄率。假如每天花幾分鐘管理金錢，你會變得更警覺，金錢管理也會變得更簡單。培養一個習慣只要大約三十天的時間，所以一開始努力養成好習慣，你會發現做出好的金錢決定不只會變更簡單，還會變得自然。

平衡你微觀（每日）與宏觀（每年與更長遠）的目標。你已經將自己的財務自由數字分成每日、每週、每月與每年的目標。盡可能達成你的目標數字，然後試著超越它。假如某一天落後了，次日就要補起來。

以下是我在達成財務自由的過程中，每天、每週、每月、每季與每年分別做了哪些事的藍圖。這就是我用來最佳化自己財富的計畫。請用這個藍圖為起點，在達成財務自由目標上，根據你現在的處境，規劃適合自己的藍圖。

為了追蹤進展，可使用線上淨值追蹤器與手寫表格，定期記錄進度（如下所示）。我個人使用的試算表與淨值追蹤器，你都可以在網站 https://financialfreedombook.com/tools 上下載。

每日（五分鐘）

- 利用淨值追蹤 app 查看自己的資產淨值。
- 每天至少多投資五美元到任一帳戶。
- 思考如何在今天多賺五十美元的策略。
- 檢視自己過去幾天花了多少錢，花在哪裡。購買當下的感覺與現在的感覺分別是什麼？哪筆消費有感受到快樂？哪筆沒有？這中間學到了什麼？

每週（十分鐘）

- 檢查次要與被動收入表現（例如投資績效、網站收益、租金收入、兼職收入，以此類推）。
- 檢查上週的信用卡帳款有沒有不一致。
- 檢查有沒有已支付但未顯示的帳款。

每月（一小時）

- 檢視每月儲蓄表現（以金額與百分比來看）。

- 至少增加百分之一的儲蓄率。
- 檢查被動與次要收入的表現。
- 支付每月帳單。我建議最好是臨櫃親繳，不要設定自動扣款，因為自己繳帳單會讓你的感受更深刻，強迫你重新評估自己的消費，找出存錢的方法。
- 分析個人（以及你的副業或創立的公司）的現金流（有多少錢流入與流出）。
- 調整你下個月與接下來整年的預期現金流試算表。尤其是如果你的收入不固定，那麼預估接下來三到六個月的現金入賬，就很重要了，這樣能確保自己有足夠的生活開銷與投資。現金流管理是一門藝術，隨著時間你會越來越能拿捏自己需要多少錢。

每季（一小時）

- 檢查自己的財務自由數字的累積進度，且重新分析目標。
- 檢查自己的目標資產配置，有必要的話就請重新調整。
- 重新計算你每一項收入來源與綜合收入的每小時真實工資，並記錄在試算表裡。
- 利用免費服務檢查信用評分——檢查有沒有異狀，例如出現了不存在的債務，或是已經繳清但被列為延遲或尚未繳納的款項。
- 檢查被動與次要收入的表現。

- 分析個人與商務現金流。
- 調整預期現金流。

每年（三小時）

- 檢視自動化投資與扣款項目。
- 準備好優化與最小化納稅額。
- 評估下一年的現金流與分析你對過去一年的評估。
- 檢視投資帳戶費用，確認收費沒有增加。
- 檢視每年訂閱的雜誌，串流服務與會員。
- 檢視年度贈與策略。

現在的我，已經達成財務自由，所以每天的例行公事也有點改變。我比較少花時間去追蹤每一筆支出了，反而花更多時間調整我的投資績效，確保我的錢能發揮最大效用；我也投入更多時間優化稅務，確保最高的節稅效率；我花更多時間分析我的網站與線上收入來源的表現。當你的投資隨時間成長，你也應該開始定期審視或優化你的支出、收入與投資。

J. P. 在二十八歲退休，她會固定與不定期追蹤不同的指標，例如固定追蹤自己的淨值與每個月在各類別上的支出。她這麼做，已經持續兩年了，她也會利用其他指標，加強審視不同時段的開支，例如她與朋友出門時的消費。

4. 分享知識，也瞭解何時應該請求幫助

不論你有多瞭解某個東西，一定永遠有人比你懂更多。大家都不太敢談錢，我們不敢與身邊的家人、朋友、伴侶、同事談錢。我們對自己的薪資感到羞恥或不滿意，或因為害怕老闆而不敢談——可能也浪費掉原本能拿到的更多錢。在不知道正確答案或背負龐大的債務時，我們也害怕尋求幫助。我們對另一半隱藏自己的負債或消費，因為我們害怕對方對自己做評斷。

你越常談錢，你與身邊的人也能學到越多。請與另一半、朋友、家人或同事分享這本書。約定好每月聚會，分享自己在賺更多錢上遇到的挑戰與對策。使用溝通技巧小卡，幫自己順利進行金錢方面的對話。你可以上網站 https://financialfreedombook.com/tools 找到這些卡片。參加你家附近的財務自由社群，或加入財務自由社團 https://millennialmoney.com。

達成財務自由最快的方法，就是不斷向其他人學習。保持好奇心。永不放棄。多閱讀。下載播客。參加課程。學到的任何事都能對你的人生帶來複利效果。我們的大腦天生就能

找出規律的模式與連結新資訊，你讓自己接觸越多關於錢的想法，能學到的與賺的錢也越多。

最近我遇到一個關於股份有限公司股權結構的複雜問題，我就去找這個領域的一位頂尖專家，付了十五分鐘三百美元的諮詢費（他的收費是每小時一千兩百元，但他同意在午餐時間與我見面十五分鐘）。經過當面請教專家，從他身上學習，現在我擁有即使網路上也找不到的資訊。我遇到法律與稅務問題時，也做過很多次這種諮詢。

你也可以就財務問題或在遇到複雜的議題時找人諮詢。很多財務顧問甚至願意透過通訊轉體，在你方便的時間與你聊天。你應該利用財務顧問彌補自己不足的知識，而不是請他們管理你的錢。假如你想與財務顧問合作，請找只按小時計費，而不是根據你資產一定比例收費的顧問。

認真兼職也要認真放鬆

賺錢會讓人上癮。二〇一〇到二〇一五年間我全力衝刺，睡得很少，犧牲了很多，包含失去一些朋友，時不時還出現健康問題。我曾經陷入「全心投入事業，接著一整個禮拜昏昏沈沈」的不良循環，有時候一連好幾個星期累到無法離開床鋪。這樣當然很不健康。

現在回頭想想，很多事情當初都可以有不同的做法，但我犯的最大錯誤就是過度工作。

我忘了設下界線，而這樣對於時刻都處於數位經濟裡的我們來說，是很大的風險。可以在任何地點、任何時間工作當然很好，但我們也因此更難好好休息。有整整五年的時間，我每週都工作八十小時左右。

現在我可以明白了，假如當時我多休息一點，會更有效率且可能賺更多錢。那時我常常在累到已經沒有效率時，依舊死命逼著自己繼續工作，接下來要花好幾個星期復原。雖然一週多花二十到三十小時工作，換取未來多二十到三十年的自由很值得，但請留意時間的安排。你最需要的，可能就是放鬆。

假如你感覺精疲力盡，最好立刻停下來休息——躺在床上睡一覺。假如繼續勉強自己，最後會生病的。放慢腳步，接觸大自然，散步冥想，吃健康的食物，喝綠色蔬果汁，睡覺，運動，做一點瑜珈，還有，別忘記呼吸。呼吸是最好的解方。請記得：生活比賺錢更重要。

重點複習

1. 雖然你已經瞭解如何才能提早退休，但唯有真正拿出行動，這些策略才有意義。

2.立刻開始行動。請記得，本書講的是最大化你的財富與時間，所以要盡快開始執行這些策略。別浪費時間。

3.這就是你的起點。你會在一年後回顧與驚訝自己已經走了那麼長的路。

4.保持專注，學會說不。賺錢很容易，浪費時間也是。我們花數小時漫無目的地上網，或一口氣看一整個週末的電視節目。人都很善於浪費時間。但請記得，你的時間是你最珍貴的資源。盡可能把握時間。

5.持之以恆：這本書裡的策略不能幫你一夕致富，但假如有恆心，這些策略能幫你慢慢變有錢。這就是為什麼持之以恆很重要。

6.分享知識，瞭解何時應該請求幫助：不論你有多瞭解某個東西，一定永遠有人比你懂得更多。

7.認真兼職也要認真放鬆。雖然一週多花二十到三十小時工作，換取未來多二十到三十年的自由很值得，但請留意時間的運用。你最需要的，可能就是放鬆。呼吸是最好的解方。請記得：生活比賺錢更重要。

第十四章

活出更燦爛的人生

那是一個溫暖的夏日早晨，空氣中佈滿花香。在陽光的照耀下，所有東西變得更豔麗了——綠色變得更翠綠；粉色與藍色繡球花叢變得更奪目，帶給人一種迷幻的感受。滿滿一杯的柳橙汁嚐起來鮮甜無比。我的咖啡香濃馥郁。我感覺今天很自由，就像小時候那樣，什麼都沒有，只有無限的時間可以讓你去感受你的存在，去探索，去對這個世界滿懷好奇。

我坐在爬滿葡萄藤的陽台上，天空清澈，空氣清爽，陽光溫暖了我的臉頰。我正待在義大利北方的多洛米蒂山區（the Dolomites）一家旅館，往下一覽村莊的全貌。遠處的高速公路上熙熙攘攘，要工作的居民又在另一個週一早晨趕著去上班。

我要的也只是這些。誠然，成功與你擁有多少錢，一點關係也沒有，而是在於你是否擁有平靜。此刻的我感受到寧靜、感受到心胸敞開，真實地活著。我只想待在這裡，哪裡都不去。

短短幾年前，這樣的畫面只會在我的夢裡出現。但現在，卻是我的真實生活。當然，是錢，才讓這些夢想成為可能，但奇怪的也是，現在錢對我來說卻也最不重要。以往我破產的時候，錢代表的是焦慮、壓力與失去的機會。我身無分文的時候，腦中想的都是焦慮、壓力與失去的機會。

第一個轉變，出現於我的存款達到一萬美元的那天，我發現自己的生活已經不再入不敷出的那一刻。從此，我的壓力漸漸消失。我存到五萬美元（一年的生活費）的時候，已經很少擔心錢的問題了。我賺的越多，距離財務自由往前邁進一個階級時，我就越覺得一切都在掌握中，有更多機會。三十歲那年達成財務自由之後，我擁有更多時間與空間。我感覺到自由。

你也能擁有相同的自由。只要你有還算可以的中產階級收入，住在生活費合理的地區，且存下百分之四十到五十的收入，你應該會在十到十五年後達成你的財務自由數字。假如找到事半功倍的方法，你也許能在五年或更短的時間內做到。假如你住在消費很高的地區，或每年收入低於兩萬五千美元，需要的時間可能會較久，但不論住在哪裡，你賺越多錢，存越多錢，就越快能夠讓工作變成一個非必要的選項。我知道你做的到。

我三十歲達成財務自由，終於能喘口氣後，就開始尋找還有哪些人是在三十歲前達成財務自由。很高興，我找到一群數量不多，但也逐漸增加的夥伴，我很開心有這些人當朋友。以下就是他們的故事，還有他們達成財務獨立後的感受。

史提夫在資訊科技產業工作了十二年，從來沒有真正喜歡這份工作。婚後，兩夫妻察覺到，兩個人一起賺錢，其實能存很多錢，於是產生了一個新領悟。他們決定存下百分之七十的收入，希望未來的生活能有更多選擇，能做著真正讓自己快樂的事——開著頂級露營車到處旅行，探索下一轉彎處，看看生命會帶來什麼驚喜。他們提高了儲蓄率，將大部分的投資自動化，接著資產的淨值成長得很快。三十五歲那年他們達成了目標八十九萬美元，夫妻倆一起退休，計畫在未來的人生當中維持每年兩萬五千到三萬美元的生活支出，讓生活費不要高於投資成長。現在他們退休還不到一年，擁有超過一百萬美元的淨值，而且還在增加。

對史提夫來說，財務自由意味著他有拒絕的自由，做任何決定時不再受到金錢的限制。「我的思考變得更自由、清晰，我的決定是依據快不快樂，而非我有沒有錢。這種自由，給我再多錢我都不願意交換。畢竟人一輩子，到頭來我們會記得的都是快樂的經歷，而不是賺了多少錢或擁有多少東西。快樂和自由是人生最重要的事，錢只是達成這些目標的方法。」史提夫設立了 thinksaveretire.com 網站，在部落格上分享自己的生活。

蜜雪兒本來是財務分析師，經營部落格 makingsenseofcents.com 兩年後，於二〇一三年辭職成為專職部落客。透過部落格她賺了一點錢，提早付清學貸，之後發現自己只要存更多錢（她的儲蓄率最高曾到百分之九十）並且利用部落格收入支應生活費，就可以達成財務自由。蜜雪兒也發現，快樂不需要花大錢。「很多人都覺得要有一間大房子，一部車，還有更多人生才會快樂，但其實不是。」她說。

蜜雪兒透過部落格賺了超過一百五十萬美元，在二十八歲達成財務自由。即使沒有刻意理財，她始終知道自己的存款夠多，因為她的投資收益能輕鬆支應每月開銷，且她還不打算退休。蜜雪兒熱愛自己做的這些事：「生活很美好，我每週工作不超過十小時，還能保有自己最喜歡的興趣——與我先生和兩隻小狗到處旅遊。」

艾妮塔得過憂鬱症，現在已經逐漸康復，再也不用每週工作七十小時。現在她能依照自己的步調生活，壓力減少很多。她畢業後第一份工作是保險業，年薪四萬到五萬五千美元，但她發現假如想盡快擺脫上班生活，就必須賺更多錢。

於是艾妮塔申請了十萬美元的學貸去讀法學院，目標是獲得高薪的工作大量存錢。畢業不久進入一間大型法律事務所，專長是處理企業併購案。工作第一年就付清自己利率不高的學貸，她省吃儉用存下百分之八十五的薪水，五年後賺到三十一萬美元的收入。

三十三歲那年，她達成了自己的財務自由數字，不久便辭掉高薪的律師工作。同事和與老闆都不敢相信她要離開，但這是她的規畫。「假如你能過著自己想要的生活，你怎麼會不快樂呢？」艾妮塔也在 thepowerofthrift.com 經營部落格分享她冒險刺激的生活。

賈斯汀在北卡羅來納州當了十年的公務工程師，薪水從二〇〇四年的四萬八千美元增加到二〇一三年的六萬九千美元。大學時他就開始投資，經過計算後他發現自己能比六十五歲提早很多退休。

雖然賈斯汀和他太太沒有設定目標儲蓄率，但他們盡可能省吃儉用存錢。大部分時候他們的儲蓄率大約介於百之五十到七十之間。他們原來的目標是存到兩百五十萬美元，但存越久，發現自己需要的錢越少，最後目標落在一百三十萬到一百四十萬美元間。三十三歲那年賈斯汀失業，但他算了一下，發現自己其實已經不用再工作了。「每次想到自己有多幸運，能像現在這樣生活，我都不禁微笑。現在是平日早上十一點，我躺在吊床上讀書——我每天都可以這麼做。這樣使我覺得很快樂。」賈斯汀也在 rootofgood.com 經營部落格分享他的生活。

克莉絲蒂和布萊斯在加拿大的資訊科技業工作，因為不堅持一定要買房子，所以他們快速存到很多錢。他們的目標是脫離公司體制。以前上班時，他們覺得每天都像磨難，一心只想存夠錢脫離上班生活。他們說自己花大部分的時間只求溫飽，賺錢餬口，沒有心思想其他事。

他們的存款增加很快，兩人分別在三十一與三十二歲達成財務自由。「早上醒來，我們會思考如何幫助這個世界，不再是如何幫助自己。」他們開始回饋社會，成為非營利組織「我們需要更多書」（We Need Diverse Books）的志工，幫助孩童募集各種書籍，又經營部落格 millennial-revolution.com 分享投資經驗。

J.P. 在金融業上班賺了很多錢後，二十八歲時存款超過兩百萬美元，於是宣布退休。她一直想當作家，大學讀的又是文理學院，但在一次校園徵才活動上，她發現如果去金融公司上班，可以讓自己盡早退休。她沒有落入賺得越多也要花得越多的思維，住在紐約時盡可能減少開銷，租了很小的公寓，五年後她存下百分之八十以上的收入且辭去工作。現在她花時間寫作、遛狗、陪伴家人、在 themoneyhabit.org 經營部落格。

布蘭登的職業是網頁開發，他從拿到第一份工作後便開始專心存錢。工作十年，不管在哪家公司上班，他都爭取到百分之十五到二十五的加薪與遠距工作的福利。布蘭登與太太吉兒盡量減少生活開銷，花了一點時間找到能讓自己感到快樂的消費水平，金額大約是每年三萬八千到四萬五千美元之間。

夫妻倆為了節稅，專心投資稅務優惠帳戶，存下更多錢，在三十二歲達成財務獨立。兩人分別住過歐洲與美國之後，布蘭登相信美國是「最可能最快實現財務獨立的好地方」，因為薪資較高，你有更多方法控制開銷，也能找到更多節稅方法。現在布蘭登的時間都用來創作音樂，並經營部落格 madfientist.com 教別人優化財務。吉兒則繼續工作，因為她熱愛自己的工作。

「有天晚上我很晚還在外面，我想著明天早上一定會很累。接著我突然想到，自己明天其實沒有任何行程。我希望每天都很有生產力，但這也並非必要。我知道我能掌握自己的每一天，這樣的感覺真的很好。」布蘭登說。

錢能給你什麼

錢可以改變你的人生，錢能給你更多機會，讓你能幫助家人、社群與你關心的目標。錢會反射出真實的你：你如何存錢、如何投資、購買的東西、你支持哪些公益團體，這些都反映出你是什麼樣的人。你花錢的方式就是你看待這個世界的方式。錢可以讓我們賦予自己與其他人力量，進而改變世界。

我學到關於錢最重要的一件事就是，你不掌握錢，錢就會掌握你。假如你因為錢備感壓力，或你把錢看得太神聖，錢就戰勝了你。但你若能意識到錢的力量，認識錢如何運作，你就能戰勝金錢。做金錢的主人之前，你要先做自己的主人。我們對錢都有感情，但你越常談論錢，每天多花幾分鐘理財，你就會變得更有意識，更覺醒，而此時瞭解與掌握財富也會更簡單。

錢不會再是你抽象複雜的渴望，而是你擁有且知道如何取得的東西。一旦你瞭解錢的運作方式，你就能放手，用自己的方法讓錢回到你身邊。與其煩惱，這其實是一種機會。只要你開始儲蓄，賺進更多錢，你的人生就會發生改變。憂慮少了，把握多了，機會多了。一旦掌握金錢，你就得到了自由。

請記得，錢不是目標，時間才是你的目標。你需要時間去做那些可以帶來快樂的事，需要時間陪伴親愛的人，需要時間照顧自己，需要時間過理想的生活。不論要花五年或二十年去達成自己的財務自由數字，等真正做到時，你整個人已經煥然一新。所以別把夢想推遲，不要給自己模糊的退休期許。別害怕改變。去尋找意義。讓自己成長。

家人和朋友比錢更重要。假如沒有人可以和你一起分享，錢就沒有意義。多陪伴孩子、兄弟姊妹、父母、祖父母與朋友。健康也比錢重要。盡量不要讓自己太累，多花時間復原與充電。不論你多用心經營副業，請記得，鐘擺會來回擺盪，你越認真工作，也要越認真休息。

我建議你仔細思考，你想要什麼樣的人生，這樣的人生需要多少錢去實現。誠實面對自己真實的需要。

過你自己的人生，而不是你的鄰居或同事或社群媒體上其他人的生活。很多人被限制在自己認為應該過的人生裡，要不然就是其他人期望他們過的人生。但這是你的人生，這是你的時間，不是其他人的人生和時間。我們只能活一次，你要過自己的生活。你不需要一輛好車或大房子才能把人生過得精彩；其實，你根本不需要車子或房子。千萬不要等到老年回首，才悔不當初，希望自己年輕的時候可以忠於自我。

我們父母輩賴以為生的制度與職業正在崩解。假如你認真實行這本書裡的策略，你會擁有賺錢的能力，而且還能依照自己的方式賺錢。

人生就像投資，講的都是承擔計算過的風險。退一步打安全牌很簡單，這些都深植在我們的基因裡：別去碰火，別去懸崖邊。恐懼讓我們活得安全，讓我們整個群體存活下來。

但恐懼也阻礙我們真正活著，去成長，去進步。你擁有越多錢，你能承擔的風險就越多。你承擔風險時，會擁有更宏大的機會、經驗、故事與更豐富的人生。

過去幾年裡我學到關於人生與錢的另一件事——承擔越多計算過的風險，你就越快樂。請你開始尋找靠近火焰與跨越懸崖的方法，無論是要求加薪，開創新的副業，將儲蓄率提高到百分之五十，辭職追尋更好的機會——不論是什麼，承擔計算過的風險能幫你快速達成財務自由。

別害怕重新調整。人生說的就是學習，平衡，適應，花錢與存錢，風險與報酬。你學到的這些策略會有用。實際去做與持之以恆，然後幫助其他人。多談論錢，分享你的故事，保持開放，選擇善良。在日光之下，我們都走在同一條路上。

現在請停下來深呼一口氣，看看周圍，記住這個當下。記住燈光如何，有什麼聲音，什麼人。然後感謝你現在擁有的一切——你擁有的已經比大多數人多很多了。全球人口的收入中位數只有每年一千兩百二十五美元。假如你每年賺三萬四千美元，你已經是全世界前百分之一的族群。

財務自由講的就是擁有自由做你想做的事。你可以做到。你可以快速賺很多錢，可以擁有更多時間，可以過著自己想要的生活。你擁有得天獨厚的機會，是很多人都沒有的。你真的可以擁有夠多錢過理想的人生。

謝謝各位利用寶貴的時間閱讀我寫的這本書。我希望你在未來能更好運、賺更多錢，更自由，更快樂。

我很樂意聆聽你的故事。請利用標籤 #financialfreedombook，在推特上標記 @sabatier 或 @millennialmoney，或在 Instagram 上標記 @millennialmoneycom，或寄信到我的信箱 grant@millennialmoney.com。沒錯，這是我的個人信箱。想瞭解更多書裡沒有的內容，請上網站 https://financialfreedombook.com/bonus。

名詞解釋

資產配置——你的資產配置就是你在投資帳戶裡擁有各項資產（例如股票、債券和現金）的比例。你的目標資產配置會決定你投資組合的風險與報酬等級。一般而言，投資股票的風險高於債券，所以你的投資組合裡持有越多股票，風險也越高——這代表價值波動也越大。要挑選你的目標資產配置，請先釐清你距離需要這筆錢還有多少時間。你距離需要提領這筆錢的時間越長，你的資產配置就應該接受越高的風險，因為你有更多時間可以緩和短期波動，且參與長期下來可能的獲利。

資產——資產就是你擁有而且可以買賣的東西。資產的價值等於你能用多少價格售出，而不是當初你用多少價格買入。舉凡你的投資，事業，不動產，汽車，現金，珠寶與任何你擁有有價的物品都是資產。用你的總資產減掉你的總負債，就能算出你的資產淨值。

資產管理總量（AUM）——有些財務顧問和投資管理人，會對他們為你管理的資產總量收取一定百分比做為管理費。一般而言範圍在百分之一到二之間，即使是投資損失時，你還是要繳這些費用。這些費用會減少你的報酬，你的損失隨著時間會實質增加，大大減少你未來會擁有的財富。我建議你與只收顧問費的財務顧問合作，不要找以資產管理總量計價的顧問。

債券——債券是公司、中央或地方政府需要用錢時，所發行的一種債務形式。這是一種固定利率的借貸。你買債券時，你就是以固定的利率在特定的期限內，借錢給債券發行人。因為利率固定（也就是發行人設定好之後，利率不會隨時間改變），債券被視為固定收入投資，所以只要發行人沒有拖欠債務，你就能有穩定收益。高品質債券（借貸人擁有高償還能力，例如美國政府）比起股票，在傳統上被認定是風險較低的投資，因為債券的利率不會像股價般變動。

現金流——這是指在一短期間內，你帳戶裡流入與流出的現金金額。管理現金流很重要，你要確保手上有足夠的錢繳帳單與投資。

定期存款（CD）——定期存款帳戶由銀行提供，他們會給你約定的利率與約定的存款期限。這是很常見的低成本投資方法，其產生的投資收益通常會比傳統儲蓄帳戶高。不過，有時候你在到期日前領取會有違約金。

複利——複利會使你錢的價值或你的債務隨時間呈指數成長，因為你原本的投資與收益都會在未來繼續增長。舉例來說，假如你投資一百美元，然後成長百分之十，你在年底就會擁有一百一十美元（一百美元的百分之十等於十美元；一百美元加十美元等於一百一十美元）。假如市場隔年又成長百分之十，這時你賺的百分之十，除了原本投資的一百美元，還會加上前一年的報酬十美元。這代表在第二年年底，你會多賺十一美元（一百一十美元的百分之十等於十一美元），總計擁有一百二十一美元。此循環會隨著時間繼續，每年產生更多的收益。

生活成本——這是指住在特定城市或國家的花費。日常必需品、居住與娛樂都要計入生活成本，且不同地區差異可能很大。舉例來說，紐約市的生活成本比芝加哥高很多。假如你想比較兩個城市的生活成本，可以查看生活成本指數或利用生活成本計算器做比較。請參考 https://store.coli.org/compare.asp 或 Bankrate 網站也很好用。

股利——有些公司會以固定發放現金或股票的方式，分配賺得的利潤給股東，這稱為「股利」。除非你需要現金，否則自動讓股利繼續投資通常最理想。

緊急備用金——你可以隨時提領的帳戶，存有能支應六個月生活開銷的現金或低風險的投資。在任何你需要用錢的緊急狀況下，你應該要能提領這些備用金，且不產生提領的罰款或影響自己的長期投資。

創業家心態——把握每個賺更多錢的機會，盡可能用各種方法累積財富——透過減少支出、優化酬金與獎金、節稅、拓展收入來源與任何看的見的方式。專注於利用每一分鐘、每一小時幫你賺最多的錢。

指數股票型基金（ETF）——ETF 的目的在於分散風險，且提供股票型組合，債券型組合，或股票混合基金的組合（混合型基金）。這些基金一般會依照主題或產業分類——也就是投資組合的內容，通常都會有特定類型或屬於特定產業。ETF 的操作比較像股票，其價值在一天內都可能有波動，比投資共同基金更有彈性。ETF 一般也沒有最低投資門檻。

支出——維持生活需要花費的金錢。你的支出越低，需要為未來存的錢就越少。

信託財務顧問——必須以你的最佳利益為考量的財務顧問或公司。永遠記得詢問對方是否是信託財務顧問。

401(k) 與 403(b) 計畫——401(k) 與 403(b) 計畫很像，最大的不同在 403(b) 計畫的花費通常較低，因為這是由非營利機構提供的。這些退休計畫由雇主提供，你可以存入稅前薪資，這些錢不會被課稅，且可以從你的應課稅所得中扣除。不過，401(k) 與 403(b) 本身不是投資，而是投資的帳戶，你必須選擇如何投資自己存在 401(k) 帳戶裡的錢。有些雇主會給予配比：他們會配對你一定比例的提撥額，通常是百分之二到六。雇主的配比是免費的錢，你應該盡量配對。政府對你每年能提撥至 401(k) 與 403(b) 帳戶的金額也有限制。

地理位置型套利（Geographic arbitrage）——這是最小化或消除通貨膨脹與稅務負擔的策略，透過搬到另一個通膨率與稅率較低或甚至為零的國家，你就能存下更多錢。根據你的居住地與貨幣強度，你用相同的錢，在其他國家生活可能可以買到更多，或利用相對低廉的服務，例如醫療健保，這在美國之外會便宜很多。或你可以不搬到另一個國家，只搬到美國境內生活成本較低的城市或州生活。

駭客購屋（House-hacking）——駭客購屋是一種投資不動產與免費住宿的絕佳方法。駭客購屋就是你買一間兩到三房的房子，然後將用不到的房間出租，用租金來分擔或完全支應房屋貸款，或甚至賺更多。另一種駭客購屋，你可以買同一棟建築裡不同戶，然後出租以利用租金支付自己的貸款。

通貨膨脹——通貨膨脹會使民生必需品的價格逐年變高，例如居住、交通與食物的花費，但你仍有方法能最小化通貨膨脹的影響，你需要的錢會減少，投資也能繼續增長。通貨膨脹一般起因於供給、需求、生產成本和國家的稅收政策。通膨也因國家而異，可能會因為一個國家的貨幣強弱與購買力有很大的差別。這就是為什麼假如你現在住在美國，你到某些國家生活會相對寬裕，因為美元比這些國家的貨幣更強勢。

投資——投資某個東西時，你預期其價值會上升。雖然你能投資任何標的，但我發現股票、債券與不動產是最易於管理且可靠的投資。投資不是投機，且你有很多方法能最小化風險，請見書裡投資的章節。

負債——你所欠的錢，包含信用卡卡費、學生貸款、房屋貸款或任何其他債務。用你的資產總額減掉你的負債總額，可計算出你的淨值。

貸款——你可以用房屋貸款（也就是銀行的錢）買不動產，且利息可以從應課稅所得裡扣除，與扣抵財產稅最多一萬美元，透過減少稅額，兩者都能增加你投資不動產的收益。

共同基金——共同基金的目的是分散風險，且提供股票型組合，債券型組合，或股票混合基金的組合（混合型基金）。這些基金一般會依照主題或產業分類——也就是投資組合的內容，通常都會有特定類型或屬於特定產業。共同基金一天只由基金公司報價一次，且通常有最低投資門檻。

淨值——你的淨值就是你的資產（即有價值的東西，像現金、房屋與投資）與你的負債（即任何形式的債務）之間的差距。淨值是你個人財務規劃裡最重要的數字且應該定期追蹤。我會每天追蹤自己的淨值，你也應該這麼做。或至少一週一次。

被動收入——賺錢的最終目標，被動收入來源能讓你用很少或幾乎不花時間就能賺錢。雖然被動收入需要長時間建立，但長期獲得的報酬通常值得你去做。被動收入的例子有租金收入、部落格收入、線上課程收入與直運收入。但股票投資收入才是終極的被動收入，因為這幾乎不需要建置，且因為複利效果，隨著時間報酬增長也會越快。這是有錢人變有錢與累積財富的主要策略。

實際工資率——在納入課稅與你為工作額外付出的時間與金錢等因素後，你實際被支付的薪資，像是上班前的準備時間、通勤時間與治裝費。

七十二法則——用七十二除以你的預期年複利率，可以算出你的錢在多少年後會翻一倍。在百分之七的複利報酬率下，七十二除以七等於十點二年，所以在這個複利報酬率下，你的錢每十年會翻一倍。因此，假如你將六萬美元拿去投資而不是買一台新車，你的錢在十年後會變成十二萬美元，二十年後二十四萬美元，以此類推。

儲蓄率——為了計算儲蓄率，你要將所有的存款加起來，包含稅前帳戶（例如401(k)退休儲蓄帳戶或IRA個人退休帳戶），與稅後帳戶（例如券商帳戶），然後除以你的收入。你的儲蓄率會直接影響達成你的數字所需的時間。多增加百分之一或每天多存一美元都會帶來改變。

報酬順序風險——你的投資在退休後前十年的報酬，對你能否延續財富有很大的影響。舉例來說，假如你退休後股市接著五年都下跌，你可能會想回去工作，以補足你提領的額度或調整你的生活費。你的目標就是撐過退休後前五到十年，保持資本完整不被動用。

副業——你在全職工作外為了賺錢做的工作。副業通常只需要一點時間與錢就能開始，這也是賺更多錢以投資與學習新技能的好方法。快速達成財務自由的關鍵之一就是透過副業賺錢並投資。

社會安全——社會安全是美國政府提供的福利，滿六十二歲時可以開始使用，但你越晚開始使用，領的錢就越多。即使你現在每次領薪水時，都必須提撥一定的社會安全金，但是在三十多年後這項制度是否還會存在還是無法確定。

股票——你買股票時，你買下實體公司一部分的所有權。這代表你實際擁有該公司的一小部分。這間公司賺錢或被看好公司未來會升值時，股價就會上升。對該股票需求越大，相信該股票的人越多，其價格也越高。假如情況相反，對該股票需求減少，股價就會下跌。股票流通在國際上不同的交易所（基本上是多個股票網路）。股票的價值決定於投資人認為該股票有多少價值；股票的價格取決於有多少人願意買入與賣出該股票。

應稅帳戶——應稅投資帳戶沒有稅務優惠，所以你在投資前與提領時都必須繳稅。可是，假如你投資持有超過一年，通常就會以資本利得稅稅率課稅，這通常比所得稅稅率低。

稅務優惠帳戶——稅務優惠帳戶是一種能讓你在投資或提領時，或在某些情況下兩種時候都可以繳納最少稅金的投資帳戶。401(k) 帳戶、IRA 帳戶與 403(b) 帳戶都屬於稅務優惠帳戶。

省錢旅遊（Travel-hacking）——省錢旅遊的重點就是找出漏洞與利用時間點、策略性搜尋、航空公司回饋、信用卡紅利與其他促銷優惠，達到減少旅費或免費旅遊的目的。

提領率——你每月提領的生活費佔投資組合的百分比。為了增加讓錢夠用一輩子的可能，一般會建議百分之三到四的提領率，但你永遠應該提領最低額度且只在需要時提領。

國家圖書館出版品預行編目資料

財務自由，提早過你真正想過的生活 : 關於時間、自由、金錢、副業的實用思考 / Grant Sabatier著 ; 潔絲文譯. -- 初版. -- 臺北市 : 遠流, 2020.03
面； 公分
譯自 : Financial freedom : a proven path to all the money you will ever need
ISBN 978-957-32-8630-1(平裝)

1.個人理財 2.投資

563 108012928

財務自由，提早過你真正想過的生活：關於時間、自由、金錢、副業的實用思考

FINANCIAL FREEDOM : A Proven Path to All the Money You Will Ever Need

---

作　　者 葛蘭・薩巴帝爾（Grant Sabatier）
譯　　者 潔絲文
行銷企畫 劉妍伶
執行編輯 陳希林
封面設計 陳文德
內文構成 6 宅貓

發 行 人 王榮文
出版發行 遠流出版事業股份有限公司
地　　址 臺北市中山北路 1 段 11 號 13 樓
客服電話 02-2571-0297
傳　　真 02-2571-0197
郵　　撥 0189456-1
著作權顧問 蕭雄淋律師
2020 年 03 月 01 日 初版一刷
2023 年 04 月 28 日 初版十刷
定價 新台幣 380 元（如有缺頁或破損，請寄回更換）

ISBN 978-957-32-8630-1
YLib 遠流博識網 http://www.ylib.com E-mail: ylib@ylib.com
